super
salades

super
salades

Sélection
Reader's Digest

MONTRÉAL

Super Salades est l'adaptation en langue française au Canada de *Super Salades*,
publié par Sélection du Reader's Digest France.
© 2006, Sélection du Reader's Digest, SA,
1 à 7, avenue Louis-Pasteur, 92220 Bagneux
Site internet : www.selectionclic.com
© 2006, NV Reader's Digest, SA,
20, boulevard Paepsem, 1070 Bruxelles
© 2006, Sélection du Reader's Digest, SA,
Räffelstrasse 11, « Gallushof », 8021 Zurich

Équipe de Sélection du Reader's Digest (Canada) SRI

Vice-présidence, Livres
Robert Goyette

Rédaction
Agnès Saint-Laurent

Direction artistique
Andrée Payette

Graphisme
Cécile Germain

Lecture-correction
Gilles Humbert
Madeleine Arsenault

Fabrication
Gordon Howlett

Édition canadienne
© 2008, Sélection du Reader's Digest (Canada), SRI
1100, boulevard René-Lévesque Ouest, Montréal (Québec) H3B 5H5

ISBN : 978-0-88850-860-7

Pour obtenir notre catalogue ou des renseignements sur d'autres produits de
Sélection du Reader's Digest (24 heures sur 24), composez le 1 800 465-0780

www.selection.ca

Imprimé en Chine

09 10 11 12 / 5 4 3

Préface

Hors-d'œuvre ou en-cas légers, plat principal nourrissant, accompagnement ou dessert rafraîchissants, les salades conviennent à toutes les situations et plaisent à tous les palais. Super Salades présente des recettes à la fois populaires, éprouvées et inédites, pour une cuisine variée et savoureuse. Ce livre propose nombre d'astuces adaptées aux occasions, aux goûts, à la disponibilité et aux exigences de chacun. En plus des recettes de salades classiques, il offre de véritables créations culinaires à base de légumes crus ou cuits, de pâtes, de riz, de céréales, sans oublier les viandes, les poissons, les fruits de mer et, bien sûr, les fruits. Cet ouvrage est enrichi d'un chapitre sur l'art de composer les salades, ainsi que d'informations sur les techniques culinaires et le choix des meilleurs ingrédients.

L'éditeur

Sommaire

Crudités et légumes 88

Pâtes, riz et céréales 144

Viandes rouges et blanches 188

Poissons et fruits de mer 238

Fruits 272

7

Petit lexique culinaire 314
Index 316

10 super
salades
par catégorie

8

Vous souhaitez préparer une salade et êtes à court d'idées ? Il vous suffit de consulter les quatre pages suivantes et vous trouverez votre bonheur en un clin d'œil, quelle que soit l'occasion. Les salades sont classées par catégories : les idéales à emporter, les originales pour un pique-nique ou une soirée, les préférées des enfants, les gourmandes pour manger à satiété, sans oublier les grands classiques régionaux ou internationaux, au succès jamais démenti.

10 super **salades idéales à emporter**

9

10 super **salades classiques**

10 super salades
originales pour une soirée

10 super **salades gourmandes**

11

10 super **salades préférées des enfants**

L'art de composer les **salades**

Ingrédients de qualité, épices et fines herbes, vinaigre et huile,

voilà tout ce dont vous aurez besoin pour concocter de savoureuses

salades. En règle générale, un couteau aiguisé et une planche

à découper suffisent pour les préparer, mais quelques ustensiles

spécifiques peuvent vous faciliter la tâche.

Ce chapitre est consacré aux accessoires nécessaires

et aux techniques de base ; il comporte des fiches d'information

sur différents ingrédients et diverses recettes de sauces.

Une cuisine saine et délicieuse à déguster chez soi ou à emporter

Les salades ne manquent pas d'atouts : légères, faciles et rapides à préparer, on peut les emporter au bureau, à une soirée ou en pique-nique. Elles sont diverses et variées : légumes crus ou cuits, laitues croquantes, légumes secs, fruits parfumés, céréales, pâtes, viande, volaille et poisson peuvent se marier au gré de nos envies avec, en prime, une sauce adaptée. Préparer un mélange coloré de laitue d'hiver, de tranches de tomate et de rondelles de concombre, le tout assaisonné d'une vinaigrette maison à l'huile d'olive, ne prend pas plus de temps que d'aller au supermarché acheter une salade en sachet, prélavée, conditionnée avec sa sauce. Et, avantage incontestable, on sait exactement ce qu'il y a dedans, jusqu'au plus petit grain de sel.

Cinq par jour

Derrière ce slogan lapidaire se cache une règle nutritionnelle facile à mettre en œuvre au quotidien. En mangeant cinq fruits et légumes par jour, on apporte à son organisme des vitamines, des composants phytoactifs secondaires, des fibres et des oligoéléments en quantité suffisante. Choisissez les portions (½ tasse à 1 tasse, ou un fruit ou un légume moyen) en vous aidant du principe des feux tricolores : en pratique, mangez tous les jours au moins une portion de légumes ou de fruits rouges (tomates, poivrons, radis, betteraves rouges, fraises, etc.), une portion de légumes ou de fruits orange ou jaunes (carottes, poivrons, courgettes jaunes, ananas, melon, oranges, etc.) et une de légumes ou de fruits verts (brocolis, épinards, chou de Milan, haricots, mâche, pommes, poires, groseilles à maquereau, etc.).

Tous les jours, des fruits et légumes variés et multicolores au menu.

Salades en entrée, en accompagnement ou en plat principal ?

Les laitues et les salades de poisson et de fruits de mer conviennent parfaitement en hors-d'œuvre. Des salades plus amères avec herbes sauvages, endives ou trévise (radicchio) ont la réputation de stimuler l'appétit. Une salade peut accompagner le plat principal, telle une salade de chou avec un rôti de porc ou une salade de concombre avec un filet de poisson pané. En été, des salades de pâtes, de riz et de céréales, des salades de légumes et des salades nutritives à base de viande, de volaille et de poisson peuvent être proposées en plat principal ; elles sont idéales pour un buffet froid ou un cocktail dînatoire. Pour développer toutes leurs saveurs, certaines doivent reposer quelques heures. Pour les laitues et les salades de légumes, il convient de présenter la vinaigrette ou la sauce séparément.

Salades pour rester mince

Vous serez rassasié en mangeant une grosse portion de salade, accompagnée d'une sauce ou d'une vinaigrette légères, suivie d'une petite portion de plat principal. Au restaurant, commandez une salade sans sauce et demandez à la place sel, poivre, vinaigre et huile afin de préparer vous-même votre vinaigrette. Vous pourrez ainsi réduire la quantité d'huile.

Salades à emporter

Au bureau, les salades préparées à l'avance sont très pratiques. Elles constituent également de parfaits en-cas en voyage ou en pique-nique. Pendant les chaudes journées d'été, elles resteront fraîches si vous les mettez dans une boîte en plastique et si vous les conservez dans une glacière. Apportez du vinaigre et de l'huile au bureau pour déguster votre salade au cours de la pause du dîner et l'assaisonner au dernier moment.

15

Les 10 meilleures astuces

- Assaisonner une délicate laitue juste avant de la servir.
- Pour la pause du dîner, emporter la salade dans une boîte en plastique hermétique et verser la sauce dans un bocal avec un couvercle à vis.
- Préparer les salades de pâtes, de riz et de pommes de terre 4 heures à l'avance maximum. Saler et vinaigrer juste avant de servir car, en macérant, la salade perd sa saveur.
- Laver et égoutter les feuilles de laitue. Les placer, entières ou en morceaux, dans un sac de congélation puis dans le bac à légumes du réfrigérateur. Elles se conserveront 2 jours.
- Laver les fines herbes fraîches, les essorer, les hacher et les congeler dans les compartiments d'un bac à glaçons.
- Assaisonner les laitues et les salades de légumes avec une vinaigrette légère ; réaliser une sauce crémeuse composée à parts égales de mayonnaise et de yogourt léger.
- Accommoder les restes de salades en sandwich : une tranche de pain garnie de feuilles de laitue, de rondelles de concombre et de tomate, un peu de sauce crémeuse et refermer le sandwich.
- En préparant une salade de légumes, cuisiner deux fois plus de légumes ; ils se conserveront 1 à 2 jours au réfrigérateur.
- Pour emporter des salades de fruits, les assaisonner de jus de citron ; transporter la sauce à part dans un bocal.
- L'ananas, le kiwi et la papaye frais deviennent amers au contact de produits laitiers. Les blanchir légèrement, les assaisonner d'une vinaigrette ou utiliser des fruits en conserve.

Ustensiles indispensables

Un couteau, une planche à découper, une grande passoire, un bol et un saladier : chacun de nous possède ces articles dans ses placards de cuisine. Cependant, préparer régulièrement des salades incite à utiliser des accessoires plus spécifiques.

Mais, que vous achetiez un couteau spécial pour sculpter les légumes, un tranche-œufs, un presse-ail ou un hachoir berceuse pour hacher les fines herbes, veillez à choisir des ustensiles de bonne qualité. Si vous possédez un lave-vaisselle, assurez-vous, avant d'acheter ces ustensiles, qu'ils supportent les douches brûlantes infligées par la machine.

Laver et sécher

Brosse à légumes : pour nettoyer les légumes racines et les pommes de terre. *Brosse à champignons :* petite brosse spécifique. *Passoire* (tamis à grosses mailles) : pour égoutter les petits légumes et les pâtes. *Essoreuse à salade :* pour égoutter les feuilles de salade verte et les branches de fines herbes. *Torchon :* autre méthode pour essorer les feuilles de salade. *Chinois ou passoire à mailles fines :* pour égoutter le riz cuit et des légumes en conserve, comme le maïs ou les haricots. *Papier essuie-tout :* pour essuyer les légumes ou la viande.

Couper et éplucher

Économe : pour peler finement la peau des légumes et des fruits. *Couteau office :* pour éplucher, émincer et ciseler. *Couteau de cuisine :* pour couper la viande, le poisson, les légumes et les gros fruits. *Couteau de chef :* pour couper les choux, les feuilles de salade, les ananas et les melons. *Hachoir berceuse :* pour couper grossièrement les feuilles d'épinard et de salade. *Planches à découper :* avec rigole, pour récupérer le jus.

Mélanger

Fouets : pour battre légèrement des sauces ; petit fouet pour les vinaigrettes battues dans un bol et gros fouet pour les crèmes et les sauces délicates battues dans un grand saladier. *Batteur électrique et mélangeur :* pour mélanger, battre rapidement et puissamment des sauces. *Shaker :* pour mélanger des ingrédients liquides comme le vinaigre et l'huile en secouant énergiquement.

Broyer

Râpe à légumes et mandoline : pour râper finement ou grossièrement et pour découper les légumes en fines rondelles. *Couteau de chef à large lame :* pour hacher finement les fines herbes. *Hachoir à piston :* pour hacher finement les fines herbes et pour broyer les fruits à écale et autres ingrédients durs. *Presse-ail :* pour écraser les gousses d'ail ou le gingembre. *Mortier :* pour concasser grossièrement ou écraser finement les fines herbes et les épices.

Préparer et emporter

Plat de service : pour présenter des salades sur des lits de feuilles de laitue ou des salades qui ne doivent pas être mélangées. *Couverts à salade :* pour mélanger et servir les salades. *Boîtes ou récipients avec couvercle :* pour emporter des salades en pique-nique, à une soirée ou au bureau. Les récipients en verre peuvent être directement présentés sur la table.

Sculpter

Cuillère à pomme parisienne : pour former des petites boules, par exemple dans les melons ou les pommes de terre. *Couteau à décoration :* pour sculpter des tranches cannelées et gaufrées. *Coupe-radis :* pour couper des radis en forme de spirale. *Tranche-œufs :* pour découper en rondelles des œufs, des champignons, des pommes de terre en robe des champs et la mozzarella. *Zesteur :* pour découper les écorces d'agrume en fines lanières.

Une salade, c'est bien sûr de l'huile, du vinaigre, mais c'est aussi une laitue, des légumes, des fruits et des fines herbes. En préparant vous-même ces différents ingrédients, sans utiliser de produits

Techniques de préparation de base

conditionnés, vous développerez arômes et vitamines. Pour cela, inutile d'être un cuisinier professionnel, mais connaître quelques techniques de base vous facilitera la tâche.

Laver et hacher des fines herbes

1 Rassembler les herbes en botte ou en bouquet et les laver sous un jet d'eau froide. Puis les secouer énergiquement au-dessus de l'évier et les sécher dans du papier essuie-tout.

2 Détacher les feuilles des tiges et les rassembler sur une grande planche à découper. Dans un premier temps, hacher les feuilles grossièrement à plusieurs reprises avec un couteau de chef bien aiguisé.

3 Pour hacher les feuilles découpées, appuyer fermement la pointe du couteau sur la planche avec une main et, dans le même temps, faire un mouvement de bas en haut avec l'autre main posée sur le manche. Répéter l'opération plusieurs fois dans plusieurs sens.

2 Mettre les feuilles dans une passoire et les laver sous un jet d'eau froide deux à trois fois.

Préparer une salade verte

1 Couper le trognon puis éliminer les feuilles abîmées. Si nécessaire, ôter la nervure centrale dure des grandes feuilles.

3 Essorer les feuilles grossièrement égouttées dans une essoreuse à salade. De temps à autre, vider l'eau retenue dans le bac.

Ciseler les oignons

1 Éplucher les oignons et couper les tiges. À cette étape, ne pas couper la racine car elle maintient les couches de l'oignon solidaires pendant la découpe.

3 Tourner l'oignon d'un quart de tour et l'émincer finement sans aller jusqu'à la racine de façon à former de petits dés.

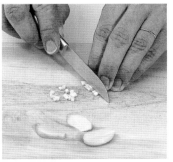

2 Couper l'oignon en deux dans le sens de la longueur, poser la surface plate sur la planche. Émincer l'oignon jusqu'à la racine, sans couper cette dernière.

Monder les tomates

1 Laver les tomates et ôter la queue.

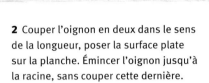

2 Couvrir les fruits d'eau bouillante et les laisser tremper 30 à 60 secondes.

3 Égoutter les tomates. Après les avoir piquées sur une fourchette, entailler la peau avec un couteau pointu et ôter la peau des fruits. Les couper ensuite en deux et ôter le pédoncule.

Broyer les gousses d'ail

1 Éplucher les gousses et les couper en deux dans le sens de la longueur. Retirer éventuellement le germe vert qui se forme au cœur de la gousse.

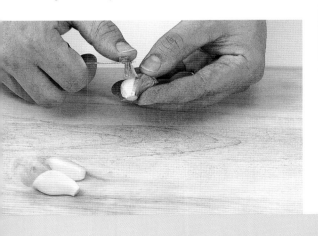

2 Émincer finement les moitiés de gousse dans le sens de la longueur puis les couper dans l'autre sens pour former de petits dés. Utiliser un presse-ail pour les écraser très finement.

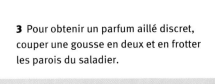

3 Pour obtenir un parfum aillé discret, couper une gousse en deux et en frotter les parois du saladier.

19

L'huile
et le vinaigre,
ingrédients
essentiels

Les huiles *Huile d'olive fruitée, huile de graines de citrouille âpre ou de canola, toutes les huiles ont une saveur subtile. De plus, elles augmentent les qualités nutritionnelles des salades en fournissant des acides gras insaturés bénéfiques pour la santé et en permettant une bonne assimilation des vitamines liposolubles. Pour les salades composées, utiliser des huiles pressées à froid qui, contrairement aux huiles raffinées et fabriquées industriellement, contiennent des arômes et des composés qui constituent leur richesse. Conserver les huiles dans des bouteilles opaques et bien fermées, dans un endroit frais mais pas dans un réfrigérateur, et les consommer dans les 12 mois qui suivent l'ouverture de la bouteille.*

Huile d'olive

Huile à la saveur très différente selon la variété et le terroir ; peut être chauffée jusqu'à 220 °C (425 °F). Utiliser des huiles de qualité supérieure pour les salades et les plats froids, et des huiles de qualité moyenne pour la cuisson.

Huile de canola

Son goût est très léger. Elle est estimée dans les salades, les sauces épaisses et les marinades ainsi que pour la cuisson. Elle ne se sépare pas des autres ingrédients de la sauce. Huile riche en acides gras insaturés.

Huile de sésame

Avec son goût de sésame doux ou, au contraire, prononcé, quelques gouttes suffisent à aromatiser une salade. Peut être associée à une huile neutre pour les salades et les sauces épaisses.

Huile de pépins de raisin

Huile aux goûts variés, allant d'une saveur finement âpre à une saveur douce et fruitée. Pour les salades et la cuisson. Riche en acides gras polyinsaturés.

Huile de noix

Huile au léger goût de noix se mariant parfaitement aux salades ; riche en acides gras insaturés. L'acheter en petite quantité en cas d'utilisation occasionnelle.

Huile de graines de citrouille

Huile épaisse, vert sombre. S'accorde à merveille avec les salades de laitue, de légumes verts ou secs ainsi qu'avec la viande rouge.

21

Le vinaigre Depuis des temps immémoriaux, les hommes utilisent du vinaigre pour assaisonner et conserver les aliments, mais aussi pour soigner divers maux. Il est le produit de la fermentation acétique d'une boisson alcoolisée et sucrée, comme le vin ou le cidre, sous l'action d'un micro-organisme appelé acétobacter. Un bon vinaigre nécessite des ingrédients de première qualité et une longue période de maturation. Associé à une huile en accord avec ses qualités gustatives, le vinaigre rehausse les aliments les plus modestes.

Vinaigre de riz
Vinaigre issu de la fermentation du vin de riz, au goût presque neutre et très doux du fait de sa teneur en acide acétique très faible (5 à 6 %). Adapté aux salades asiatiques.

Vinaigre de vin rouge et de vin blanc
Produit à partir de la fermentation du vin et avec une teneur en acide acétique entre 6 et 8 %, le vinaigre de vin blanc a une saveur légère et pétillante tandis que le vinaigre de vin rouge est plus fort et plus ou moins fruité. L'arôme et la qualité du vinaigre dépendent des vins utilisés et du temps de maturation.

Vinaigre de xérès
Élaboré à partir de la fermentation du vin de xérès et vieilli en fûts de chêne. Vinaigre aromatique et épicé, avec une teneur en acide acétique de 7 à 8 %. S'accorde avec les laitues, les salades de céréales et de riz, les viandes blanches et rouges et le poisson.

Vinaigre balsamique rouge et blanc
Le vinaigre balsamique provient de Modène ou de la région d'Émilie-Romagne, et porte la mention *tradizionale* ou *naturale*. Le moût de raisin sucré fermente plusieurs années et vieillit parfois pendant des décennies. Sa saveur sucrée s'accorde avec les salades italiennes, les tomates à la mozzarella et les fraises.

Vinaigre de cidre
Vinaigre doux et fruité, élaboré à partir de jus de pomme. Dilué avec de l'eau, on lui attribue une action bénéfique sur le métabolisme. Convient aux salades de crudités et de volaille.

Vinaigre de malt
Issu du moût de malt vieilli dans des fûts de vin, ce vinaigre doux se marie avec les laitues aux feuilles sombres, les salades de chou blanc et de légumes, ainsi qu'avec la viande de porc.

Vinaigre de cassis
Vinaigre élaboré à partir de vin rouge et de cassis. À la fois âpre et fruité, il s'accorde à la perfection avec des laitues feuilles de chêne et batavias ainsi qu'avec des champignons, des viandes rouges et du thon.

Vinaigre de champagne
Vinaigre doux, très subtil, élaboré à partir de vin de Champagne. Peut être avantageusement remplacé par du vinaigre de cava, mousseux espagnol fermenté en bouteille. Idéal avec des laitues, des salades de viande blanche, de poisson et de crudités.

Vinaigre de riz

Vinaigre balsamique blanc

Vinaigre de vin blanc

Vinaigre de cidre

Vinaigre de ca[va]

Vinaigre balsamique rouge

Vinaigre de vin rouge

Vinaigre de malt

Vinaigre de xérès

Vinaigre de champagne

Huile au citron et aux fines herbes

1 citron non traité
2 branches de thym citronné
4 feuilles de mélisse
   citronnée
4 brins de persil plat
1 branche d'estragon
6 grains de poivre noir
3 tasses d'huile d'olive pressée
   à froid ou de canola

Brosser le citron sous l'eau chaude puis le sécher. Couper l'écorce en fines lanières et les mettre dans une bouteille. Laver les fines herbes, les sécher puis les ajouter dans la bouteille avec le poivre. Verser l'huile par-dessus puis bien refermer la bouteille. Laisser reposer au moins 1 semaine dans un endroit frais et sombre.

Huile piquante à l'ail

2 gousses d'ail très fraîches
2 branches de thym frais
1 gousse de piment rouge
   séchée
10 grains de poivre noir
½ c. à t. de graines de fenouil
2 feuilles de laurier séchées
3 tasses d'huile d'olive

Éplucher l'ail et l'écraser à l'aide de la lame du couteau. Si nécessaire, laver et sécher le thym. Placer l'ail, le thym, le piment rouge, le poivre, le fenouil et le laurier dans une bouteille ; ajouter l'huile d'olive. Consommer aussitôt ou conserver au réfrigérateur 1 semaine au plus : l'huile à l'ail maison présente un risque de botulisme, ce qui n'est pas le cas des préparations commerciales.

Huile à la truffe

1 truffe fraîche (environ 5 g)
5 grains de poivre noir
2 tasses d'huile d'olive douce

Nettoyer la truffe fraîche en la frottant avec un torchon qui ne peluche pas. L'émincer finement. Placer les fines lamelles de truffe et les grains de poivre dans une bouteille soigneusement nettoyée, puis y verser l'huile d'olive. Bien refermer la bouteille. Laisser reposer dans un endroit sombre et frais au moins 1 semaine en secouant la bouteille de temps à autre. Quand la bouteille est vide, il est possible de verser à nouveau de l'huile sur les lamelles de truffe.

23

Vinaigre de framboise

2 tasses (250 g) et 1 poignée
   de framboises fraîches
1 litre de vinaigre de
   champagne ou de vin blanc
   à 7 % d'acide acétique
1 c. à s. de miel

Laver et sécher les 2 tasses de framboises. Les placer dans une casserole et les écraser légèrement. Ajouter le vinaigre et le miel, chauffer à 40 °C (105 °F), verser dans une bouteille puis boucher avec une gaze. Laisser reposer 2 semaines à température ambiante dans un endroit sombre ; agiter la bouteille de temps à autre. Filtrer le vinaigre dans une passoire à mailles fines puis à travers un voile de mousseline. Le verser dans une bouteille, ajouter la poignée de framboises et refermer. Conserver dans un endroit sombre et frais.

Vinaigre aux fines herbes

3 branches de basilic
2 branches de thym
3 branches de marjolaine
1 petite branche de romarin
2 brins de persil
1 branche de thym citronné
1 c. à s. de graines de moutarde
6 grains de poivre noir
1 litre de vinaigre de vin blanc
   ou de vin rouge à 7 %
   d'acide acétique

Laver les herbes puis les sécher soigneusement sur du papier essuie-tout. Placer les fines herbes, les graines de moutarde et de poivre dans une bouteille. Verser ensuite le vinaigre et bien refermer la bouteille. Laisser macérer pendant 3 à 4 semaines dans un endroit sombre à température ambiante.

Vinaigre aux fines herbes et aux fleurs

1 botte d'aneth
6 feuilles d'oseille
1 branche de menthe verte
1 branche d'estragon
3 ombrelles de fleurs d'aneth
1 litre de vinaigre de vin blanc
   à 7 % d'acide acétique
6 fleurs de capucine
   non tachées

Laver les herbes, les sécher sur du papier essuie-tout. Chauffer légèrement le vinaigre. Placer les fines herbes et les fleurs dans une bouteille. Verser le vinaigre et bien refermer la bouteille. Laisser macérer pendant 4 semaines dans un endroit sombre et frais. Il est possible de remplacer les fleurs de capucine à la fin des 4 semaines par d'autres fleurs fraîches.

Vinaigre aux fleurs de sureau

8 fleurs de sureau en ombrelle
Sel
1 litre de vinaigre de vin blanc
1 tasse de vin blanc
½ tasse de sucre

Plonger les fleurs de sureau dans une eau très salée pendant 3 à 4 minutes. Retirer les fleurs de l'eau, les laver puis les égoutter sur plusieurs épaisseurs de papier essuie-tout. Faire chauffer le vinaigre, le vin blanc et le sucre dans une grande casserole. Glisser les fleurs dans des bouteilles et les couvrir avec le mélange à base de vinaigre. Bien refermer les bouteilles et laisser reposer le vinaigre au moins 2 semaines.

Fines herbes aromatiques

Une poignée de persil finement haché, une cuillerée à soupe de ciboulette ciselée, deux ou trois branches de thym, quelques feuilles d'estragon, et les salades acquièrent un petit plus. Les fines herbes sont souvent utilisées pour souligner les arômes et décorer les plats. Mieux vaut les acheter en pot afin de les replanter dans le jardin potager ou dans des jardinières. Vous pouvez aussi les acheter séchées ou congelées. Sachez cependant que les herbes séchées garderont mieux leurs arômes conservées 1 an au maximum, dans des récipients bien fermés.

Persil

Marjolaine

Ciboulette

Menthe

Romarin

Mélisse citronnée

Thym

Basilic

Ciboulette

Avec ses longues tiges vertes, la ciboulette est la plus petite représentante de la famille de l'oignon. Il est préférable de ne pas la cuire et de ne l'ajouter qu'au moment de servir. Laver si nécessaire les brins et les ciseler à l'aide d'un couteau aiguisé ou de ciseaux de cuisine. La ciboulette se marie avec le persil, l'aneth, le cerfeuil et les herbes sauvages.

Persil

Plat ou frisé, épicé, amer ou plutôt doux, le persil est l'aromate par excellence. Non seulement il rehausse le goût des salades et autres plats, mais il possède des vertus bienfaisantes. Le persil stimule l'appétit, combat l'anémie, les rhumatismes et les maladies infectieuses. Il est vendu toute l'année.

Basilic

Cet aromate, à la fois poivré et doux, est surtout présent sur nos tables en été. Il s'harmonise à merveille avec les tomates bien mûres ou l'asperge blanche. Finement émincé, le basilic parfume le veau, les salades de poisson et de fruits de mer et côtoie avec plaisir les salades méditerranéennes de riz et de pâtes.

Marjolaine

Cette plante aromatique, reine de la cuisine méditerranéenne, doit ses arômes frais et épicés aux huiles essentielles, aux tannins et aux substances amères qui la composent. Une fois séchée, elle distille un parfum encore plus fort et généreux. Elle a des vertus apaisantes, diminue le taux de cholestérol et stimule la digestion. Il est préférable de ne pas la cuire et de ne l'ajouter qu'au moment de servir. La marjolaine aromatise les salades méditerranéennes de viande rouge ou de légumes vert foncé.

Romarin

Le romarin est une plante médicinale qui renforce la circulation sanguine, stimule l'activité biliaire et la digestion. Son parfum volatil et piquant est particulièrement apprécié dans la cuisine méditerranéenne. Pour l'utiliser dans les salades, il faut détacher ses aiguilles longues et étroites puis les hacher finement. Dans une vinaigrette aux fines herbes, le romarin aime côtoyer le thym, la marjolaine, le thym citronné et le persil ; utilisé seul, il aromatise aussi très agréablement les salades de champignons, de viande rouge ou de volaille.

Thym

Le thym est l'aromate indissociable des cuisines méditerranéenne et italienne. Les branches entières peuvent être incorporées dans la préparation ; dégarnies de leurs feuilles elles sont ensuite hachées grossièrement puis parsemées

Cultivées en jardinière ou en pleine terre, les fines herbes parfument avec délice les sauces de salade.

sur le plat juste avant de servir. Cette plante médicinale est recommandée pour ses propriétés antiseptiques, apaisantes et antitussives. Le thym déploie ses saveurs fortement épicées dans les vinaigrettes aux fines herbes, dans les salades méditerranéennes à base de poisson et de fruits de mer, dans les salades de pâtes et de pommes de terre accompagnées de légumes et d'huile d'olive.

Menthe

La cuisine orientale nous a montré que la menthe pouvait apporter une touche savoureuse à des salades créatives et n'était pas réservée à l'aromatisation du thé. La menthe verte et fraîche fréquente avec plaisir le persil et l'ail et perd quelque peu de son âpreté en vinaigrette. On trouve dans le commerce beaucoup de variétés de menthe différentes : menthe marocaine, menthe ananas ou menthe verte poivrée. Les jardineries et les catalogues de vente par correspondance sont de bonnes sources d'approvisionnement. Dans les épiceries arabes, la menthe séchée, très aromatique, est appelée menthe nanah.

Mélisse citronnée

Les feuilles vertes et juteuses dégagent des arômes citronnés marqués et sont donc utilisées avec parcimonie dans les vinaigrettes et les salades. Il est très facile de cultiver cette plante résistante au froid et peu exigeante, qui se multiplie très vite en pleine terre ou en jardinière. Les feuilles de mélisse sont du plus bel effet décoratif sur des salades épicées et sucrées.

Les sauces de type mayonnaise se marient très bien avec les salades de pommes de terre et de pâtes ; additionnées de yogourt ou de lait,

Sauces crémeuses

elles accompagnent les salades de légumes et les laitues. Ces sauces sont souvent à base de jaune d'œuf et d'huile. Les œufs doivent être bien frais ; l'huile peut avoir un goût neutre (huile de canola ou de tournesol) ou corsé (huile de noix ou d'olive). Tous les ingrédients doivent être à la même température.

Sauce à l'ail (aïoli)

Accompagne les salades de pommes de terre, de viande et de poissons fins.

⅓ tasse (20 g) de pain brioché écroûté (1 tranche)
2 c. à s. de lait
4 gousses d'ail
Sel
2 jaunes d'œufs extrafrais
1 tasse d'huile d'olive de première qualité
1 c. à s. de jus de citron
Poivre noir du moulin
½ tasse de yogourt (facultatif)

1 Découper le pain brioché en morceaux, l'arroser de lait et réserver. Éplucher l'ail, le hacher et le travailler dans un mortier avec le pain de mie et ¼ de c. à t. de sel jusqu'à obtenir une pommade.

2 Battre la pâte aillée avec les jaunes d'œufs et 2 c. à s. d'huile à l'aide du batteur. Incorporer le jus de citron puis 2 nouvelles c. à s. d'huile en filet. Bien mélanger les ingrédients.

3 Sans cesser de battre, verser le reste de l'huile en filet. Saler et poivrer l'aïoli. Incorporer le yogourt si vous le souhaitez.

Rémoulade

Accompagne les laitues, les salades d'œufs, de pommes de terre, de bœuf ou de veau cuisiné.

2 jaunes d'œufs extrafrais
2 c. à t. de moutarde mi-forte
1 c. à s. de jus de citron
Sel et poivre noir
1 tasse d'huile de tournesol
3 cornichons
1 c. à s. de câpres (en saumure)
2 branches d'estragon
4 brins de persil
¼ c. à t. de pâte d'anchois

3 Incorporer cornichons, câpres, fines herbes et pâte d'anchois à la mayonnaise tout en remuant. Saler et poivrer la sauce rémoulade.

1 Bien battre les jaunes d'œufs, la moutarde, le jus de citron, du sel et du poivre jusqu'à obtenir un mélange lisse. Verser l'huile en filet sans cesser de remuer. Continuer à tourner jusqu'à obtenir une mayonnaise onctueuse.

2 Égoutter les cornichons et les câpres et les ciseler très finement. Laver les fines herbes puis les sécher. Détacher les feuilles des tiges et les hacher finement.

Sauce Mille-Îles

Accompagne les laitues, les salades de légumes, de pommes de terre et de poisson.

2 jaunes d'œufs extrafrais
1 c. à t. de moutarde mi-forte
Sel, poivre noir
2 c. à s. de jus de citron
1 c. à s. de jus de lime
1 tasse d'huile de tournesol
½ poivron rouge
1 petit poivron rouge au vinaigre
Quelques gouttes de Tabasco
1 c. à t. de paprika sucré
4 c. à s. de crème fouettée

1 Battre au fouet les jaunes d'œufs, la moutarde, du sel et du poivre jusqu'à obtenir un mélange crémeux. Ajouter le jus de citron et de lime. Tout en remuant, verser l'huile goutte à goutte puis en filet jusqu'à obtenir un mélange onctueux.

2 Épépiner la moitié de poivron, la sécher puis la découper en petits dés. Sécher également le poivron mariné, le nettoyer si nécessaire et le couper en tout petits dés.

3 Incorporer, tout en remuant, les dés de poivron, le Tabasco et le paprika ; saler et poivrer. Pour finir, ajouter la crème fouettée.

Sauce gribiche

Accompagne les laitues, les crudités, les salades de pommes de terre ou à base de rôtis froids.

3 œufs durs
1 c. à t. de moutarde de Dijon
Sel
Poivre noir
2 c. à s. de jus de citron
1 c. à s. de vinaigre aux fines herbes
½ tasse (100 ml) d'huile de canola ou de tournesol
1 petite tomate bien mûre
1 botte de ciboulette

1 Écaler les œufs durs et séparer les blancs des jaunes. Hacher finement les blancs. Passer les jaunes au tamis en s'aidant d'une cuillère.

2 Incorporer, en remuant, la moutarde, du sel, du poivre, le jus de citron et le vinaigre. Battre l'huile au fouet et la verser en filet dans l'émulsion à base de jaunes d'œufs jusqu'à obtenir une sauce crémeuse et épaisse.

3 Laver la tomate, la couper en deux. Enlever le pédoncule, les graines et le jus. Couper la chair du fruit en fine brunoise. Laver la ciboulette et la ciseler finement. Incorporer à la sauce la ciboulette, les dés de tomate et les blancs d'œufs.

Sauce au roquefort

Accompagne les laitues et les salades de légumes.

¼ tasse (40 g) de roquefort ou de gorgonzola
½ tasse (100 ml) de crème à 35 %
1 à 2 c. à s. de vinaigre de vin blanc
3 c. à s. de jus d'orange
2 c. à s. d'huile de noix
Sel
Poivre noir
1 pincée de sucre
⅓ tasse (40 g) de noix concassées (facultatif)

1 Couper le fromage en petits morceaux puis bien les écraser à l'aide d'une fourchette.

2 Ajouter la crème à 35 % et la mélanger au fromage jusqu'à obtenir une crème lisse.

3 Incorporer le vinaigre, le jus d'orange et l'huile de noix ; bien mélanger le tout. Rectifier l'assaisonnement puis ajouter le sucre et les noix concassées.

27

Elles accompagnent avec bonheur les laitues et les salades de légumes, mais aussi les salades de pâtes, de riz, de poisson ou de viande.

Sauces aux fines herbes

Pour qu'elles puissent déployer tous leurs arômes, elles doivent macérer dans les salades – à l'exception des laitues – une demi-heure à une heure avant de servir. Ces sauces sont meilleures préparées à l'avance et stockées quelques jours au réfrigérateur.

Vinaigrette aux fines herbes

Accompagne les laitues, les salades de légumes, de céréales et de riz.

2 à 3 c. à s. de vinaigre (de vin, de xérès ou aux fines herbes)
¼ c. à t. de moutarde de Dijon ou aux fines herbes
Sel, poivre blanc
3 à 4 c. à s. d'huile d'olive
5 brins de persil et d'aneth
¼ botte de ciboulette
2 branches de marjolaine et de basilic
1 pincée de sucre

1 Battre énergiquement au fouet le vinaigre, la moutarde, du sel et le poivre jusqu'à dissolution complète du sel.

2 Verser l'huile et remuer jusqu'à ce que la vinaigrette prenne une consistance légèrement crémeuse.

3 Laver et sécher les fines herbes. Hacher finement les feuilles, ciseler la ciboulette. Incorporer toutes les herbes à la vinaigrette et rectifier l'assaisonnement puis ajouter le sucre.

Vinaigrette au thym et au citron

Accompagne les laitues, les salades de légumes, de viande blanche ou rouge et de poisson.

1 à 2 c. à s. de jus de citron
4 c. à s. d'huile d'olive
1 pointe de moutarde de Dijon
1 citron
Sel
Poivre blanc du moulin
1 pincée de sucre
½ c. à t. de zeste de citron râpé
1 branche de thym

1 Battre énergiquement au fouet le jus de citron, l'huile d'olive et la moutarde dans un bol.

2 Peler le citron et en hacher grossièrement 4 quartiers puis les incorporer au fouet à la vinaigrette. Assaisonner en ajoutant du sel, le poivre et le sucre puis incorporer les zestes.

3 Laver le thym. Détacher les feuilles des branches et les hacher finement. Les mélanger à la vinaigrette citronnée.

Vinaigrette aux noix et aux framboises

Accompagne les laitues à saveur amère comme la trévise, l'endive et la roquette.

1 c. à s. de vinaigre de framboise
3 c. à s. d'huile de noisette
3 c. à s. d'huile de canola
   ou de tournesol
1 c. à t. de moutarde de Dijon
Sel
Poivre blanc du moulin
1 échalote
4 brins de persil
2 branches de pimprenelle,
   d'estragon, d'aneth et de basilic

1 Dans un bol, battre énergiquement le vinaigre de framboise, les deux huiles, la moutarde, sel et poivre.

2 Éplucher l'échalote et la ciseler très finement. Laver les fines herbes et hacher finement les feuilles.

3 Incorporer l'échalote et les herbes à la vinaigrette et mélanger énergiquement.

Sauce au kéfir et à la ciboulette

Accompagne les laitues pommées, les salades de concombres, de bœuf cuisiné ou de charcuterie.

½ tasse (100 g) de kéfir nature
   (lait fermenté) et ½ tasse
   (100 g) de crème fouettée
1 à 2 c. à s. de jus de citron
½ c. à s. de vinaigre de
   vin blanc
1 pointe de moutarde de Dijon
Sel, poivre blanc du moulin
1 pincée de sucre
1 botte de ciboulette

1 Dans un bol, mélanger le kéfir nature et la crème fouettée. Ajouter le jus de citron, le vinaigre et la moutarde. Mélanger le tout jusqu'à obtention d'une crème lisse.

2 Saler, poivrer et sucrer la sauce.

3 Laver la ciboulette, la sécher et la ciseler à l'aide de ciseaux de cuisine. L'incorporer à la sauce et mélanger le tout.

Sauce au yogourt parfumée aux fines herbes et aux herbes sauvages

Accompagne les laitues, les salades de légumes, de céréales et de viande blanche ou rouge.

¼ tasse (30 g) de fromage de
   brebis légèrement aigre
¾ tasse de yogourt nature
2 c. à s. d'huile d'olive
2 c. à s. de jus de citron
Sel
Poivre blanc du moulin
2 brins de menthe, de persil
   et de basilic
1 poignée d'oseille, de cerfeuil,
   de pimprenelle et de roquette

2 Incorporer le yogourt, l'huile d'olive et le jus de citron, travailler jusqu'à obtention d'une crème bien lisse. Saler, poivrer.

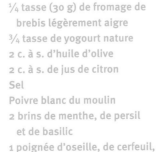

3 Laver les herbes et les sécher; ôter les petites branches et hacher finement les feuilles. Incorporer le tout à la sauce au yogourt, rectifier l'assaisonnement.

1 Couper le fromage en morceaux et bien l'écraser à la fourchette.

Elles apportent une saveur particulière aux salades de volaille et de gibier, mais aussi aux salades de riz et aux laitues. Les sauces

Sauces fruitées et piquantes

fruitées et relevées s'accordent à merveille avec les fromages et les fondues. Les sauces des salades de fruits sont toujours élaborées à partir de fruits ou de crème.

Qu'elles soient piquantes ou sucrées, elles doivent être consommées fraîches, à l'exception du coulis de framboises, qui peut être congelé.

Sauce à l'orange et aux canneberges

Accompagne les salades de gibier, les laitues au fromage.

2 échalotes
2 c. à s. d'huile de tournesol
½ tasse (100 ml) de vin rouge
¼ tasse (50 ml) de fond de veau
¼ tasse (50 ml) de jus d'orange
½ c. à t. de zeste d'orange râpé
2 c. à s. de jus de citron
3 c. à s. de compote
  de canneberges
¼ c. à t. de moutarde sèche
Sel, poivre noir

1 Éplucher les échalotes et les ciseler finement. Faire chauffer l'huile dans une sauteuse et y faire blondir les échalotes. Verser le vin, le fond de veau et le jus d'orange.

2 Incorporer les zestes d'orange et faire réduire le tout d'un tiers à feu doux sans couvrir. Retirer la sauteuse du feu, récupérer le bouillon et le laisser refroidir.

3 Ajouter le jus de citron et la compote de canneberges, mélanger. Assaisonner avec la moutarde sèche, du sel et le poivre.

Sauce piquante à la mangue

Accompagne les salades de riz, de volaille et de légumes.

1 mangue bien mûre
2 c. à s. de jus de citron
  ou de lime
2 c. à s. d'huile de tournesol
1 morceau de gingembre frais
1 c. à t. de sambal manis (pâte
  de piments indonésienne)
½ c. à t. de citronnelle
1 c. à s. de crème à 35 %
Sel, poivre noir
1 pincée de poivre de Cayenne
1 c. à s. de ciboulette (facultatif)

1 Laver soigneusement la mangue puis la sécher. La peler avec un éplucheur rasoir ou un économe et découper la chair en lanières jusqu'au noyau. Découper les lanières en dés et les mettre dans le bol du mélangeur.

2 Incorporer le jus de citron ou de lime et l'huile. Travailler les ingrédients au mélangeur plongeant jusqu'à obtenir une purée très fine. Éplucher le gingembre et le râper finement.

3 Ajouter le gingembre, le sambal manis, la citronnelle, la crème à 35 %, du sel et le poivre puis mélanger le tout. Rectifier l'assaisonnement et ajouter le poivre de Cayenne ainsi que la ciboulette ciselée.

Sauce piquante à la pomme

Accompagne les salades de gibier à poil et à plume ainsi que le porc froid tranché.

3 échalotes
2 pommes acidulées
1 c. à s. + 1 c. à t. de beurre
1 c. à s. de raisins secs
1 c. à s. d'eau-de-vie
½ tasse (100 ml) de fond de canard ou de volaille
Sel
Poivre noir du moulin
1 à 2 c. à t. de vinaigre de vin rouge ou de prune

2 Incorporer les raisins secs, l'eau-de-vie et le fond de volaille puis bien mélanger. Laisser le tout frémir à petit feu jusqu'à ce que les pommes soient molles.

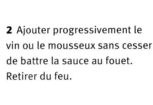

1 Éplucher et ciseler finement les échalotes. Peler les pommes, les épépiner et les couper en petits dés. Faire fondre le beurre dans une casserole et y cuire à l'étuvée les échalotes et les pommes.

3 Saler et poivrer généreusement la sauce, ajouter le vinaigre et laisser refroidir.

Sabayon

Accompagne les salades de baies rouges ou de griottes, de fruits exotiques, de poires et de pommes acidulées et étuvées.

4 jaunes d'œufs extrafrais
1 c. à t. de zeste de citron très finement râpé
4 c. à s. de sucre
6 c. à s. de riesling, de mousseux, de marsala sec ou de xérès demi-sec

1 Fouetter les jaunes d'œufs, le zeste et le sucre dans un récipient en acier, au bain-marie pas trop chaud (45 °C/115 °F).

2 Ajouter progressivement le vin ou le mousseux sans cesser de battre la sauce au fouet. Retirer du feu.

3 Continuer à fouetter le sabayon jusqu'à obtenir une consistance bien crémeuse et un volume important.

31

Coulis de framboises

Accompagne les salades de fruits mélangés, le melon, les salades de fruits exotiques et peut aussi servir de décor sur une assiette à dessert.

2 tasses (250 g) de framboises fraîches ou 1 tasse de framboises décongelées
1 à 2 c. à s. de liqueur de framboise
2 à 4 c. à s. de sucre en poudre

1 Mélanger les framboises à la liqueur et réduire le tout en purée très fine au mélangeur.

2 Tamiser la mousse de framboises afin d'éliminer les petites graines.

3 Sucrer le coulis selon votre goût. Bien le laisser refroidir avant de le présenter en saucière.

Échalote longue

Pas trop âcre et pourtant très épicée, cette variété d'échalote ne manque pas d'atouts. Sa peau fine variant du rose au rougeâtre se pèle facilement en incisant l'échalote dans le sens de la longueur jusqu'à la première couche et en enlevant celle-ci avec la peau.

Oignon rouge

Cette variété d'oignon, douce et juteuse, est délicieuse crue, en salade. L'oignon rouge accompagne les agrumes et le fromage de brebis.

Oignon blanc

Sucrée et très douce, cette variété d'oignon remplace avec délicatesse l'oignon jaune à tunique brune. À l'achat, veiller à ce qu'il soit bien ferme et que ses peaux ne s'effeuillent pas.

Échalote ronde

Les fins gourmets apprécient depuis longtemps cette petite échalote à peau brune ou rougeâtre. Aussi subtil que typé, son goût est inimitable. Crue et finement ciselée, elle est indissociable des salades de haricots et de mâche accompagnée de lardons. Sinon, elle peut être simplement éparpillée sur des tomates. Cuite ou grillée, elle distille une saveur agréablement sucrée. Entière, elle se cuisine aisément.

Oignons et échalotes

Oignon jaune

C'est l'oignon par excellence, à ne pas oublier dans les plats épicés. Cru, il peut parfois être fort et paraître assez âpre. Cuit, il domine tous les autres ingrédients. C'est une variété d'oignon adaptée à la cuisine de tous les jours.

Oignon espagnol

Certains spécimens de cette variété peuvent peser 500 g (1 lb). L'oignon espagnol est doux, très juteux et déploie toutes ses saveurs dans les soupes et les tartes. Cru et coupé en grosses rondelles, il parfume agréablement les salades de légumes ou les laitues au goût corsé. Les gros oignons peuvent parfaitement être farcis et gratinés au four. On les trouve dans les supermarchés et les fruiteries bien achalandés.

Oignon vert

Également appelé échalote verte ou oignon nouveau. On trouve cette variété d'oignon primeur toute l'année. Son bulbe blanc et les parties vert clair sont souvent utilisés en salade. L'oignon vert est particulièrement doux et, une fois émincé, il apporte aux salades une note délicate à l'âpreté plaisante.

Depuis plus de 5 000 ans, l'oignon est cultivé comme légume et reste très prisé pour ses nombreuses vertus médicinales. Dès le Moyen Âge, cette plante à peau dorée, originaire d'Inde et d'Asie centrale, a été introduite en Europe et dans tout le bassin méditerranéen.

Les variétés plus délicates, telles que les oignons rouges, ont été plantées sous nos latitudes quelques siècles plus tard. De nos jours, il serait impensable de ne pas utiliser d'oignon dans nos recettes ; il aromatise crudités, sauces et fromages, relève ragoûts, pot-au-feu et potages. Même l'allicine, substance active de l'oignon qui fait pleurer lorsqu'on le coupe, ne peut nous décourager ! Il est aussi réputé pour ses vertus anti-biotiques (souvenons-nous des compresses d'oignon chaudes pour soigner les otites).

Salsifis noirs ou scorsonères

Ces racines filiformes, mesurant de 30 à 50 cm, sont recouvertes d'une épaisse écorce semblable à du liège. En les épluchant, un jus laiteux suinte des racines, qui brunissent au contact de l'air. Ce jus laisse sur les mains des taches brunâtres résistant opiniâtrement aux lavages. Il vaut donc mieux porter des gants ménagers ou des gants en latex jetables ! Une fois cuisinés, les salsifis ont une délicate saveur de noisette épicée qui rappelle celle de l'asperge. Cette similitude de goût leur a d'ailleurs valu d'être surnommés les «asperges du pauvre», car ces légumes étaient autrefois très bon marché. Mais, aujourd'hui, ils sont plus onéreux que les asperges importées.

Navets de Teltow

Ces petits navets blancs étaient considérés par les amateurs comme la variété la plus fine de la famille des navets. Ils présentent un sommet aplati et se terminent en pointe. Ils possèdent une saveur caractéristique, agréablement sucrée et douce. Ils doivent leur nom à leur région de culture d'origine, dans les environs de la ville de Teltow, dans le Brandebourg (Allemagne). On trouve ce légume dans les fruiteries bien achalandées. Ces navets délicats ne sont jamais consommés crus mais toujours cuits glacés, à l'étuvée, au four ou à la vapeur.

Racines de persil

Crues, ces longues racines blanchâtres ont un goût épicé très fort qui rappelle celui des carottes douces. Elles sont principalement consommées séchées et servent d'assaisonnement dans les potages. Fraîches, elles possèdent pourtant une saveur incomparable. Râpées dans une salade de crudités, elles apportent une touche épicée tandis qu'elles constituent, cuites à l'étouffée, un merveilleux légume d'accompagnement. Mais c'est associées aux carottes que les racines de persil réservent les plus belles surprises gustatives.

Légumes oubliés... et retrouvés

Topinambours

Ces tubercules originaires d'Amérique du Nord ont une saveur douce évoquant subtilement celle des graines de tournesol. La médecine leur attribue des propriétés apéritives et ils contiennent du bêta-carotène, de nombreuses vitamines du groupe B, de la vitamine C ainsi qu'une large palette d'oligoéléments. Les topinambours se consomment crus ou cuits. Avec un peu de chance, on les trouve en hiver dans les marchés publics, les fruiteries et les magasins de produits biologiques.

Radis noirs

On peut trouver ce tubercule, de taille petite ou moyenne, en hiver dans les marchés publics et les fruiteries bien approvisionnés. Particulièrement riche en vitamines et en oligoéléments, il est consommé exclusivement cru. Il contient aussi une substance soufrée communément appelée essence de moutarde qui est très bénéfique pour la santé. La meilleure façon de le consommer est de le déguster en crudité ou finement râpé dans une sauce.

Haricots beurre

Cette variété, naine ou grimpante, est très appréciée en Amérique du Nord. On la trouve aussi bien fraîche qu'en conserve. Ces haricots jaune tendre ne sont pas comestibles crus et doivent cuire pendant 12 à 15 minutes pour éliminer leurs composés toxiques. Une fois cuits, ils dégagent tous leurs arômes et supportent de longues marinades. Pour les préparer, il peut falloir les effiler, c'est-à-dire enlever les fibres non comestibles, dures et sèches, qui s'étirent sur toute la longueur du légume.

Gourganes

Du strict point de vue botanique, les gourganes ne font pas partie de la famille des haricots mais de celle des pois. On les trouve dans le commerce uniquement en été. En dehors de leur saison de culture, on peut les acheter en conserve ou surgelées dans les épiceries bien approvisionnées. Dans l'est du bassin méditerranéen, on apprécie beaucoup les jeunes gourganes entières, cuites à l'étouffée dans l'huile d'olive. Au Québec, on en fait une soupe. Les cœurs tendres se marient avec des plats consistants, mais aussi avec des salades délicates et des plats de légumes. 1 kg de gousses de gourganes permet d'obtenir 250 à 300 g de fèves.

Panais

Cette racine jaune blanchâtre, pouvant mesurer 40 cm de long, possède une saveur douce, au léger goût de noisette. Récoltée d'octobre jusqu'au cœur de l'hiver, elle se conserve au frais, sans être lavée, jusqu'au printemps. Cru, râpé en salade, grillé en rösti, cuisiné et réduit en purée bien assaisonnée, le panais est délicieux quelle que soit la façon dont il est cuisiné.

35

Quand on manque de temps pour cuisiner, on choisit le plus souvent les légumes vendus en supermarché : aubergines, courgettes, poivrons, carottes... Pourtant, il existe un large éventail de légumes rustiques que nos parents et nos grands-parents consommaient régulièrement. Aujourd'hui, les haricots et de nombreux légumes racines connaissent un regain de popularité grâce aux salades.

Ainsi, ces légumes « oubliés » sont de plus en plus présents dans les fruiteries, les marchés publics ou dans les magasins de produits biologiques.

Câpres et cornichons

Les câpres de différentes tailles, en réalité les boutons floraux des câpriers, conservées dans le vinaigre ou la saumure, sont proposées dans le commerce. Plus elles sont petites, plus leur saveur est délicate. Les petites câpres peuvent être consommées entières, les grosses finement hachées dans des salades, dans une vinaigrette ou une sauce rémoulade. Une fois le bocal de câpres ouvert, le conserver au réfrigérateur. Les cornichons de câpre sont les fruits du câprier, de forme oblongue et mesurant environ 2 cm. Ils sont vendus avec leurs pédoncules dans une saumure de vinaigre.

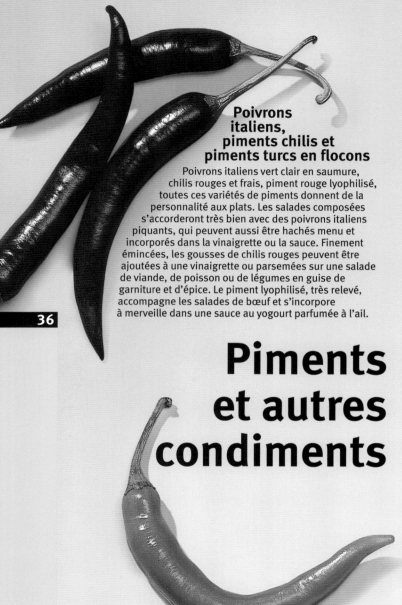

Poivrons italiens, piments chilis et piments turcs en flocons

Poivrons italiens vert clair en saumure, chilis rouges et frais, piment rouge lyophilisé, toutes ces variétés de piments donnent de la personnalité aux plats. Les salades composées s'accorderont très bien avec des poivrons italiens piquants, qui peuvent aussi être hachés menu et incorporés dans la vinaigrette ou la sauce. Finement émincées, les gousses de chilis rouges peuvent être ajoutées à une vinaigrette ou parsemées sur une salade de viande, de poisson ou de légumes en guise de garniture et d'épice. Le piment lyophilisé, très relevé, accompagne les salades de bœuf et s'incorpore à merveille dans une sauce au yogourt parfumée à l'ail.

Moutarde

En grains ou en poudre, aux fines herbes, au poivre, à l'ail, à l'échalote, douces et sucrées ou extrafortes, les moutardes rehaussent le goût des vinaigrettes et des sauces. Les amateurs de salades qui aiment varier leurs menus devraient avoir en réserve trois ou quatre sortes de moutarde. Moutarde de Dijon d'une grande finesse, moutarde de Meaux à l'ancienne, moutarde allemande mi-forte à extraforte et moutarde à l'ancienne sucrée leur permettront d'enrichir leurs salades de mille et une saveurs. Dans un bocal hermétique placé au réfrigérateur, la moutarde se conserve pendant 1 à 2 ans. Dans les vinaigrettes et les sauces, ½ cuillerée ou 1 cuillerée de moutarde parfume agréablement les laitues à la saveur corsée, les salades de viande et de charcuterie ou encore les œufs durs.

36

Piments et autres condiments

Câpres, anchois, moutarde et autres piments apportent aux salades des accents raffinés et inspirent de nouvelles créations culinaires. Le sel, le vinaigre, l'huile et le sucre permettent de les garder longtemps, à certaines conditions : prélever la quantité désirée avec un ustensile propre, recouvrir ces condiments d'une couche d'huile ou de vinaigre, et refermer le bocal. Par ailleurs, les épiceries arabes, asiatiques ou italiennes vendent des préparations exquises, sources de nouvelles idées de salades.

Chutney à la mangue

Cette marmelade d'origine indienne est proposée en saveurs très variées : douce et sucrée ou très épicée. Les épiceries asiatiques proposent bien souvent un vaste assortiment de ces sauces épaisses à la saveur aigre-douce. Pour déguster les chutneys en sauce, découper les morceaux de fruits en brunoise ou les écraser ; sinon, mélanger les morceaux à la sauce pour l'assaisonner. Les chutneys se conservent très bien au réfrigérateur pendant 1 an. Un chutney à la mangue enrichit les sauces et les vinaigrettes des salades de riz, de céréales et de pâtes accompagnées de légumes et de fruits exotiques. Il se marie très bien également avec des salades de volaille ou de gibier à plume.

Tomates séchées

Les tomates séchées vendues dans le commerce sont séchées au sel et conditionnées dans un emballage hermétique ou dans un bocal d'huile parfumée aux fines herbes. Sans huile, ces tomates peuvent être très salées ; par conséquent, bien les rincer avant de les utiliser et saler le plat avec parcimonie. Finement émincées, elles apportent une saveur subtile aux salades de riz et de pâtes ainsi qu'aux salades de viande rouge.

Olives vertes et noires

Qu'elles soient conservées dans le vinaigre ou dans l'huile, assaisonnées aux fines herbes ou à l'ail, farcies de paprika ou d'anchois, les olives apportent une note méditerranéenne dans les salades. Toujours recouvrir les olives restantes avec de la saumure ou de l'huile et les réserver dans un bocal hermétique au réfrigérateur afin qu'elles ne moisissent pas. Les olives se dénoyautent facilement à l'aide d'un dénoyauteur à olives. Les laisser entières dans la salade ou les éparpiller après les avoir coupées en quarts ou émincées. Autre possibilité : les hacher finement et les incorporer à la vinaigrette ou à la sauce.

Filets d'anchois

Les filets d'anchois sont toujours conservés dans l'huile ou le sel. Essuyer les filets conservés dans l'huile avec du papier essuie-tout. Rincer les filets conservés dans le sel sous un jet d'eau froide puis les essuyer également. Conserver les anchois au réfrigérateur, dans un bocal toujours bien fermé. Finement hachés, ils peuvent être incorporés dans des vinaigrettes ou des sauces qui accompagneront des laitues à la saveur corsée et des salades de légumes. Émincés en fines lamelles, les filets d'anchois sont aussi savoureux qu'esthétiques dans une salade composée garnie d'œufs durs, de rondelles d'oignon et d'olives.

Pesto

Le pesto vert au basilic et le pesto rouge aux tomates séchées ne se contentent pas de parfumer les pâtes, ils peuvent aussi agrémenter les salades. C'est le pesto fait maison qui est le plus savoureux. On peut acheter du pesto dans le commerce. Verser 2 cm d'huile sur le pesto, bien refermer le bocal puis le réserver au réfrigérateur. Une à 2 cuillerées à soupe de pesto dans une vinaigrette aromatisent remarquablement les laitues italiennes, les salades de riz et de pâtes. Il se marie aussi très bien avec des salades de viande blanche ou rouge ainsi qu'avec des salades de poisson et de fruits de mer.

Limes ou citrons verts

Ce sont des fruits fermes, à l'écorce fine et brillante. Le jus et le zeste des limes, à la saveur piquante, remplacent avantageusement le vinaigre et le citron dans les salades exotiques et leur donnent une note à la fois âpre et acidulée. On trouve les limes toute l'année chez les marchands de légumes et dans les épiceries bien achalandées.

Kumquats

Ces mini-oranges sont utilisées en garniture. Coupées en quartiers ou en tranches, elles décorent avec bonheur les salades épicées et sucrées. Si l'écorce possède une saveur sucrée et aromatique, la chair du fruit a un goût acidulé prononcé. Les kumquats ont une peau intérieure très dure et de nombreux pépins.

Eau de fleur d'oranger

Dans les salades de fruits, on utilise parfois le distillat des boutons floraux non épanouis de l'oranger ou du bigaradier. L'eau de fleur d'oranger est transparente, dégage un arôme intense et peut être ajoutée en petite quantité aux salades et aux carpaccios de fruits. On peut se procurer le distillat dans certains supermarchés et dans les épiceries de produits exotiques.

38

Citrons

Ces fruits jaunes et ovales sont très riches en vitamine C. À l'achat, choisir des citrons à l'écorce fine et brillante, nettement plus juteux que ceux à l'écorce épaisse et irrégulière. Les fruits mous sont plus faciles à presser que les fruits fermes. Les citrons donnent plus de jus après qu'on les a fait rouler sur le plan de travail sous la paume de la main puis pressés fermement contre la planche à découper. Pour les conserver longtemps, les réserver au frais dans un endroit sombre.

Les agrumes sont indissociables des salades, épicées ou sucrées. Ces fruits lumineux, jaunes ou orangés, sont utilisés en jus, en rondelles ou en tranches. On ajoute souvent l'écorce aromatique des fruits, coupée en fines lanières, pour parfumer les mets. Il vaut donc mieux acheter des fruits non traités issus de l'agriculture biologique.

Les fruits traditionnels, même si leur étiquette indique qu'ils sont non traités, doivent être lavés par précaution, brossés et soigneusement rincés sous l'eau chaude.

Pamplemousses

Les variétés à chair jaune ont un goût âpre et légèrement amer, tandis que les variétés à chair rose sont plutôt sucrées et douces. Les pamplemousses ont la réputation d'ouvrir l'appétit et de stimuler la digestion. Ils accompagnent les hors-d'œuvre de volaille ou de poisson. Il faut toujours fileter les fruits car les peaux entre les quartiers sont dures et amères. Chez nous, la haute saison de ces agrumes s'étend de novembre à mai.

Clémentines

Le croisement de la mandarine et de l'orange bigarade a donné un fruit sucré, plus ou moins aromatique. On trouve les clémentines dans le commerce d'octobre à février. Ces fruits très juteux n'ont pas ou peu de pépins. Ils apportent aux salades de volaille une note de fraîcheur et aux salades de fruits une touche savoureuse.

Huile d'olive au citron ou à l'orange

Les citrons ou les oranges non traités sont pressés en même temps que les olives, ce qui permet d'obtenir une huile fruitée très aromatique, qui affine remarquablement les vinaigrettes. On peut acheter cette huile dans les épiceries fines.

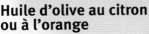

Mandarines

Les mandarines possèdent une écorce fine qui se détache facilement et de nombreux pépins. Leur chair est très aromatique, juteuse et sucrée. Elles sont presque totalement supplantées sur les étals par les clémentines dépourvues de pépins. On peut les conserver pendant 6 semaines dans un endroit sombre, à une température de 6 à 8 °C (43 à 46 °F).

39

Agrumes : arôme et fraîcheur

Oranges

Ce sont les agrumes les plus populaires. La chair des oranges est très digeste et très riche en vitamine C. Les oranges à l'écorce fine dotée de petits pores sont les meilleures à presser. Les fruits à écorce épaisse, spongieuse comme de la ouate, sont les meilleurs à déguster. Une orange bien fraîche laisse échapper du jus lorsqu'on entaille sa peau. La haute saison des oranges blondes comme les navels s'étend de novembre à juin. Celle des oranges sanguines est courte : février et mars. Mais certaines oranges sont en réalité disponibles toute l'année car elles sont produites dans des régions chaudes comme l'Espagne, le Maroc et le sud des États-Unis.

Noisettes

On peut acheter des noisettes fraîches d'août à octobre. Bien à l'abri dans leur coque, elles peuvent se conserver pendant 5 ans maximum et, sans leur coque, pendant 1 an. Finement écrasées dans un hachoir à piston ou dans un moulin à amandes, les noisettes déploient tous leurs arômes. On peut aussi les émincer à l'aide d'un grand couteau de cuisine ou au robot. Pour éliminer leur enveloppe, les faire griller à la poêle ou au four très chaud. Hachées, émincées ou moulues, les noisettes s'harmonisent à merveille avec les salades piquantes et sucrées.

Amandes

Dans leur coque, les amandes se gardent 2 à 3 ans, tandis qu'une fois mondées, elles se conservent 1 an. Pour monder les amandes, les recouvrir d'eau, porter à ébullition puis les égoutter. Retirer délicatement la peau entre le pouce et l'index. Les amandes accompagnent les salades de fruits, de légumes et de volaille agrémentées de fruits, ainsi que les salades asiatiques.

Graines de sésame

Les graines de sésame brunes, non pelées, ont une saveur aromatique légèrement amère. Une fois décortiquées, elles sont plus douces et ne déploient tous leurs arômes que grillées ou saisies. On peut se procurer des graines de sésame dans les supermarchés, les magasins de produits naturels et les épiceries de produits exotiques. La pâte de sésame, graines moulues très finement décortiquées ou non, rehausse de sa saveur délicate les sauces de salade.

Noix

Depuis des temps immémoriaux, la saveur âpre et presque amère des fruits du noyer est très appréciée des gourmets. On récolte les noix fraîches dès le début du mois de septembre. Les amateurs enlèvent les peaux fraîches et élastiques entourant les cerneaux durs avant de les déguster. Les cerneaux de noix sont assez tendres et s'écrasent facilement avec un grand couteau ou dans un hachoir à piston ; ils servent souvent à la décoration. Les noix constituent un ingrédient de choix dans la salade Waldorf et les salades de fruits, mais aussi dans les salades de volaille.

40

Fruits à écale et graines

Noix de cajou

Ces graines en forme de croissant, dont le goût évoque celui de l'amande, ont une teneur très faible en lipides et sont en revanche très riches en glucides. Elles doivent être grillées avant d'être consommées car elles ne sont pas comestibles crues. Elles se marient très bien aux salades asiatiques ou, non salées, aux salades de fruits exotiques. On trouve facilement les noix de cajou, nature ou salées et grillées dans les supermarchés et les épiceries fines.

Pistaches

Ces graines vert clair possèdent une saveur douce rappelant légèrement celle de l'amande. Les pistaches non salées encore dans leur coque sont relativement onéreuses. On peut les trouver au rayon des fruits secs dans les supermarchés bien achalandés ou dans les épiceries fines. Grossièrement hachées, elles décorent joliment les salades épicées et sucrées.

Graines de citrouille

Le goût des graines de citrouille rappelle fortement celui des noix. Ces graines sont très bénéfiques pour la santé en raison de leur forte teneur en acides gras insaturés. Éparpiller des graines, crues ou légèrement grillées, entières ou grossièrement hachées, sur des salades épicées et sucrées.

Pignons

Ces graines oblongues se développent dans les pommes de 20 cm environ des pins qui poussent dans tout le bassin méditerranéen. Il faut déployer beaucoup d'efforts pour récupérer les graines dures, de couleur jaune pâle, enveloppées dans une coque, ce qui explique leur prix élevé. Les pignons ont une saveur âpre et douceâtre. Les graines sont meilleures grillées à feu doux. Elles ont une consistance assez molle et peuvent être pilées sans difficulté en une fine pâte dans un mortier ou hachées à l'aide d'un gros couteau. Les pignons ont tendance à rancir rapidement. Par conséquent, il est recommandé de les congeler.

Les fruits à écale, c'est la cerise sur le gâteau.

Parsemés sur les salades ou utilisés en garniture, ils diffusent des arômes d'autant plus prononcés qu'ils sont légèrement grillés.

Pour obtenir ce résultat, faire chauffer une poêle lourde sans matière grasse et y faire dorer les graines ou les fruits à écale sans cesser de remuer. Quand ils ont pris une belle couleur dorée, les retirer immédiatement de la poêle.

Colorés et variés :
laitues et légumes feuilles

De nombreux ingrédients métamorphosent les laitues, vertes,

rouges ou jaune tendre, en hors-d'œuvre appétissants,

en savoureux accompagnements ou en plats principaux nourrissants

sans être pour autant indigestes. Ce chapitre vous propose

de nombreuses recettes raffinées associant des laitues croquantes

à des légumes, des œufs, de la viande ou du poisson.

Des sauces harmonisent les différentes saveurs

tout en finesse.

Trévise ou radicchio

Ôter le cœur et le trognon triangulaire car il est très amer. La trévise contient une substance amère appelée intybine qui était autrefois souvent utilisée comme remède gastrique.

Sauces : sauce corsée à la crème, au fromage persillé ou à la moutarde très fine.

Endive

Les plants d'endives blancs et jaune pâle sont cultivés dans des endroits sombres et mesurent environ 20 cm. Plus les feuilles juteuses sont vertes, plus elles sont amères.

Sauces : trempées dans une sauce au fromage blanc et aux fines herbes, les feuilles servent de cuillère. On déguste alors le contenant en même temps que le contenu.

Scarole

Dotée d'une saveur légèrement amère, cette chicorée est proposée sur les étals en deux variétés : la variété d'hiver possède des nervures très fermes et des feuilles jaune pâle ou vert pâle, frisées et très découpées ; la variété d'été présente de grandes feuilles vertes légèrement ondulées.

Sauces : sauce à l'échalote, au vinaigre et à l'huile ou bien encore à la crème sure.

Laitue pommée

Vertes ou rouges, les laitues pommées font partie des variétés les plus appréciées. Ne pas enlever les grandes feuilles extérieures mais plutôt les couper en petits morceaux. Le suc laiteux qui s'écoule des nervures a un effet apaisant.

Sauces : vinaigrette légère aux fines herbes, vinaigrette à l'huile d'olive et au vinaigre de xérès ; sauce au yogourt ou à la crème sure.

Le monde des laitues

Malgré une apparente ressemblance, les salades vertes sont très diverses : comme pour les autres denrées, la provenance et la fraîcheur déterminent le goût et la valeur nutritive de leurs feuilles. Les pages suivantes vous indiquent tout ce qu'il faut savoir pour acheter et conserver les laitues.

Achat

Aujourd'hui, on cultive de moins en moins de laitues dans les potagers. Les consommateurs préfèrent les acheter chez les marchands de légumes, sur les marchés ou dans les supermarchés. On trouve des laitues tout au long de l'année : sous nos latitudes, elles sont cultivées à la fin du printemps, en été et au début de l'automne ; le reste de l'année, elles sont importées ou proviennent de cultures en serre. Les nutritionnistes considèrent que les salades, aux couleurs fraîches et vives, cultivées en plein champ, renferment plus de vitamines et de substances végétales bioactives que les salades cultivées en serres, souvent assez peu colorées. Une laitue fraîche se reconnaît à ses feuilles croquantes et lumineuses, de couleur verte, rouge ou violette, et aux gouttelettes de suc se formant à la base du trognon entaillé. Les mélanges en sachet, déjà lavés, peuvent être contaminés par des germes, car le suc laiteux qui s'écoule par le trognon est un bouillon de culture idéal pour les bactéries.

Préparer les laitues

Plonger rapidement la laitue, en tenant le trognon vers le haut, dans une eau froide, salée ou vinaigrée afin d'éliminer d'éventuels insectes. Détacher ensuite les feuilles de la pomme, les rincer plusieurs fois sous un jet d'eau froide puis les essorer. Couper les grosses feuilles en plusieurs morceaux, et détailler les plus dures en lanières.

Mâche

On l'appelle aussi doucette. Consommer la mâche bien fraîche et non talée (sans meurtrissures). Elle est source de bêta-carotène, de vitamine C, de potassium et de fer. Elle résiste au gel.

Sauces : sauce à la crème légère, vinaigrette au vinaigre de vin blanc et à l'huile de graines de citrouille ou au vinaigre de framboise et à l'huile de noix.

Romaine

Variété particulièrement croquante, très présente sur les marchés, où elle est proposée en jeunes plants dont les cœurs sont particulièrement prisés. Les salades sous film plastique ne doivent présenter aucune tache et les feuilles avoir une couleur lumineuse vert pâle ou jaune. Les plants de romaine plus gros sont d'un beau vert soutenu et font environ 30 cm de long.

Sauce : sauce au fromage de brebis.

Frisée

Les substances amères contenues dans le suc laiteux des scaroles et des frisées, surtout dans les parties inférieures des feuilles, sont réputées stimuler l'appétit. Le cœur jaune est la partie la plus tendre et doit représenter un tiers de la salade.

Sauces : sauce à la crème ou à la crème sure parsemée de radis noir râpé et de brunoise d'échalotes, sauce Mille-Îles.

Roquette

Connue depuis l'Antiquité, elle retrouve depuis quelques années un regain de popularité, parfois sous son nom italien de *rucola*. C'est à l'essence de moutarde contenue dans ses feuilles que la roquette doit son arôme typique. Elle accompagne les tomates, le fromage de brebis et les olives.

Sauces : marinade à base d'huile d'olive et de vinaigre, vinaigrette à l'huile d'olive et au vinaigre balsamique.

La bonne quantité

En accompagnement, on compte 50 (mâche et roquette) à 125 g (laitue pommée ou batavia) par personne, selon la variété. Si la salade est le plat principal du repas, doubler, voire tripler la portion de laitue.

Conservation

Les variétés délicates, comme la laitue pommée, la feuille de chêne et la mâche, flétrissent 1 à 2 jours après la récolte et perdent vite leurs vitamines. En revanche, les variétés telles que la batavia, l'endive, la frisée ou la trévise sont plus résistantes et se conservent plus longtemps. Garder les laitues dans un endroit sombre et frais, le mieux étant dans une boîte en plastique hermétique placée au réfrigérateur, ou dans le bac à légumes enveloppées dans un linge humide. Les feuilles se conservent jusqu'au lendemain si elles ont été bien égouttées, essorées puis placées dans un sac de congélation au réfrigérateur.

Un aliment sain par excellence

En Occident, la salade verte est considérée comme un aliment sain. Pourtant, compte tenu de la quantité consommée, son apport en vitamines et en oligoéléments est minime. Il convient de pallier cette faiblesse en lui ajoutant des légumes frais et des huiles végétales de première qualité. Les laitues fournissent néanmoins à notre organisme un apport non négligeable en fibres qui dynamisent le métabolisme. Et si, comme le font les Italiens, on mange une grosse portion de salade accompagnée d'une sauce légère avant un repas chaud, on perdra du poids. En effet, les feuilles peu caloriques apaisent la sensation de faim et stimulent la production de suc gastrique.

Ce marché propose sur ses étals une kyrielle de laitues colorées, fraîchement cueillies.

Pissenlit

Les longues feuilles du pissenlit, très dentelées, poussent sur la moindre plate-bande, dans les prés et sur les terrains laissés à l'abandon. Elles possèdent une saveur subtile, âpre et légèrement amère. Elles sont riches en calcium, en magnésium et en fer.

Sauce : vinaigrette douce à base d'huile de canola ou de noix et de vinaigre de vin blanc.

Feuille de chêne

Cette salade doit son nom à la forme de ses feuilles, effilées, longues et lobées de manière irrégulière. Cette laitue, sans cœur ferme, pousse en touffe. Les feuilles sont de plus en plus rougeâtres vers l'extrémité et possèdent une saveur plus généreuse que les laitues pommées ou les icebergs. La feuille de chêne accompagne les champignons et la viande rouge.

Sauces : vinaigrettes corsées au vinaigre de vin rouge ou de cassis.

Oseille

Ses longues feuilles vert foncé ressemblent à celles des épinards de printemps. Seules les jeunes feuilles possèdent un arôme acidulé, légèrement piquant ; les feuilles plus vieilles dégagent une saveur amère et âpre. L'oseille est délicieuse mélangée avec des laitues douces ou d'autres herbes sauvages.

Sauce : vinaigrette classique.

Ficoïde glaciale

Cette plante herbacée et rampante se caractérise par des tiges vertes et des feuilles épaisses, juteuses, très croquantes et épicées. En la faisant suer, on fait apparaître de minuscules cristaux de sel sur les tiges et les feuilles, qui lui donnent son goût piquant et épicé, rappelant celui des épinards. Chercher la ficoïde dans les marchés publics, en été, chez les producteurs biologiques.

Sauces : sauces au roquefort ou autre fromage persillé au goût corsé.

Cresson de fontaine

Cette plante herbacée pousse près des sources d'eau peu profondes agitées par des courants, dans des étangs et des fossés où l'eau est pure. Les feuilles rondes et charnues renferment une forte teneur en iode et en fer et ont une saveur piquante et moutardée. Cru, le cresson est souvent mélangé à d'autres laitues.

Sauce : vinaigrette avec brunoise d'échalotes, huile de graines de citrouille et vinaigre doux.

Fleurs comestibles

Qu'il s'agisse de la pensée sauvage, de la pâquerette, de la violette odorante ou de la bourrache, ces fleurs sont parfaitement comestibles dans la mesure où elles ne sont pas traitées. On peut même consommer les fleurs des fines herbes comestibles. Elles ont des goûts variés : moutardé, âpre, voire presque insipide. C'est pourquoi on les utilise plus pour décorer les laitues, les salades de légumes ou de fruits. Il faut les cueillir juste avant de servir car elles fanent très vite.

Sauces : selon la salade qu'elles accompagnent.

Pourpier

Ses feuilles rondes, épaisses et charnues sont très juteuses et possèdent une saveur aigrelette très rafraîchissante. Le pourpier accompagne avec bonheur d'autres laitues à la saveur douce.

Sauces : sauce au yogourt nature ou vinaigrette aux fines herbes.

Batavia

Dans cette variété, la couleur des feuilles varie de vert pâle à vert sombre teinté de rouge. Elles sont croquantes à souhait, comme les laitues pommées et les icebergs. La batavia se marie fort bien avec toutes les salades composées, agrémentées de tomates et de légumes.

Sauces : sauces caloriques mais aussi vinaigrettes légères aux fines herbes.

Iceberg

Cette variété originaire des États-Unis compte parmi les laitues les plus populaires. On la reconnaît facilement à sa couleur vert soutenu quand elle est cultivée en plein champ ; en serre, elle adopte une teinte plus pâle. En dépit des apparences, la laitue iceberg peut se nettoyer sans difficulté.

Sauces : au choix.

Laitue à couper

Autrefois, cette délicate laitue était uniquement cultivée dans les potagers car elle ne supporte ni le transport ni le stockage. Grâce aux techniques de conditionnement modernes, on la trouve aujourd'hui de plus en plus souvent dans le commerce. Cette laitue, aux feuilles vert pâle ou rouge sombre, n'a pas de cœur mais uniquement des tiges qui peuvent être cueillies une à une.

Sauce : sauce à la crème et aux fines herbes.

Lollo rossa et lollo bionda

Ces deux variétés italiennes apparentées à la laitue pommée forment des rosettes foliaires compactes sans cœur ferme. L'extrémité des feuilles est légèrement frisée et d'une couleur rouge violacé ou verte. Ses feuilles croquantes et aromatiques sont fermes et se conservent mieux que celles des salades pommées.

Sauce : vinaigrette à l'huile d'olive et au vinaigre balsamique.

Épinard

L'épinard cru est très riche en oligoéléments comme le phosphore, le potassium, l'iode et le magnésium, et contient de nombreuses vitamines du complexe B et de la vitamine C. Ce sont les feuilles jeunes qui apportent une saveur incomparable aux mescluns. Les épinards se marient très bien avec les fruits à écale et la viande rouge.

Sauce : vinaigrette à l'huile de graines de citrouille ou de noix.

Capucine

Avec ses fleurs lumineuses, cette plante est appréciée dans les jardins et sur les balcons. Non traitées, ses feuilles et ses fleurs peuvent être consommées en salade. Les feuilles ont une saveur piquante et s'accordent très bien avec les laitues ; les fleurs comestibles servent de décoration.

Sauce : vinaigrette au vinaigre de framboise et à l'huile de canola.

Cresson alénois

Ce cresson originaire d'Asie est une source non négligeable de vitamines, de calcium, de potassium, de phosphore et de fer, surtout en hiver. On commence à le découvrir au Québec. On peut récolter des pousses tendres, découpées en trois lobes, quelques jours après les avoir semées. Le cresson alénois accompagne les laitues douces et leur apporte une note épicée agréable.

Sauces : sauce au yogourt ou vinaigrette à l'huile de noisette.

Pimprenelle

La pimprenelle peut être utilisée comme herbe aromatique, mais ses jeunes feuilles pennées peuvent aussi être consommées en salade. Elles possèdent une saveur assez épicée, légèrement amère, semblable à celle de la noix ou du concombre.

Sauce : vinaigrette au jus de citron et à l'huile d'olive.

Pak-choi

Ce légume feuille est apparenté à la bette à carde et au chou chinois. Les tiges blanches sont cassantes et dégagent une forte odeur de chou. Les feuilles vert sombre ont une saveur plutôt âpre. Les feuilles écrasées et les tiges émincées sont particulièrement délicieuses crues, en salade, associées à des ingrédients de la cuisine asiatique.

Sauce : vinaigrette corsée aux fines herbes.

Salade d'iceberg
au melon et aux radis

Pour 4 personnes
1 petite laitue iceberg bien ferme
8 jeunes radis (40 g)
1 oignon vert
1 petit melon cantaloup
Vinaigrette
2 c. à s. de vinaigre de vin blanc
2 c. à s. d'huile de canola ou de tournesol
1 c. à t. de miel liquide
1 c. à t. de moutarde à l'ancienne
Sel
Poivre noir du moulin

Par personne
125 kcal, 2 g de protéines,
9 g de lipides, 8 g de glucides
Préparation : 20 minutes

1 Couper la laitue iceberg en quatre et ôter le trognon. Laver les quartiers de salade, les essorer et les couper en petits morceaux. Laver les radis et les égoutter.

2 Parer et laver l'oignon vert. Émincer la partie verte et couper la partie blanche en brunoise. Couper le melon en deux et éliminer les graines. Prélever de petites boules dans la chair du fruit à l'aide d'une cuillère à pomme parisienne. Recueillir le jus.

3 Pour la vinaigrette, battre énergiquement au fouet dans un bol le vinaigre de vin blanc, l'huile, le miel et la moutarde. Incorporer le jus de melon et l'oignon vert ; saler et poivrer.

4 Dresser la laitue dans quatre petits bols à salade ou sur un grand plat. Répartir les radis puis les boules de melon. Parsemer la partie verte de l'oignon vert. Verser la vinaigrette en filet et servir immédiatement.

Astuce :
En hiver, remplacer le melon par des quartiers d'orange ou de clémentine.

Salade d'iceberg
au melon
et à la mangue

Préparer la laitue selon les
indications de la recette
ci-contre et la dresser sur un plat.
Trancher en deux 1 petit melon
cantaloup, éliminer les graines
et prélever des boules dans la
chair ; réserver le jus. Éplucher
1 mangue bien mûre et la
découper en dés ; recueillir
le jus. Éplucher 3 cm de racine
de gingembre et l'émincer
finement. Disposer les boules
de melon, les dés de mangue
et les lamelles de gingembre
sur la salade. Éplucher 1 échalote
puis la ciseler finement. Pour la
vinaigrette, battre énergiquement
au fouet 1 c. à s. de jus de lime
et 2 c. à s. d'huile au goût neutre,
l'échalote ciselée et le jus des
fruits. Saler, poivrer et ajouter
1 pincée de cassonade. Verser
la vinaigrette sur la salade.

49

Salade d'herbes sauvages aux graines de citrouille

Pour 4 personnes
12 œufs de caille
250 g d'herbes sauvages
  (cresson de fontaine, oseille, pissenlit,
  roquette, pimprenelle, pourpier)
8 à 12 belles fleurs de capucine
1 oignon rouge
30 g de graines de citrouille pelées
Vinaigrette
3 c. à s. d'huile de graines de citrouille
2 c. à s. de jus de citron
1 c. à s. de vinaigre de framboise
Sel, poivre du moulin

Par personne
245 kcal, 4 g de protéines,
19 g de lipides, 6 g de glucides
Préparation : 25 minutes

50

**Les œufs
de caille**
Les œufs de caille ont
une coquille ocre jaune
tachetée de brun. Cinq fois
plus légers que les œufs
de poule, ils se cuisinent
à la coque, durs ou sur le plat
pour décorer avec élégance
les laitues et les hors-d'œuvre.
Il suffit de 2 minutes pour
qu'ils soient à la coque,
de 3 à 4 minutes pour
qu'ils soient mollets
et de 4 à 5 minutes pour
qu'ils soient durs.

1 Plonger les œufs de caille dans
une casserole remplie d'eau froide,
porter à ébullition et faire durcir
les œufs (4 à 5 minutes).
Retirer les œufs de la casserole
et les passer sous l'eau froide.
Les laisser refroidir. Laver les herbes
sauvages, éliminer les tiges et
les feuilles abîmées. Essorer les
herbes et les couper en petits
morceaux.

2 Détacher les fleurs de capucine
des tiges. Si nécessaire, les nettoyer
délicatement avec du papier essuie-
tout. Peler l'oignon et l'émincer
finement. Faire griller les graines
de citrouille dans une poêle sans
matière grasse ; dès qu'elles
prennent une belle couleur dorée et
dégagent une agréable odeur, les
verser dans une assiette et les
laisser refroidir.

3 Dresser les herbes sauvages
dans un grand plat et répartir
l'oignon émincé. Écaler les
œufs puis les couper en
deux. Garnir la salade
avec les moitiés d'œufs
et les fleurs de capucine.

4 Pour la vinaigrette,
battre énergiquement au
fouet dans un saladier l'huile
de graines de citrouille, le jus de
citron et le vinaigre de framboise.
Saler et poivrer.

5 Verser délicatement
la vinaigrette sur la salade.
Éparpiller les graines de citrouille
grillées et servir immédiatement.
Cette salade est délicieuse
accompagnée de pain brioché ou
de baguette fraîche beurrés.

À savoir :
**L'huile de graines de citrouille est
riche en acides gras très bénéfiques
pour la santé. Afin de préserver
toutes ses propriétés, la conserver
en permanence dans un endroit
sombre et frais. Il vaut mieux
la choisir en petit format, quitte
à en acheter plus souvent.**

Salade d'herbes sauvages aux légumes du jardin

Préparer les herbes sauvages selon les indications de la recette ci-contre puis les dresser sur des assiettes. Laver, éplucher puis râper 2 carottes. Laver et couper en deux 8 tomates cerises. Éplucher, laver et découper en julienne 1 petite courgette bien ferme. Dresser les légumes sur les assiettes. Dans un saladier, battre énergiquement au fouet 2 c. à s. de jus de citron, 1 c. à s. de vinaigre de vin blanc, 3 c. à s. d'huile d'olive, 1 pointe de moutarde de Dijon, 1 pincée de sucre, du sel et du poivre. Laver ½ botte d'aneth, ½ botte de ciboulette et ½ botte de persil. Les essorer puis les hacher finement ou les ciseler. Incorporer les herbes à la vinaigrette et verser celle-ci sur les légumes. Servir immédiatement la salade.

Salade de roquette et de trévise
aux tomates cerises

Pour 4 personnes

3 c. à s. de vinaigre balsamique
4 c. à s. d'huile d'olive
1 gousse d'ail
200 g de roquette
1 petite trévise
12 tomates cerises (200 g)
1 petit oignon blanc
Sel
Poivre noir concassé
50 g de parmesan

Par personne

200 kcal, 7 g de protéines,
15 g de lipides, 9 g de glucides
Préparation : 20 minutes

52

1 Mélanger le vinaigre balsamique et l'huile d'olive. Éplucher la gousse d'ail et l'écraser avec le dos d'un couteau. Incorporer l'ail au mélange huile-vinaigre et laisser macérer un moment.

2 Pendant ce temps, laver la roquette et éliminer les tiges dures et les feuilles abîmées. L'essorer et la couper en morceaux. Laver la trévise, la parer, la couper en quatre, ôter le trognon puis la couper en morceaux.

3 Laver les tomates puis les couper en deux. Éplucher l'oignon et l'émincer finement. Dresser d'abord la roquette puis la trévise, les tomates et enfin les rondelles d'oignon sur un plat.

4 Retirer la gousse d'ail du mélange huile-vinaigre. Battre énergiquement celui-ci au fouet et le saler. Verser ce mélange sur la salade et parsemer de poivre. Couper le parmesan en fines lamelles avec une râpe à fromage ou une mandoline et l'éparpiller sur la salade. Servir immédiatement. Des tranches de pain ciabatta grillées, frottées à l'ail et badigeonnées d'huile d'olive, accompagnent merveilleusement bien cette salade.

Salade de roquette et de trévise,
vinaigrette à l'huile d'olive chaude

Préparer la roquette et la trévise selon les indications de la recette ci-contre puis les dresser sur des assiettes. Éplucher 8 échalotes et les couper en quatre sans désolidariser les couches. Éplucher 1 gousse d'ail et la hacher finement. Faire chauffer 2 c. à s. d'huile d'olive et y faire blondir les échalotes. Couper en deux 1 tasse d'olives noires et vertes dénoyautées et les ajouter dans l'huile. Déglacer avec 2 c. à s. de vinaigre balsamique et 4 c. à s. de vin rouge. Faire bouillir puis retirer du feu. Saler, poivrer et ajouter ½ c. à t. de romarin haché. Verser la vinaigrette sur la salade.

Salade d'endive
aux pommes

Pour 4 personnes
2 c. à s. de graines de tournesol
1 endive
2 pommes acidulées
   (mcintosh ou spartan)
1 c. à s. de jus de citron
1 petit radis noir (100 g)
1¼ tasse de crème sure
1 c. à s. de vinaigre de cidre
2 c. à s. d'huile de tournesol
1 pincée de sucre
Sel
Poivre noir du moulin
¼ botte de cresson

Par personne
220 kcal, 6 g de protéines,
17 g de lipides, 11 g de glucides
Préparation : 25 minutes

1 Faire griller les graines
de tournesol dans une poêle
non adhésive sans matière grasse
jusqu'à ce qu'elles prennent
une belle couleur dorée. Les verser
dans une assiette et les laisser
refroidir. Enlever le talon de l'endive
et laver les feuilles sous l'eau tiède,
puis les sécher.

2 Laver les pommes, les couper
en quatre, les épépiner et les couper
en morceaux dans un saladier.
Les arroser de jus de citron
afin qu'elles ne noircissent pas.
Parer le radis noir puis le laver,
l'éplucher et le râper finement.

3 Dans un saladier, mélanger
le radis, la crème sure, le vinaigre
de cidre, l'huile de tournesol,
le sucre, du sel et du poivre.
Couper les feuilles d'endive en fines
lanières et les incorporer à la sauce.
Pour finir, ajouter les morceaux
de pomme.

4 Dresser la salade sur des
assiettes et la parsemer de graines
de tournesol. À l'aide de ciseaux
de cuisine, couper le cresson
et en garnir les assiettes.
Servir immédiatement.

Astuce :
**Les feuilles extérieures des grosses
endives d'hiver sont bien souvent
assez dures et ligneuses.
Les couper en lanières très fines
ou ne pas les utiliser.**

55

Mesclun
aux champignons et au poulet

Pour 4 personnes
400 g de poitrines de poulet
1 gousse d'ail
½ feuille de chêne, ½ frisée,
  1 petite trévise
2 échalotes
1 barquette de petits champignons
1 citron
2 c. à s. de beurre
Sel, poivre noir du moulin
Sauce
1 c. à t. de moutarde de Dijon
1 c. à s. de vinaigre de vin blanc
1 c. à s. d'huile de canola
¾ tasse de crème sure
⅓ tasse de yogourt
Sel
Poivre noir du moulin

Par personne
250 kcal, 28 g de protéines,
12 g de lipides, 5 g de glucides
Préparation : 25 minutes

1 Laver les poitrines de poulet, les essuyer et les couper en lanières. Éplucher la gousse d'ail et l'émincer. Mélanger l'ail et la viande puis les réserver au frais.

2 Parer les feuilles des laitues, les laver, les essorer et les couper en petits morceaux. Dresser les feuilles sur quatre grandes assiettes.

3 Éplucher les échalotes et les ciseler finement. Nettoyer si nécessaire les champignons avec du papier essuie-tout, ôter l'extrémité du pied et les émincer finement.

4 Laver le citron sous l'eau chaude puis l'essuyer. À l'aide du zesteur, prélever de fines lanières sur une moitié du fruit. Garder l'autre moitié pour une autre recette.

5 Pour la sauce, battre au fouet dans un petit bol la moutarde, le vinaigre, l'huile, la crème sure et le yogourt.

6 Saler, poivrer puis répartir la sauce sur les assiettes. Disposer sur chaque assiette une partie des zestes, des échalotes et des champignons.

7 Chauffer le beurre à feu vif. Faire dorer le mélange viande-ail de toutes parts. Retirer l'ail de la poêle avant qu'il ne brunisse et disposer la viande sur la salade.

8 Saler et poivrer généreusement la viande de poulet grillée. Verser le beurre dessus puis servir immédiatement. Le pain ciabatta ou une baguette fraîche se marient à la perfection avec cette salade.

Astuce :
Un tranche-œufs permet d'émincer finement et régulièrement les petits champignons. Ne jamais les laver car ils se gorgeraient d'eau. Il vaut mieux les nettoyer soigneusement avec du papier essuie-tout.

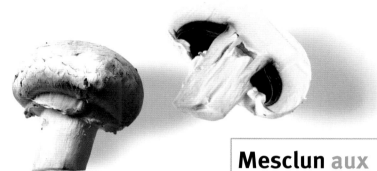

Mesclun aux lanières de bœuf

57

Préparer les laitues selon les indications de la recette ci-contre mais sans viande de poulet ni zeste de citron. Découper 300 g de filet de bœuf en lanières de 0,5 cm d'épaisseur. Éplucher 1 gousse d'ail et l'émincer. Mélanger la viande de bœuf avec 1 c. à t. de moutarde à l'ancienne, 2 c. à s. d'huile de canola et l'ail. Laisser mariner 1 heure au réfrigérateur puis retirer l'ail. Faire chauffer 1 c. à s. d'huile de canola à feu vif et saisir les tranches de bœuf sur chaque face. Saler et poivrer la viande puis la dresser sur des assiettes. Déglacer le jus dans la poêle avec 4 c. à s. de vin blanc. Incorporer 1 c. à t. d'estragon frais finement haché puis verser le jus chaud sur la viande.
Servir la salade immédiatement.

Mâche au bacon, sauce à la pomme de terre

Pour 4 personnes

1 pomme de terre à chair farineuse (80 g)
200 g de mâche
6 tranches de bacon fumé maigre (100 g)
2 échalotes
2 c. à s. de vinaigre aux fines herbes
3 c. à s. d'huile de tournesol
Sel
Poivre noir concassé
4 œufs

Par personne

165 kcal, 13 g de protéines,
11 g de lipides, 4 g de glucides
Préparation : 30 minutes

1 Laver la pomme de terre puis la faire cuire à l'eau pendant 20 minutes. Égoutter et laisser tiédir. Parer la mâche, la laver puis l'essorer. Couper en deux les plus grosses feuilles. Répartir la mâche dans quatre grandes assiettes.

2 Découper le bacon en petits dés. Éplucher les échalotes puis les ciseler. Peler la pomme de terre et l'écraser à la fourchette.

3 Pour la sauce, battre au fouet le vinaigre, 2 cuillerées à soupe d'huile, la pomme de terre réduite en purée, du sel et du poivre. Faire chauffer dans une poêle 1 cuillerée à soupe d'huile. Y verser les dés de bacon et les faire griller jusqu'à ce qu'ils croustillent. Les réserver au chaud dans un saladier.

4 Faire cuire les œufs au plat dans la graisse de la poêle, saler et poivrer. Au moment de servir, verser la sauce sur la mâche et éparpiller les dés de bacon chauds dessus.

5 Présenter 1 œuf au plat à côté de la salade. Servir immédiatement. Cette salade s'accompagne de tranches de pain de campagne grillé, beurré ou tartiné de fromage frais, servies encore chaudes.

À savoir :

Les dés de bacon grillés seront plus légers si on les enveloppe avec du papier essuie-tout avant de les disposer sur la salade.

58

Cœurs de romaine
à la crème de ciboulette et aux petits croûtons

1 Parer les cœurs de salade, les laver et les essorer. Les couper en lanières de 2 cm de large et les mettre dans un saladier. Parer les oignons verts, les laver et les émincer.

2 Battre énergiquement au fouet le jus de citron, le vinaigre, l'huile et la moutarde jusqu'à obtenir l'émulsion d'une vinaigrette. Saler et poivrer. Pour préparer la crème de ciboulette, mélanger la crème sure et le yogourt jusqu'à obtenir un mélange onctueux. Rectifier l'assaisonnement. Laver la ciboulette, l'essorer, la ciseler et l'incorporer à la crème sure.

3 Pour confectionner les croûtons, découper les tranches de pain grillé en gros dés de 1 cm. Faire fondre le beurre aux fines herbes dans une poêle non adhésive à feu moyen. Ne pas laisser trop chauffer le beurre car cela brûlerait les fines herbes qu'il contient. Faire dorer les dés de pain dans le beurre. Réserver au chaud.

4 Répartir la vinaigrette sur la salade et mélanger le tout. Éparpiller l'oignon vert puis verser la crème de ciboulette sur la salade. Parsemer de croûtons et servir immédiatement. Cette salade est délicieuse avec une viande rapidement saisie, garnie de pommes de terre ou simplement accompagnée de pain.

Pour 4 personnes
3 cœurs de romaines
2 oignons verts
Vinaigrette
1 c. à s. de jus de citron
1 c. à s. de vinaigre de vin blanc
1 c. à s. d'huile de tournesol
1 pointe de moutarde de Dijon
Sel
Poivre noir du moulin
Crème de ciboulette
1¼ tasse de crème sure
¼ tasse de yogourt
Sel, poivre
1 botte de ciboulette
Croûtons
3 tranches de pain grillé
2 c. à s. de beurre aux fines herbes

Par personne
185 kcal, 4 g de protéines,
13 g de lipides, 13 g de glucides
Préparation : 25 minutes

60

Cœurs de laitue
à la crème
de fines herbes

Parer 2 cœurs de laitue pommée,
bien fermes et les plus gros
possible, les laver et les découper
en lanières de 2 cm de large.
Les dresser sur un grand plat.
Préparer 2 oignons verts et la
vinaigrette selon les indications de
la recette ci-contre. Pour la crème
de fines herbes, laver si nécessaire
puis essorer 2 brins de persil plat
et 2 brins d'aneth, $\frac{1}{4}$ botte de
ciboulette, 1 poignée de cerfeuil,
3 feuilles d'oseille et quelques
brins de cresson. Hacher très
finement toutes les herbes. Dans
un saladier, mélanger intimement
$1\frac{1}{4}$ tasse de crème sure,
$\frac{1}{4}$ tasse de yogourt, du sel et
du poivre et y incorporer les fines
herbes. Préparer les croûtons
selon les indications de la recette
ci-contre. Verser la vinaigrette
sur la salade. Éparpiller par-dessus
les rondelles d'oignon vert. Répartir
la crème de fines herbes sur la
salade et la parsemer de croûtons
chauds. Servir immédiatement.

61

1   Parer les épinards, la mâche et la frisée ; les laver soigneusement puis les essorer. Couper les plus grandes feuilles puis les mélanger dans un saladier. Concasser les cerneaux de noix.

2   Pour la sauce, écraser le roquefort à la fourchette et le mélanger à la crème à 35 %. Incorporer progressivement le vinaigre, l'huile de noix et le jus de pomme jusqu'à obtenir une crème bien lisse. Saler, poivrer et ajouter le sucre.

3   Laver et sécher les figues. Ôter les tiges puis couper les fruits en huit. Verser la sauce sur les feuilles de salade et mélanger le tout.

4   Répartir la salade dans quatre petits bols à salade et disposer joliment les quartiers de figue dessus. Parsemer la salade de cerneaux de noix puis servir. Cette salade se déguste en hors-d'œuvre ou en plat principal, accompagnée de baguette encore chaude.

Astuce :
Lorsqu'elles sont assez molles et mûres à point, les figues bleues fraîches déploient des arômes particulièrement suaves. On peut alors les consommer avec la peau.

Idéale à emporter

Mesclun aux figues fraîches

Pour 4 personnes
50 g de jeunes feuilles d'épinard
100 g de mâche
100 g de frisée
¼ tasse de cerneaux de noix
4 figues fraîches non talées
Sauce
50 g de roquefort
2 c. à s. de crème à 35 %
1½ c. à s. de vinaigre de vin blanc
1 c. à s. d'huile de noix
2 c. à s. de jus de pomme
Sel
Poivre noir du moulin
1 pincée de sucre

Par personne
200 kcal, 6 g de protéines,
15 g de lipides, 10 g de glucides
Préparation : 25 minutes

Mesclun à la sauce aux champignons et au fromage

Préparer les salades comme indiqué ci-dessus et les disposer dans un saladier. Pour la sauce, mélanger 100 g de fromage de chèvre frais, ¼ tasse de yogourt, 1 c. à s. d'huile d'olive, 1 c. à s. de jus de citron, du sel et du poivre jusqu'à obtenir une crème lisse. Frotter 2 tasses (200 g) de gros champignons de Paris ou de chanterelles avec du papier essuie-tout puis couper le bout du pied et les émincer. Faire chauffer dans une poêle 2 c. à s. de beurre, y verser les champignons et les poêler pendant 10 minutes environ, sans cesser de remuer, jusqu'à ce qu'ils aient exsudé toute leur eau. Les saler, les poivrer et ajouter ½ c. à t. d'herbes de Provence. Verser la sauce dans la salade, mélanger et dresser sur de grandes assiettes. Ajouter les champignons chauds et servir immédiatement.

Salade verte
à la
vinaigrette
aux œufs

Pour 4 personnes

2 œufs

1 grosse laitue pommée bien ferme

4 tomates

1 oignon rouge

½ botte de basilic

½ botte de persil plat

½ botte de ciboulette

2 feuilles de mélisse citronnée

2 branches de marjolaine fraîche

3 c. à s. d'huile d'olive

1 c. à s. de vinaigre de vin blanc

1½ c. à s. de jus de citron

Sel

Poivre noir du moulin

1 pincée de sucre

Par personne

145 kcal, 5 g de protéines,

10 g de lipides, 4 g de glucides

Préparation : 25 minutes

1 Faire durcir les œufs, les passer sous l'eau froide puis les laisser refroidir. Parer la laitue, la laver, l'essorer puis la découper en petits morceaux. Dresser les feuilles sur quatre grandes assiettes.

2 Laver les tomates puis les couper en deux. Ôter le pédoncule puis couper les tomates en huit quartiers. Les disposer de manière esthétique autour de la salade.

3 Éplucher l'oignon puis l'émincer à l'aide d'une mandoline ou d'un couteau bien aiguisé. Séparer les rondelles les unes des autres et les disposer sur la salade.

4 Pour la vinaigrette, écaler les œufs et les découper en petits dés selon les indications données à droite. Laver les fines herbes, les équeuter, les sécher puis hacher finement leurs feuilles.

5 Dans un bol, battre énergiquement au fouet l'huile d'olive, le vinaigre de vin blanc et le jus de citron. Incorporer les fines herbes et les œufs.

6 Saler et poivrer la vinaigrette puis ajouter le sucre et la verser sur la salade. Celle-ci est délicieuse avec des pommes de terre au four et du fromage blanc.

Couper des œufs durs en dés

1 Écaler les œufs et les découper en fines lamelles à l'aide du tranche-œufs.

2 Faire pivoter les œufs de 90° dans le tranche-œufs et les trancher à nouveau afin d'obtenir de petits dés.

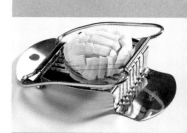

3 Déposer les dés d'œuf sur une planche à découper et les hacher en petits morceaux avec un couteau.

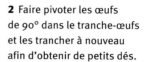
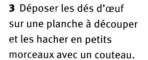

65

Laitue et concombre à la sauce aux œufs

Préparer la laitue pommée et l'oignon selon les indications de la recette ci-contre. Laver 1 concombre moyen (200 g), l'émincer finement et le répartir sur la laitue avec l'oignon. Mélanger au fouet ½ tasse de crème, ½ c. à t. de moutarde aux fines herbes, 1 c. à s. de vinaigre à l'estragon, 1 c. à s. d'huile de tournesol, du sel aux fines herbes et du poivre. Laver ½ botte de persil et ½ botte de ciboulette et les essorer. Écaler 2 œufs durs. Hacher finement le persil, la ciboulette, les œufs durs et 1 c. à t. de câpres et incorporer le tout à la sauce. Verser celle-ci sur la salade ; servir aussitôt.

Mesclun
aux œufs de caille et au caviar

Pour 4 personnes

1 lollo rossa

1 cœur de laitue pommée jaune pâle

50 g de cresson de fontaine

12 œufs de caille

¼ botte de radis

4 c. à t. de mayonnaise

4 c. à t. de vrai ou de faux caviar

Cresson alénois pour la garniture

Vinaigrette

3 c. à s. d'huile de pépins de raisin

2 c. à s. de vinaigre de champagne

1 pointe de moutarde de Dijon

Sel

Poivre noir du moulin

1 pincée de sucre

Par personne

22 kcal, 9 g de protéines,

15 g de lipides, 2 g de glucides

Préparation : 25 minutes

1 Parer, laver et essorer la lollo rossa, la laitue pommée et le cresson de fontaine. Couper les plus grandes feuilles en petits morceaux.

2 Cuire les œufs de caille à l'eau pendant 4 à 5 minutes jusqu'à ce qu'ils soient bien durs. Les passer sous l'eau froide et les laisser refroidir.

3 Laver et sécher les radis puis les couper finement en rondelles. Écaler les œufs et les couper en deux. Dresser les feuilles de salade sur un plat.

4 Pour la vinaigrette, battre énergiquement au fouet l'huile, le vinaigre et la moutarde. Saler, poivrer et ajouter le sucre. Verser la vinaigrette en filet sur la salade et éparpiller les rondelles de radis dessus.

5 Sur chaque moitié d'œuf, déposer un peu de mayonnaise et une noisette de caviar. Disposer les œufs sur la salade et garnir celle-ci avec le cresson alénois. Du pain blanc fraîchement grillé et beurré accompagne à merveille cette salade.

Le faux caviar

Pour décorer les œufs de caille, il n'est pas indispensable d'utiliser du vrai caviar. Le faux caviar, qu'il s'agisse d'œufs de saumon, de truite ou de lompe, voire de caviar végétal à base d'algues, convient parfaitement. On peut aussi garnir les œufs avec des anchois coupés en petits morceaux.

Mesclun
à la truite
et tartare d'œuf

Préparer la lollo rossa, le cœur de laitue pommée et le cresson de fontaine comme indiqué ci-contre et les dresser sur un plat.

Pour la vinaigrette, mélanger 1 c. à s. de vinaigre de vin blanc, 1 c. à s. de jus de citron, 3 c. à s. d'huile de pépins de raisin, du sel aux fines herbes et du poivre. Verser la vinaigrette en filet sur les feuilles de salade. Couper 200 g de filets de truite fumée en morceaux de 4 cm, les disposer sur la salade puis les arroser avec 2 c. à s. de jus de citron. Hacher 2 œufs durs puis les mélanger légèrement à ½ c. à t. de moutarde à l'ancienne, 2 c. à t. d'huile de pépins de raisin, sel et poivre et 2 c. à t. de persil haché. Disposer des noisettes de ce tartare sur les dés de poisson et servir aussitôt.

Salade César
aux croûtons

1 Parer, laver puis essorer la romaine et l'iceberg. Découper les feuilles en petits morceaux. Couper des copeaux de parmesan à l'aide de la mandoline ou de la râpe à fromage.

2 Pour la sauce, écraser finement à la fourchette les filets d'anchois dans un saladier. Ajouter l'huile d'olive, le jaune d'œuf, le jus de citron, la moutarde, la sauce Worcester et le sucre. Éplucher la gousse d'ail et l'écraser au presse-ail puis l'ajouter à la sauce. Battre le tout énergiquement au fouet, saler et poivrer.

3 Écroûter les tranches de pain et les découper en dés. Dans une poêle, faire chauffer 1 cuillerée à soupe d'huile d'olive et faire dorer les dés de mie de pain sans cesser de remuer.

4 Disposer les feuilles de salade et les copeaux de parmesan sur quatre assiettes ou sur un grand plat. Verser la sauce en filet. Parsemer la salade de croûtons chauds et servir.

À savoir :
Il est recommandé d'avoir deux huiles d'olive différentes : une huile douce de qualité supérieure pour les salades et une autre plus corsée, de qualité moyenne, pour la cuisson.

Pour 4 personnes
2 petites romaines
¼ laitue iceberg
50 g de parmesan
2 tranches de pain au levain pas trop cuit
1 c. à s. d'huile d'olive
Sauce
4 filets d'anchois
5 c. à s. d'huile d'olive
1 jaune d'œuf extrafrais
2 c. à s. de jus de citron
2 c. à t. de moutarde de Dijon
1 c. à t. de sauce Worcester
1 pincée de sucre
1 petite gousse d'ail
Sel
Poivre noir du moulin

Par personne
255 kcal, 9 g de protéines,
25 g de lipides, 11 g de glucides
Préparation : 30 minutes

Salade asiatique
de pak-choi

Pour 4 personnes

2 petits pak-choi
2 carottes
4 oignons verts
200 g de tofu fumé
1 petit piment rouge
3 c. à s. d'huile d'arachide
2 c. à s. de jus de lime
2 c. à s. de sauce au soja
¼ c. à t. de gingembre en poudre
¼ c. à t. de citronnelle en poudre
1 pincée de cassonade, sel
¼ tasse d'arachides grillées
1 c. à s. de feuilles de coriandre finement
   hachées pour la garniture

Par personne
225 kcal, 13 g de protéines,
16 g de lipides, 7 g de glucides
Préparation : 25 minutes

70

1 Parer, laver et essorer le pak-choi. Le découper en lanières de 1 cm de large. Parer et éplucher les carottes puis sculpter cinq cannelures étroites dans la longueur du légume. Couper ensuite les carottes en fines rondelles en forme de fleur.

2 Parer et laver les oignons verts puis ciseler finement leur partie blanche. Couper la partie verte en fines rondelles. Dresser le pak-choi, les carottes et les oignons verts sur quatre grandes assiettes.

3 Couper le tofu en gros morceaux de 4 cm de côté. Couper le piment en deux dans le sens de la longueur et enlever soigneusement les graines. Laver les moitiés de piment et les découper en brunoise.

4 Pour la vinaigrette, mélanger dans un bol 2 cuillerées à soupe d'huile d'arachide, le jus de lime, la sauce au soja, la poudre de gingembre et la citronnelle, la cassonade et 1 pincée de sel. Battre le tout énergiquement au fouet. Incorporer les dés de piment, bien mélanger. Verser la vinaigrette sur les assiettes de salade.

5 Dans une poêle non adhésive, faire chauffer le reste d'huile d'arachide et faire dorer les dés de tofu à feu moyen. Ajouter les arachides et les faire brièvement sauter dans la poêle. Déposer le contenu de la poêle encore chaud sur les assiettes. Parsemer de feuilles de coriandre hachées et servir aussitôt.

71

Salade de pak-choi à la mangue

Préparer le pak-choi, les carottes et les oignons verts selon les indications de la recette ci-contre et les répartir sur quatre assiettes. Éplucher une mangue bien mûre. Couper la chair du fruit en lanières jusqu'au noyau et recueillir le jus dans un bol. Dresser les lanières de mangue sur la salade. Pour la vinaigrette, mélanger 3 c. à s. d'huile d'arachide, 1 c. à s. de jus de citron, le jus de la mangue, 1 c. à s. de vinaigre balsamique, du sel et du poivre. Verser la vinaigrette sur la salade. Parsemer celle-ci de rondelles d'oignon vert et servir aussitôt.

Salade de pissenlits
aux pignons

Pour 4 personnes
2 c. à s. de pignons
½ batavia
100 g de pissenlits
2 poires à chair ferme
(bartlett ou anjou)
2 c. à s. de jus de citron
80 g de gorgonzola
1 c. à s. de vinaigre de vin blanc
1 c. à s. d'huile de tournesol
Sel
Poivre noir du moulin
¼ c. à t. de miel
¼ tasse de crème fouettée

Par personne
230 kcal, 7 g de protéines,
16 g de lipides, 15 g de glucides
Préparation : 25 minutes

1 Faire dorer les pignons dans une poêle non adhésive sans cesser de remuer. Les laisser refroidir sur une assiette. Parer la batavia, la laver, l'essorer et couper les feuilles en petits morceaux.

2 Parer les pissenlits, les laver et les essorer. Couper l'extrémité des tiges. Dresser harmonieusement la batavia et les pissenlits sur un plat.

3 Laver les poires, les couper en deux et les épépiner puis les couper en tranches. Les disposer sur les pissenlits et les arroser de 1 cuillerée à soupe de jus de citron afin qu'elles ne noircissent pas.

4 Écraser soigneusement le gorgonzola à la fourchette et le mélanger intimement à 1 cuillerée à soupe de jus de citron, de vinaigre et d'huile. Saler et poivrer généreusement puis ajouter le miel. Fouetter la crème jusqu'à ce qu'elle ait une consistance ferme puis l'incorporer à la sauce. Répartir celle-ci sur la salade, éparpiller les pignons et servir aussitôt.

Astuce :
On peut remplacer le gorgonzola par du roquefort, du bleu ermite ou tout autre fromage persillé à saveur épicée.

Salade de pissenlits
à la sauce
aux œufs

Préparer la batavia et les pissenlits comme indiqué ci-contre et les dresser sur un plat. Éplucher 2 échalotes et les ciseler finement. Mélanger 250 g de haricots beurre cuits ou en conserve avec les échalotes ciselées, 2 c. à s. de vinaigre de vin blanc, 2 c. à s. d'huile de tournesol, du sel et du poivre. Verser le mélange au centre du plat. Écaler 2 œufs durs et les couper en petits dés. Mélanger ¾ tasse de crème sure, ½ tasse de yogourt, les œufs coupés en dés, ½ c. à t. de moutarde aux fines herbes, ½ c. à s. de vinaigre aux fines herbes, 1 c. à s. d'huile de tournesol, du sel et du poivre. Répartir la sauce sur la salade. Garnir de rondelles de radis et servir.

Endives
au tartare de radis

1 Faire durcir les œufs, les passer sous l'eau froide et les laisser refroidir. Parer les endives et les laver. Les égoutter et séparer les feuilles des talons. Laver les feuilles de frisée et les essorer.

2 Dresser les feuilles de frisée sur quatre assiettes ; disposer les feuilles d'endive, côté creux vers le haut, sur la frisée. Parer et laver les oignons verts. Ciseler la partie blanche et couper la partie verte en fines rondelles.

3 Parer, laver et ciseler finement les radis. Les ajouter aux oignons verts ciselés. Mélanger le fromage frais avec le yogourt, le vinaigre et l'huile jusqu'à obtenir un mélange onctueux. Ajouter deux tiers des fines herbes, saler et poivrer. Écaler les œufs et les couper en fines rondelles.

4 Répartir le tartare de radis puis la sauce dans le creux des feuilles d'endive. Garnir avec les rondelles d'œuf et le reste des fines herbes. Servir aussitôt.

Pour 4 personnes

2 œufs

2 endives

8 à 10 grandes feuilles de frisée

2 oignons verts

2 bottes de radis

Sauce

100 g de fromage frais aux fines herbes

$\frac{1}{4}$ tasse de yogourt

2 c. à t. de vinaigre aux fines herbes

2 c. à s. d'huile de canola

2 c. à s. de fines herbes finement hachées (persil, ciboulette, aneth, cerfeuil, oseille et/ou cresson alénois)

Sel, poivre noir du moulin

Par personne

180 kcal, 7 g de protéines,

15 g de lipides, 3 g de glucides

Préparation : 25 minutes

75

Endives
aux agrumes

Laver 3 endives, ôter le talon en les incisant en cône. Couper les feuilles en lanières de 2 cm de large. Peler à vif 1 orange et 1 pamplemousse rose, les couper en petits quartiers. Disposer les endives et les agrumes sur des assiettes. Pour élaborer la sauce, mélanger 1 tasse de yogourt, 2 c. à s. d'huile de canola, 2 c. à s. de jus de citron, 2 c. à s. de jus d'orange, 1 c. à t. de moutarde mi-forte, du sel et du poivre. Verser la sauce sur la salade, parsemer 30 g de pousses de luzerne et servir.

Salade de trévise
aux artichauts

Pour 4 personnes
4 petits artichauts
1 gousse d'ail
¼ botte de persil plat
3 branches de thym citronné
4 c. à s. d'huile d'olive
100 ml de vin blanc sec
Sel
Poivre noir du moulin
2 c. à s. de vinaigre balsamique blanc
2 trévises ou 2 cœurs de taille moyenne
80 g de fromage romano

Par personne
220 kcal, 11 g de protéines,
15 g de lipides, 5 g de glucides
Préparation : 25 minutes

76

1 Pour tourner les artichauts, couper les feuilles en laissant leur base tendre et extraire le foin au cœur du légume. Diviser les artichauts en huit. Éplucher la gousse d'ail et l'émincer finement. Laver les fines herbes, les essorer puis les hacher finement.

2 Dans une sauteuse non adhésive, faire chauffer l'huile d'olive. Cuire à l'étouffée l'artichaut, l'ail et les fines herbes pendant environ 5 minutes sans cesser de remuer. Déglacer avec le vin, saler et poivrer. Faire cuire les artichauts à couvert pendant 5 à 8 minutes.

3 Retirer les artichauts de leur jus de cuisson et les laisser refroidir sur une assiette. Incorporer le vinaigre balsamique au jus de cuisson des artichauts. Parer, laver les trévises puis les couper en gros morceaux. Dans un saladier, les mélanger au jus d'artichaut et au vinaigre.

4 Couper des copeaux de romano à l'aide d'une râpe à fromage ou d'une mandoline. Dresser les quartiers d'artichaut sur la salade et parsemer généreusement de copeaux de fromage. Servir immédiatement. Cette salade s'accompagne à la perfection de pain légèrement grillé.

Tourner les artichauts
1 Couper l'extrémité de la tige des artichauts. Éplucher finement le reste de la tige.

2 Raccourcir les feuilles de moitié à l'aide de ciseaux de cuisine. Éliminer entièrement les petites feuilles fines intérieures.

3 Avec une petite cuillère, extraire le foin du fond d'artichaut. Laver ce dernier afin d'éliminer les brins de foin restants.

Mesclun
au camembert grillé et aux canneberges

Pour 4 personnes
100 g de roquette
50 g de pissenlits
½ batavia
1 échalote
2 c. à s. de vinaigre de framboise
4 c. à s. d'huile de tournesol
2 c. à t. de canneberges confites
Sel
Poivre noir du moulin
1 camembert
1 œuf
¾ tasse de chapelure
½ tasse de canneberges fraîches

Par personne
325 kcal, 4 g de protéines,
20 g de lipides, 24 g de glucides
Préparation : 25 minutes

1 Parer la roquette, les pissenlits et la batavia. Les laver, les égoutter et les couper en gros morceaux. Dresser les feuilles sur des assiettes.

2 Éplucher l'échalote et la ciseler finement. Dans un saladier, battre énergiquement au fouet le vinaigre de framboise, 2 cuillerées à soupe d'huile, les canneberges confites, l'échalote ciselée, du sel et du poivre. Verser la vinaigrette sur la salade.

3 Couper le camembert en 4 parts. Dans une assiette creuse, battre l'œuf assaisonné de 1 pincée de sel et de poivre. Verser la chapelure dans une autre assiette creuse. Laver les canneberges fraîches et les égoutter.

4 Dans une poêle non adhésive, faire chauffer le reste d'huile. Plonger les parts de fromage dans l'œuf battu puis dans la chapelure. Si la panure est trop fine, renouveler l'opération.

5 Faire dorer les parts de fromage de toutes parts dans l'huile chaude. Pour éliminer l'excédent de graisse, les déposer sur plusieurs épaisseurs de papier essuie-tout. Disposer le fromage avec les canneberges fraîches sur la salade et servir aussitôt.

Astuce :
Pour paner le camembert, remplacer la chapelure par des noisettes finement broyées. Veiller à ce que les faces du fromage soient bien enrobées afin que la panure ne tombe pas lorsque l'on retire les parts de fromage de la poêle.

Les canneberges
Ces baies rouges et brillantes appartiennent à la famille des airelles. On peut en trouver chez nous, fraîches ou surgelées, dans les supermarchés. Les canneberges fraîches se conservent quelques semaines au réfrigérateur ou se congèlent. Ces fruits à la saveur aigrelette fréquentent avec plaisir des salades piquantes, la viande et la volaille, et sont succulents en pâtisserie. Pour rendre les canneberges plus juteuses, les plonger dans l'eau chaude pendant 15 à 20 minutes avant de les consommer.

78

Mesclun
à la sauce au
fromage cottage

Préparer les feuilles de salade selon les indications de la recette ci-contre et les dresser sur quatre assiettes. Éplucher 1 échalote et la ciseler finement. Laver, éplucher et râper grossièrement 1 carotte. Déposer l'échalote et la carotte dans un grand bol et y ajouter ¾ tasse de fromage cottage. Assaisonner avec du sel aux fines herbes et du poivre. Incorporer 3 c. à s. d'huile d'olive et 2 c. à t. de jus de citron. Répartir la sauce sur la salade. Rectifier l'assaisonnement si nécessaire. Pour la garniture, laver et couper en deux des tomates cocktail et les disposer harmonieusement sur la salade.

Un grand classique

Salade niçoise
aux haricots verts

Pour 4 personnes
150 g de haricots verts frais ou surgelés
Sel
4 œufs
1 grosse tomate
1 poivron orange
**2 pommes de terre en robe des champs
cuites la veille**
1 oignon rouge
1 romaine
½ tasse d'olives noires
200 g de thon à l'huile ou en saumure
Vinaigrette
3 c. à s. de vinaigre de vin rouge
4 c. à s. d'huile d'olive
Sel
Poivre noir du moulin

Par personne
**460 kcal, 29 g de protéines,
28 g de lipides, 24 g de glucides**
Préparation : 40 minutes

1 Faire cuire les haricots dans ⅔ tasse d'eau légèrement salée pendant 10 à 15 minutes ; ils doivent rester fermes. Les égoutter et les laisser refroidir. Les couper en morceaux. Faire durcir les œufs, les passer sous l'eau froide et les laisser refroidir.

2 Laver la tomate, ôter le pédoncule et la couper en morceaux. Couper le poivron en deux, l'épépiner, le laver et le recouper en lanières. Éplucher les pommes de terre et les couper en fines rondelles. Éplucher l'oignon puis l'émincer finement.

3 Parer la romaine, la laver et bien l'égoutter. Couper les feuilles en lanières d'environ 2,5 cm de large et les mélanger dans un grand saladier aux haricots, tomate, poivron et pommes de terre.

4 Pour la vinaigrette, battre énergiquement le vinaigre, l'huile, du sel et du poivre. Verser la sauce sur la salade et bien mélanger. Disposer les rondelles d'oignon et les olives sur le dessus. Réduire le thon en morceaux à la fourchette, écaler les œufs et les couper en quatre. Disposer thon et œufs sur la salade. Celle-ci est délicieuse accompagnée de baguette fraîche.

Astuce :
C'est en été que les tomates cœur de bœuf déploient les arômes les plus fruités. En dehors de cette saison, mieux vaut choisir des tomates sur vigne ou des tomates cerises très parfumées.

Lollo bionda
aux poivrons grillés et à la crème de thon

Pour 4 personnes

2 poivrons rouges et 2 jaunes
1 lollo bionda
1 gousse d'ail
4 c. à s. d'huile d'olive
2 c. à s. de vinaigre balsamique blanc
Sel
Poivre noir du moulin
150 g de thon à l'eau
1 c. à s. de petites câpres en conserve
1 c. à s. de jus de citron
¾ tasse de crème sure
1 c. à s. de persil grossièrement haché
   pour la garniture

Par personne

330 kcal, 11 g de protéines,
26 g de lipides, 13 g de glucides
Préparation : 40 minutes
Cuisson : 25 à 30 minutes

1 Préchauffer le four à 200 °C (375 °F) ; recouvrir la plaque à gâteaux d'une feuille de papier d'aluminium. Laver les poivrons et les déposer entiers sur la plaque. Les cuire pendant 25 à 30 minutes, jusqu'à ce que leur peau noircisse et soit boursouflée, en les tournant à mi-cuisson.

2 Retirer les poivrons du four. Plonger un torchon dans de l'eau froide et le poser dessus. Laisser reposer les poivrons couverts pendant 5 minutes puis les peler, les diviser en deux, les épépiner. Les couper en larges lanières.

3 Parer la lollo bionda, la laver, l'essorer puis la couper en petits morceaux. Éplucher la gousse d'ail, la couper en deux en diagonale et en frotter les parois d'un saladier avant d'y déposer la laitue.

4 Pour la vinaigrette, battre dans un petit bol 2 cuillerées à soupe d'huile d'olive, le vinaigre balsamique, du sel et du poivre. Faire égoutter le thon et l'écraser finement à la fourchette. Dans un autre saladier, mélanger le thon, les câpres, le reste d'huile d'olive, le jus de citron et la crème sure jusqu'à obtenir un mélange crémeux. Saler, poivrer.

5 Verser la vinaigrette sur la salade et bien la mélanger. La dresser sur un plat avec les lanières de poivron. Répartir la crème de thon sur la salade et parsemer le tout de persil. Servir aussitôt.

Lollo bionda
à la crème
de jambon

Préparer la laitue selon les indications de la recette ci-contre, la mélanger à la vinaigrette et la dresser sur un plat. Écaler 4 œufs durs, les couper en quatre et les disposer sur le plat. Couper 200 g de jambon fumé chaud en fines lanières. Mélanger ½ tasse de crème à 35 %, ¼ tasse de yogourt, 2 c. à s. de jus de citron, du sel aux fines herbes et du poivre, les lanières de jambon et 1 c. à s. de persil finement haché. Verser la crème sur la salade puis servir immédiatement.

84

Salade de cresson
au fromage de chèvre et aux croûtons aillés

Pour 4 personnes
3 tranches de pain bis
1 grosse gousse d'ail
2 c. à s. de beurre
100 g de cresson de fontaine
100 g de pourpier
1 échalote
2 c. à s. de vinaigre de cassis
2 c. à s. d'huile de canola
¼ c. à t. de moutarde de Dijon
Sel
Poivre concassé de toutes les couleurs
4 petits fromages de chèvre frais
   (25 g chacun)

Par personne
275 kcal, 7 g de protéines,
19 g de lipides, 18 g de glucides
Préparation : 30 minutes

1 Préchauffer le four à 80 °C (150 °F) (position de maintien au chaud). Écroûter le pain et le couper en gros dés de 2 cm. Éplucher l'ail et le couper en deux dans le sens de la longueur.

2 Dans une poêle, faire mousser 1 cuillerée à soupe + 1 cuillerée à thé de beurre. Faire sauter l'ail pendant 2 minutes puis le retirer de la poêle. Saisir les dés de pain dans le beurre parfumé à l'ail. Les verser dans un saladier, couvrir ce dernier et le réserver au four pour le maintenir au chaud.

3 Laver le cresson et le pourpier. Les égoutter et les couper en petits morceaux. Éplucher l'échalote et la hacher finement. Dans un saladier, mélanger la salade et l'échalote. Battre au fouet le vinaigre, l'huile, la moutarde, du sel et du poivre puis verser la vinaigrette ainsi obtenue sur la salade.

4 Dans une poêle, faire chauffer le reste de beurre puis faire revenir les fromages de chèvre pendant 4 minutes sur chaque face jusqu'à ce qu'ils commencent à fondre et forment une croûte dorée. Dresser la salade sur un plat et la garnir avec les fromages chauds et les croûtons. Servir aussitôt.

À savoir :
Pour les croûtons, utiliser du pain complet enrichit la salade en fibres.

85

Pour 4 personnes

1 frisée
1 botte d'oignons verts
5 c. à s. de vinaigre aux fines herbes
5 c. à s. d'huile de maïs
1 pointe de moutarde aux fines herbes
1 pointe de raifort râpé
Sel
Poivre noir du moulin
150 g de bacon coupé en fines lanières
4 œufs

Par personne

255 kcal, 16 g de protéines,
20 g de lipides, 2 g de glucides
Préparation : 20 minutes

Frisée
aux œufs pochés et au bacon

1 Parer, laver et essorer la frisée. La découper en petits morceaux puis la dresser sur quatre grandes assiettes. Éplucher et laver les oignons verts ; les couper en fines rondelles puis en parsemer la frisée.

2 Pour la vinaigrette, battre au fouet 2 cuillerées à soupe de vinaigre, 3 cuillerées à soupe d'huile, la moutarde, le raifort, du sel et du poivre. La verser sur la salade.

3 Faire bouillir dans une sauteuse environ 8 cm d'eau additionnée de 3 cuillerées à soupe de vinaigre. Dans une poêle, faire chauffer 2 cuillerées à soupe d'huile et y faire revenir les lanières de bacon sur chaque face jusqu'à ce qu'elles croustillent.

4 Casser successivement les 4 œufs dans une louche et les plonger doucement dans l'eau vinaigrée bouillante. À l'aide de deux grandes cuillères, faire adhérer le blanc au jaune jusqu'à ce qu'il devienne ferme. Réduire le feu afin que l'eau reste frémissante. Faire cuire les œufs 4 à 5 minutes. Les retirer du feu, les égoutter puis ébarber les parties inesthétiques pour leur donner une jolie forme ovale. Saler, poivrer, disposer les lanières de bacon sur les assiettes de salade. Servir aussitôt.

3 Retirer l'œuf de la sauteuse, l'égoutter et ébarber les parties effilochées à l'aide d'un couteau ou de ciseaux de cuisine.

Pocher les œufs et leur donner une forme

1 Faire bouillir de l'eau additionnée de vinaigre dans une sauteuse. Casser 1 œuf dans une louche et le plonger doucement dans l'eau, à l'endroit où elle bout le plus fort. On peut pocher simultanément 6 œufs au maximum dans une sauteuse.

2 Pour vérifier la cuisson, retirer l'œuf de l'eau à l'aide d'une écumoire puis enfoncer légèrement le doigt dans l'œuf. Le blanc doit être ferme et le jaune souple.

Croquants
et bienfaisants :
crudités
et légumes

Crus et croquants ou cuits et fermes, les légumes, qui se déclinent en

d'innombrables variétés, tiennent le haut de l'affiche dans les recettes

de ce chapitre. Nappés d'une sauce crémeuse délicatement épicée,

d'une vinaigrette légère, ou bien mêlés à d'autres ingrédients

– fruits ou noix –, carottes, choux et haricots séduiront même

les plus hostiles aux légumes. Ces salades ont un côté pratique

indéniable : elles peuvent presque toutes être préparées

à l'avance.

Haricots verts

Ferme et juteuse, la gousse des haricots verts frais se casse facilement. Si les pois qu'elle renferme sont visibles, les haricots sont trop mûrs et la gousse devient alors dure. Cuire les haricots au moins 12 minutes, car ils sont immangeables crus. Ils s'accommodent avec les oignons ou les échalotes, les tomates, les poivrons, le maïs, les laitues à feuilles sombres, le bacon, le jambon et la viande rouge.

Saison : de fin mai à août

Germes de haricots mungo

Bien souvent, ces pousses mesurant 6 à 7 cm de longueur sont appelées à tort germes de soja. Fraîches, on les reconnaît à leurs tiges blanches et à leurs cotylédons jaune pâle. Elles déploient toutes leurs saveurs dans la gastronomie asiatique, les salades de volaille ou de fruits, ou simplement en accompagnement d'un mesclun.

Saison : toute l'année

Raifort

Cette plante d'environ 30 cm de long, appartenant à la famille des crucifères, peut se parer de plusieurs couleurs allant du blanc au rose en passant par le bleu violacé. Quelle que soit la variété, sa chair est toujours blanche et juteuse. Elle perd de son piquant si elle est coupée en rondelles, râpée ou bien cuite 15 minutes dans l'eau salée. Un raifort frais présente une peau lisse et ferme. Cru, il s'accommode d'une vinaigrette ou de sauces crémeuses.

Saison : toute l'année

Chou pointu

Ce chou en forme de cône est particulièrement délicieux en crudité. Pour cela, le couper en quartiers ; parer ceux-ci, les couper en fines lanières ou les râper. Une salade de chou pointu s'accommode à merveille d'une vinaigrette ou d'une sauce à base de crème sure. Il s'harmonise très bien avec des légumes à la saveur douceâtre comme le poivron et les carottes, ou des fruits comme les pommes.

Saison : de mai à décembre

Le monde des crudités et des légumes

Bien souvent, les légumes sont servis en accompagnement ou ajoutés à des potages et des potées. Leurs arômes divers et variés sont mis en valeur lorsque tubercules, tiges, racines et feuilles – crus ou à peine cuits – occupent une place de choix au cœur des salades.

Achat

Pour se procurer des légumes frais, le mieux est d'aller s'approvisionner dans les marchés publics, dans les grands magasins de produits biologiques ou dans des supermarchés renouvelant fréquemment leurs rayons. Un légume frais se reconnaît toujours – à l'exception des caractéristiques spécifiques de la variété – à ses feuilles juteuses et à ses couleurs vives et soutenues. Des taches sombres, des parties ridées ou ramollies sont le signe d'un stockage trop long.

Une cuisson qui préserve les vitamines

La meilleure façon de préparer les légumes est de les cuire à la vapeur ou à l'étuvée dans une petite quantité d'eau. Pour 4 personnes, laver environ 1 kg de légumes, les parer ou les éplucher puis les couper en morceaux. Pour les cuire à la vapeur, placer les légumes dans un panier perforé au-dessus de 3 cm d'eau (ils ne doivent pas entrer en contact avec l'eau). Selon les goûts, déposer dans l'eau des fines herbes comme de la sarriette, du romarin ou du persil. Faire bouillir et laisser cuire les légumes dans l'autocuiseur hermétiquement fermé de 10 à 18 minutes selon la variété. Pour les faire cuire à l'étuvée, les faire revenir brièvement dans 1 cuillerée à soupe de beurre ou d'huile, ajouter ½ tasse d'eau, un dé de bouillon ou de fond puis laisser cuire à couvert, à feu moyen, pendant 10 à 20 minutes

Asperge

L'asperge blanche pousse sous terre, tandis que l'asperge verte pousse à l'air libre et doit sa couleur à son exposition au soleil. On mesure la fraîcheur des asperges à la fermeté des tiges et à la sève qui s'écoule à l'extrémité du turion quand on l'entaille avec un couteau. Pour les accommoder en salade, les faire cuire à la vapeur ou dans l'eau avec 1 cuillerée à thé de sucre et 1 pincée de sel.

Saison : de mi-mai à fin juin

Courge

Citrouille, courge musquée, butternut, potimarron, toutes ces variétés peuvent être consommées en salade. Les cuire en gros morceaux au four ou à la vapeur, puis les couper en rondelles, en brunoise ou en julienne. Excepté le potimarron, toutes les courges doivent être épluchées. Elles supportent bien les épices et sont délicieuses assaisonnées avec du vinaigre de framboise ou de cassis et de l'huile de pépins de courge.

Saison : de juin à novembre

Fenouil

Les bulbes juteux de ce légume ont une saveur sucrée et anisée. Ils peuvent être consommés crus en fines rondelles, coupés en petits dés ou grossièrement râpés. Cuits à l'étuvée, ils sont plus doux. Ne pas jeter les feuilles vertes mais les hacher finement pour les parsemer sur une salade ou des crudités. On reconnaît sa fraîcheur à son bulbe craquant et compact.

Saison : de mai à décembre

Aubergine

Ce n'est qu'une fois braisé, grillé, frit ou cuit que ce légume fruit dévoile tous ses arômes. Cuisinées à l'huile, les rondelles d'aubergine absorbent beaucoup de matière grasse ; il est donc conseillé de les déposer après cuisson sur du papier essuie-tout. Pour une préparation sans graisse, cuire l'aubergine tout entière dans de l'eau salée ou au four. Pour les salades, on utilise le plus souvent la chair du fruit hachée.

Saison : de juillet à novembre

91

selon la variété. Pendant la cuisson, vérifier que la quantité d'eau est suffisante et que les légumes n'attachent pas au fond du récipient. Si besoin, rajouter un peu d'eau.

La bonne quantité

En règle générale, 1 kg de légumes non épluchés permet de cuisiner pour 4 personnes. Dans une salade composée, la quantité de chaque légume dépend des goûts de chacun. Rien n'empêche d'augmenter la quantité indiquée dans la recette. Il faudra peut-être simplement rajouter un peu de sauce, au moins pour les crudités.

Conservation

En principe, un légume mûr perd entre un quart et un tiers de ses vitamines après 24 heures de conservation. Si l'on ne dispose pas d'un potager, il convient de respecter quelques règles afin de préserver les vitamines : les carottes,

le chou-rave et les tiges de persil (sans les feuilles), les courges et les choux restent frais pendant 1 à 2 semaines, conservés à une température de 16 °C (60 °F) maximum dans un endroit sec. Les légumes fruits tels que les poivrons, les concombres, les aubergines, les courgettes, mais aussi les brocolis et les radis noirs doivent être conservés dans le bac à légumes

du réfrigérateur pour rester frais et croquants pendant 2 à 3 jours. Les légumes feuilles se conservent enroulés dans un torchon humide, pendant 1 à 2 jours dans le bac à légumes. C'est là également que les asperges restent fraîches le plus longtemps. Pour conserver les oignons et les gousses d'ail, les placer dans un endroit sombre et frais mais pas au réfrigérateur.

Sains et délicieux

Chacun sait que les légumes sont des aliments sains. Aucune autre denrée alimentaire ne contient autant de vitamines, d'oligoéléments, de minéraux et de fibres. En plus, ils sont peu caloriques. Toutes ces qualités sont reconnues par les nutritionnistes, qui recommandent d'accorder une place de choix aux légumes et aux fruits dans notre alimentation. Par bonheur, les légumes peuvent être accommodés de mille et une manières en des recettes savoureuses. Préparés en crudités ou en salades, ils peuvent être consommés avec tous leurs précieux nutriments. Pour les cuire tout en préservant leurs qualités, ne les laisser que le temps nécessaire dans une quantité de liquide la plus petite possible afin de ne pas détruire trop de vitamines. Un peu d'huile ou de beurre les adoucit et permet de mieux assimiler les vitamines liposolubles.

Champignons de Paris blancs et café

Crus, ils sont très aromatiques. Dans des crudités ou des salades composées, ils ne doivent entrer en contact avec la vinaigrette ou la sauce que peu de temps avant de servir. Braisés ou poêlés, on peut les parsemer sur des laitues à feuilles sombres ou sur des salades composées.

Saison : toute l'année s'il est cultivé sur couche

Avocats

S'ils sont mous à la pression des doigts, cela signifie qu'ils sont mûrs. Pour les faire mûrir, les envelopper dans du papier kraft ou journal et les laisser à la température ambiante. Pour éviter que leur chair noircisse au contact de l'air, les arroser de jus de citron. L'avocat se marie à la perfection avec une sauce ou une vinaigrette légères.

Saison : toute l'année

Artichauts

Il existe deux variétés : le poivrade, à petites feuilles longues et pointues se détachant facilement, et le camus, rond à fond charnu. Au moment de l'achat, veiller à ce que les capitules soient fermés avec des feuilles rebondies.

Saison : d'avril à novembre

Pois chiches

Ces fruits à écale en forme de noisette font partie des ingrédients favoris des cuisines méditerranéennes et orientales. Les pois chiches secs doivent tremper dans l'eau au moins une nuit entière. Puis les faire cuire à couvert dans un récipient rempli d'eau froide pendant 1 à 2 heures. On peut aussi utiliser des pois chiches en conserve, souvent très tendres. 100 g de pois chiche secs équivalent à 200 g une fois cuits.

Saison : toute l'année

Carottes

Les variétés précoces, vendues avec les fanes, doivent être consommées rapidement. Les variétés tardives se conservent plus longtemps et sont plus savoureuses. Râpées, en julienne ou en brunoise, elles sont utilisées crues dans les salades. Le bêta-carotène est mieux assimilé par l'organisme s'il est associé à de la matière grasse (1 goutte d'huile suffit).

Saison : toute l'année

Céleri branche

Ce légume ne possède aucun bulbe mais de longues tiges croquantes, vert clair tirant sur le jaune. Plus les tiges sont claires, plus la saveur typique de ce légume est douce. Pour le consommer cru, effiler les tiges extérieures. Sinon, le faire cuire entier à la vapeur ou à l'étuvée puis le couper en morceaux.

Saison : de juin à octobre

Tomates

Pour les salades, il convient de choisir des tomates rouge foncé, les plus fermes possible, de préférence cultivées en pleine terre et mûries au soleil. En hiver, opter pour des tomates sur vigne : elles ont plus de goût. Pour les conserver, ne pas les placer au réfrigérateur mais dans un endroit sombre et frais.

Saison : de juillet à octobre

Poivrons

Les grosses variétés charnues et les variétés pointues à la saveur douce ou forte parfument agréablement les salades composées. Les fruits rouges, jaunes et orange sont doux et sucrés, tandis que les fruits verts sont plus âpres. Pour les salades délicates, cuire les poivrons au four, les peler, les épépiner puis les découper en morceaux. Les poivrons rouges sont très riches en vitamine C.

Saison : de juin à novembre

Pommes de terre et patates douces

Choisir des variétés à chair ferme comme la ratte, la Russett ou la Idaho. La veille, les cuire, les éplucher et les couper en rondelles. Les réserver au réfrigérateur pendant la nuit afin qu'elles gardent bien leur forme. Cuire les patates douces dans leur peau. Au moment de l'achat, choisir les tubercules de taille petite à moyenne, à l'aspect lisse et frais.

Saison : toute l'année

Pak-choi

Les feuilles et les tiges de ce légume, qui ressemble à un chou, peuvent parfaitement remplacer les épinards ou les bettes. Il est particulièrement succulent cru, coupé en julienne et accompagné d'une sauce à base de crème. Poêlé avec des champignons, des germes de haricots mungo, il apporte une petite note asiatique aux salades de légumes.

Saison : toute l'année

Chanterelles

Ces champignons jaune orangé possèdent une agréable saveur épicée et légèrement poivrée. Ne jamais les consommer crues mais poêlées ou cuites à l'étuvée. Arrosées d'une vinaigrette à base de vin rouge, elles rehaussent à merveille les laitues ainsi que les salades de viande rouge.

Saison : du début de l'été à l'automne

Concombres

Les concombres anglais traditionnels sont plus longs que les concombres locaux, qui sont vendus uniquement en été et en automne. Les choisir fermes et croquants. Les concombres biologiques et cultivés en pleine terre peuvent être consommés avec la peau. Ils ont parfois un goût amer au niveau des extrémités. Après avoir coupé le concombre en deux dans le sens de la longueur, l'épépiner puis le couper en rondelles épaisses.

Saison : de mai à octobre

Petits pois

C'est fraîchement écossés que les petits pois sont les plus savoureux, bien tendres et juteux. Les petits pois jeunes se reconnaissent à leurs petites gousses dans lesquelles les pois sont logés les uns à côté des autres. Les pois mange-tout, également appelés pois gourmands, se consomment avec leur gousse. Il suffit d'éliminer si nécessaire les fils au moment de la préparation. Les petits pois congelés sont une bonne alternative aux petits pois frais.

Saison : de juillet à août

Maïs

Le maïs en conserve ou surgelé occupe une place importante dans les salades. Dans les épiceries asiatiques, on peut trouver de petits épis de maïs conditionnés. Pour les préparer, enlever les restes de feuilles et les fils minces qui entourent les épis. Les cuire jusqu'à ce qu'ils soient fermes sous la dent puis les ajouter aux salades soit entiers, soit coupés en morceaux.

Saison : toute l'année ; maïs frais, en épi, de juillet à octobre

Brocolis et choux-fleurs

Des feuilles croquantes, des fleurettes sans taveleure et bien fermées sont les signes de fraîcheur de ces légumes. Pour les utiliser en salade, les faire cuire quelques minutes à la vapeur ou à l'étuvée, ils doivent rester fermes sous la dent. Ne pas éliminer le trognon et les tiges mais les éplucher, les couper en morceaux et les cuire avec les fleurettes. Cru et en petits morceaux, le chou-fleur est délicieux en salade, mélangé à une sauce à base de crème sure.

Saison : toute l'année

Betteraves rouges

Elles sont succulentes râpées, accompagnées d'une sauce crémeuse. En salade, cuire les racines non épluchées, puis les peler et les couper en rondelles. Le temps de cuisson varie de 40 à 60 minutes. Les betteraves rouges cuites sont vendues en conserve. Les jeunes feuilles de betteraves fraîches se consomment cuites comme des épinards.

Saison : de septembre à novembre

Salade de légumes
au thon
à la majorquine

Pour 4 personnes

1 tasse de petits pois frais ou surgelés
1 tasse de haricots verts frais ou surgelés
Sel
3 pommes de terre en robe des champs
   cuites la veille (variété à chair ferme)
1 poivron vert et 1 poivron jaune
1 oignon blanc
2 tomates
1 tasse d'olives vertes farcies au poivron
200 g de thon (en conserve, à l'eau)
1 petite gousse d'ail
4 c. à s. de mayonnaise
1 c. à s. d'huile d'olive
2 c. à s. de jus de citron
Poivre noir du moulin
Quelques quartiers de citron

Par personne

450 kcal, 18 g de protéines,
28 g de lipides, 28 g de glucides
Préparation : de 35 à 40 minutes

1 Dans une casserole, faire bouillir ½ tasse d'eau additionnée de ½ cuillerée à thé de sel. Ajouter les petits pois et les haricots et les faire cuire à couvert 10 à 15 minutes. Les égoutter en réservant l'eau de cuisson et les laisser refroidir. Couper les haricots en morceaux.

2 Peler les pommes de terre et les couper en dés de 3 cm environ. Couper les poivrons en deux, les épépiner, les laver puis les couper en petites lanières. Éplucher l'oignon et l'émincer. Laver les tomates, les couper en deux, retirer le pédoncule et les couper en huit.

3 Dresser les petits pois, les haricots, les poivrons, l'oignon, les tomates et les pommes de terre sur un plat. Égoutter les olives et le thon. Couper éventuellement les olives en deux.

4 Éplucher l'ail, le hacher finement ou le broyer avec un presse-ail. Le mettre dans un bol avec la mayonnaise, l'huile d'olive, le jus de citron et 3 cuillerées à soupe de bouillon de cuisson des légumes. Mélanger le tout jusqu'à obtenir une sauce bien lisse.

5 Saler et poivrer la sauce puis la verser sur les légumes.

Écraser le thon. Disposer les olives, le thon et les quartiers de citron sur la salade.
Cette salade s'accompagne avec délice de pain grillé.

À savoir :
Manger des haricots verts crus peut être toxique car ils contiennent naturellement un fort taux d'amidon. Il faut donc les faire cuire à l'eau bouillante pour réduire ce taux et les rendre comestibles.

Salade
de légumes
à la crème de thon

95

Préparer et laver 1 poivron rouge et 1 jaune, 3 tomates, 2 petits concombres, 2 carottes et 2 branches de céleri. Couper tous les légumes en brunoise et les dresser sur un plat. Éplucher 1 oignon blanc et le hacher finement. Égoutter 200 g (1 tasse) de thon en conserve, le réduire en morceaux et le mettre dans un saladier avec l'oignon haché. Ajouter 2 c. à s. de mayonnaise, ⅓ tasse de yogourt, 1 c. à s. d'huile de tournesol, du sel aux fines herbes et du poivre puis remuer jusqu'à obtenir un mélange crémeux. Répartir la crème sur la salade, parsemer celle-ci de 2 c. à s. de persil haché et servir aussitôt.

Salade
de poivrons verts
à la portugaise

Pour 4 personnes

8 poivrons verts moyens (1 kg)
5 c. à s. d'huile d'olive
2 c. à s. de vinaigre de vin rouge
Sel
Poivre noir concassé

Par personne

180 kcal, 3 g de protéines,
15 g de lipides, 7 g de glucides
Préparation : 35 minutes
Réfrigération et marinage : 1 heure

1 Laver et sécher les poivrons. Les faire cuire au barbecue à charbon de bois ou à gaz, ou bien au four à 250 °C (475 °F) jusqu'à ce que leur peau soit noire et boursouflée. Retirer les poivrons du four et les passer sous un jet d'eau froide. Enlever la peau.

2 Diviser les poivrons en deux et les épépiner. Couper la chair en lanières et les dresser sur un plat.

3 Arroser les lanières de poivron d'huile d'olive et de vinaigre de vin rouge puis les réserver au frais durant 1 heure à couvert. Saler, poivrer puis servir. Du pain blanc frais accompagne délicieusement cette salade portugaise.

Peler les poivrons

1 Placer les poivrons sur une plaque à gâteaux recouverte d'aluminium. Les cuire environ 20 minutes à four chaud, tourner les poivrons après 10 minutes de cuisson. Dès que leur peau noircit, les retirer du four.

2 Bien mouiller un torchon sous l'eau froide. Poser le linge encore ruisselant sur les poivrons et laisser reposer 5 minutes. Puis enlever la peau avec un petit couteau.

3 Autre solution : placer les poivrons dans un grand sac de congélation immédiatement après les avoir sortis du four. Fermer hermétiquement le sac et le plonger dans un récipient rempli d'eau glacée. Le laisser 2 minutes dans l'eau puis enlever la peau des poivrons.

Salade de poivrons multicolores
à la hongroise

Couper en deux 3 poivrons rouges et 2 verts. Les épépiner et les laver. Les émincer finement avec une mandoline. Laver 3 concombres, les éplucher, les couper en quatre dans le sens de la longueur puis en dés de 2 cm. Peler et émincer 1 oignon rouge. Mélanger le tout dans un saladier. Dans un autre récipient réservé à la vinaigrette, battre énergiquement au fouet 2 c. à s. de vinaigre de vin rouge, 2 c. à s. d'huile d'olive, ½ c. à t. de moutarde de Dijon, 1 c. à t. de graines de fenouil, du sel et du poivre. Verser la vinaigrette sur la salade et mélanger. Laisser reposer 30 minutes à couvert. Pendant ce temps, laver ½ laitue pommée et la parer. Essorer les feuilles, les couper en morceaux puis les disposer sur un plat de service. Saler, poivrer et ajouter, si nécessaire, 1 goutte de vinaigre supplémentaire. Dresser le mélange aux poivrons sur les assiettes déjà garnies de laitue. Effriter 40 g (⅓ tasse) de fromage de brebis sur le dessus et servir la salade accompagnée de pain blanc frais.

Pour 4 personnes
300 g de pain italien rassis
   ou de pain ciabatta
1 gros oignon rouge
2 tomates
2 branches de céleri
2 concombres
½ botte de basilic
3 branches d'origan frais
4 c. à s. d'huile d'olive
Sel, poivre noir du moulin
3 c. à s. de vinaigre de vin rouge doux

Par personne
310 kcal, 7 g de protéines,
13 g de lipides, 40 g de glucides
Préparation : 25 minutes
Réfrigération : 1 heure

Idéale à emporter

Salade de légumes et de pain à la toscane

Salade de pain
au fromage de brebis

Ramollir 300 g (environ 5 tasses) de pain italien rassis, le réduire en morceaux puis le verser dans un saladier selon les indications de la recette ci-contre. Couper 200 g de fromage de brebis en tout petits dés (2 tasses). Couper en morceaux 6 moitiés de tomates séchées et 6 fonds d'artichaut en conserve. Mélanger le tout avec le pain. Pour la vinaigrette, mélanger 3 c. à s. d'huile d'olive, 2 c. à t. de jus de citron, 1 c. à t. de vinaigre de vin rouge, du sel, du poivre et 1 c. à t. d'origan en poudre. Verser la vinaigrette sur la salade. Laver et parer une laitue romaine puis dresser les feuilles sur un plat. Répartir dessus la salade de pain et servir aussitôt.

1 Couper le pain italien en gros morceaux (environ 5 tasses) et l'humidifier avec un peu d'eau. Le laisser ramollir brièvement puis le presser. Le réduire en petits morceaux et les déposer dans un saladier.

2 Éplucher l'oignon et le hacher. Laver les tomates, les couper en deux, retirer le pédoncule et les couper en brunoise.

3 Parer les branches de céleri, les laver et les couper en julienne. Laver les concombres, les éplucher, les couper en quatre dans le sens de la longueur puis en dés. Ajouter les légumes au pain dans le saladier et mélanger le tout.

4 Nettoyer les fines herbes à sec ou les laver et les essorer. Couper les feuilles de basilic en fines lanières et hacher finement les feuilles d'origan.

5 Incorporer les fines herbes, l'huile d'olive, du sel et du poivre aux autres ingrédients de la salade. Réserver le tout au frais, à couvert, pendant environ 1 heure. Incorporer le vinaigre de vin rouge au moment de servir. Rectifier généreusement l'assaisonnement et servir aussitôt.

Astuce :
Veiller à ce que la mie de pain soit assez compacte afin de pouvoir facilement couper le pain en morceaux.

99

Salade de haricots blancs, sauce au sésame à la turque

Pour 4 personnes

1 tasse de petits haricots blancs secs
2 œufs
2 tomates
1 oignon rouge
2 poivrons allongés doux vert clair
4 c. à s. de vinaigre de vin rouge
4 c. à s. d'huile d'olive
Sel
Poivre noir du moulin
4 c. à s. de tahini (purée de sésame)
2 c. à s. de jus de citron
½ tasse d'olives noires
½ botte de persil plat

Par personne
400 kcal, 18 g de protéines,
25 g de lipides, 27 g de glucides
Préparation : 25 minutes
Trempage : 12 heures
Cuisson : 45 minutes

1 Laisser tremper les haricots toute une nuit dans une grande quantité d'eau. Le lendemain, les égoutter, les verser dans une casserole puis les recouvrir d'eau. Les faire cuire doucement 35 à 45 minutes. Pendant ce temps, faire durcir les œufs puis les passer sous l'eau froide et les laisser refroidir. Retirer les haricots du feu puis les laisser refroidir dans leur eau de cuisson afin qu'ils n'éclatent pas.

2 Laver les tomates, ôter le pédoncule puis les couper en dés. Peler l'oignon, le couper en deux et l'émincer finement. Couper les poivrons dans le sens de la longueur, les épépiner, les laver et les émincer en fines lanières.

3 Égoutter les haricots et les verser dans un plat. Mélanger le vinaigre et l'huile, saler, poivrer puis verser doucement cette vinaigrette sur les haricots. Incorporez les autres légumes et bien mélanger.

4 Pour la sauce au sésame, verser le tahini (ou tahin) dans un plat. Ajouter le jus de citron et 80 ml (⅓ tasse) d'eau puis remuer le tout jusqu'à ce que le mélange devienne lisse. Saler la sauce et la verser sur la salade.

5 Écaler les œufs et les couper en huit. Égoutter les olives, laver le persil, l'essorer, hacher les feuilles.

6 Garnir la salade de haricots avec les œufs, les olives et le persil ; servir immédiatement. Cette salade est savoureuse avec du pain pita frais.

Salade de haricots
à la sauce
aux fines herbes

Faire tremper 1 tasse de petits haricots blancs selon les indications de la recette ci-contre. Les faire cuire puis les laisser refroidir. Entre-temps, parer et laver 3 oignons verts et les émincer en fines rondelles. Laver 2 petits concombres, les épépiner et les couper en dés. Couper 1 poivron jaune en deux. L'épépiner, le laver puis le couper également en dés. Mélanger les légumes avec les haricots dans un grand saladier. Pour la sauce, mélanger 1²⁄₃ tasse de crème sure et 2 c. à s. d'huile d'olive. Ajouter 1 c. à s. de marjolaine et 1 c. à s. de thym, du persil et de la menthe, le tout finement haché. Saler et poivrer généreusement la sauce. La verser sur la salade et mélanger intimement. Servir aussitôt avec du pain pita ou du pain blanc italien frais.

Pour 4 personnes

2 céleris-raves moyens (500 g en tout)
2 pommes acidulées
   (mcintosh, par exemple)
3 c. à s. de jus de citron
½ tasse de raisin noir
1 tasse de cerneaux de noix
1¼ tasse de crème sure
1 c. à s. d'huile de noix
Sel
Poivre noir du moulin
1 pincée de sucre

Par personne

340 kcal, 6 g de protéines,
25 g de lipides, 20 g de glucides
Préparation : 25 minutes

Un grand classique

Salade Waldorf
aux noix

1 Éplucher le céleri-rave puis le couper en julienne ou le râper de façon à en obtenir 3 à 4 tasses. Laver les pommes, les couper en deux, les épépiner puis les couper également en julienne ou les râper. Verser le tout dans un saladier et ajouter 2 cuillerées à soupe de jus de citron. Mélanger tous les ingrédients.

2 Laver le raisin, l'égrener puis couper les grains en deux. Éliminer les pépins si besoin. Concasser les cerneaux de noix. Mettre de côté environ 1 cuillerée à soupe de grains de raisin et de cerneaux pour la garniture.

3 Pour la sauce, battre énergiquement au fouet dans un petit bol la crème sure, l'huile de noix et 1 cuillerée à soupe de jus de citron. Saler, poivrer et ajouter le sucre.

4 Mélanger les grains de raisin et les cerneaux, puis le céleri-rave et les pommes. Ajouter la sauce. Rectifier l'assaisonnement de la salade puis répartir celle-ci dans des coupelles. Garnir avec les grains de raisin et les cerneaux mis de côté. Cette salade se marie parfaitement avec du pain de mie frais grillé.

Astuce :
Vous pouvez, si vous le souhaitez, utiliser les fanes les plus tendres du céleri-rave. Retirer les minces fils puis les émincer finement.

Salade de chou chinois à la sauce piquante

Préparer 500 g de chou chinois selon les indications de la recette ci-contre. Parer, laver et émincer 3 oignons verts. Couper en deux 1 poivron rouge et 1 jaune, les épépiner, les laver et les couper en lanières. Dans un saladier, mélanger le chou chinois, les oignons verts et les poivrons. Éplucher 1 gousse d'ail et l'écraser dans un presse-ail. Préparer une vinaigrette en mélangeant 50 ml (¼ tasse) de jus de tomate, l'ail, 3 c. à s. d'huile d'olive, 2 c. à s. de vinaigre balsamique, du sel, du poivre noir et du Tabasco (facultatif) puis la verser sur la salade. Couper 120 g de fromage de brebis en dés (1 tasse) et les éparpiller sur la salade. Elle est délicieuse servie avec du pain grillé.

Salade de chou chinois
et nectarines

1 Dans une petite poêle, faire griller les graines de citrouille sans matière grasse, pendant 3 à 4 minutes, sans cesser de remuer. Les verser dans un plat et les laisser refroidir. Parer et laver le chou chinois. Couper les feuilles en lanières et les essorer dans une essoreuse à salade.

2 Parer l'endive et enlever le talon en l'incisant en cône. La laver, l'essorer et l'émincer finement.

3 Laver les nectarines et les couper en deux. Ôter les noyaux puis couper les moitiés de fruits en tranches fines. Les arroser aussitôt de 1 cuillerée à soupe de jus de citron pour éviter qu'elles noircissent. Dresser le chou sur un plat et le parsemer d'endive émincée.

4 Pour la sauce, mélanger le yogourt, le reste de jus de citron, l'huile et le chutney à la mangue. Saler, poivrer et ajouter le curry en poudre.

5 Verser la sauce au curry sur la salade puis disposer les tranches de nectarines dessus. Parsemer le tout de graines de citrouille et servir aussitôt. Cette salade est succulente accompagnée de petits pains complets au froment ou accompagne elle-même une volaille grillée avec du riz.

Astuce :
Pour éliminer le goût légèrement amer de l'endive, la plonger entièrement dans l'eau tiède pendant environ 5 minutes.

105

Pour 4 personnes

40 g de graines de citrouille décortiquées
1 petit chou chinois (500 g)
1 endive
3 nectarines bien mûres
Le jus de 1 citron
¾ tasse de yogourt nature
2 c. à s. d'huile de canola
1 c. à t. de chutney à la mangue
Sel
Poivre noir du moulin
¼ c. à t. de curry (doux ou fort)
   en poudre

Par personne

220 kcal, 7 g de protéines,
12 g de lipides, 20 g de glucides
Préparation : 25 minutes

Salade de tomates grillées

Pour 4 personnes

4 tranches épaisses de baguette
5 c. à s. d'huile d'olive
10 tomates italiennes (roma)
2 gousses d'ail
150 g de roquette
1 c. à s. de vinaigre balsamique
1 c. à s. de jus de citron
Sel
Poivre noir du moulin
1 tasse d'olives vertes dénoyautées

Par personne

325 kcal, 4 g de protéines,
24 g de lipides, 21 g de glucides
Préparation : 30 minutes

106

1 Couper les tranches de pain en dés. Dans une poêle non adhésive, faire chauffer 3 cuillerées à soupe d'huile d'olive puis saisir les dés de pain de tous côtés jusqu'à ce qu'ils croustillent. Les verser sur un plat et les réserver jusqu'au moment de servir. Préchauffer le four ou le barbecue.

2 Laver les tomates, les couper en deux et enlever le pédoncule. Éplucher l'ail puis l'émincer. Insérer 2 lamelles d'ail dans chaque moitié de tomate.

3 Disposer les moitiés de tomate, face coupée vers le haut, sur une plaque et les faire cuire 3 à 4 minutes sous le gril chaud du four. Les retourner puis les faire cuire 3 minutes supplémentaires. Sur un barbecue à charbon de bois ou à gaz, placer les tomates, face coupée vers le bas, sur la grille recouverte d'une feuille de papier d'aluminium et les faire griller 3 à 4 minutes. Puis les tourner et les laisser griller 3 minutes de plus.

4 Pendant ce temps, laver puis essorer la roquette. L'effeuiller, couper les feuilles en petits morceaux puis les dresser sur des assiettes. Pour la vinaigrette, battre le vinaigre balsamique, le jus de citron, du sel, du poivre et 2 cuillerées à soupe d'huile.

5 Disposer les tomates grillées sur la roquette et les arroser de vinaigrette. Répartir les olives et les dés de pain sur cette salade et servir.

Salade
de tomates crues
à la ricotta

Laver 4 tomates moyennes parfumées (600 g), enlever le pédoncule et les couper en gros morceaux. Éplucher 1 oignon rouge et l'émincer finement.

Mélanger les rondelles d'oignon avec les tomates. Faire une vinaigrette en mélangeant 4 c. à s. d'huile d'olive, 2 c. à s. de vinaigre balsamique ou de vin rouge, du sel, du poivre concassé et 1 c. à t. d'herbes de Provence déshydratées. Verser la vinaigrette sur la salade de tomates. Couper 200 g de ricotta dure en gros morceaux et

les éparpiller sur les tomates. Garnir celles-ci de feuilles de basilic et servir aussitôt. Cette salade est excellente accompagnée de pain blanc italien frais.

Salade d'asperges
à la mayonnaise
ail-citron

Pour 4 personnes

1 kg d'asperges blanches de calibre moyen
1 c. à t. de sucre
Sel
200 g de jambon fumé
½ botte de persil ou 1 poignée de cerfeuil
1 gousse d'ail
1 jaune d'œuf extrafrais
1 c. à s. de jus de citron
3 c. à s. d'huile d'olive
1 c. à s. d'huile d'olive citronnée
¾ tasse de yogourt
Poivre blanc du moulin

Par personne

290 kcal, 14 g de protéines,
25 g de lipides, 7 g de glucides
Préparation : 35 minutes

1 Laver les asperges, couper l'extrémité filandreuse du pied et les éplucher en commençant sous la pointe et en descendant jusqu'au pied. Dans une grande casserole ou, mieux, dans un faitout muni d'un panier, faire cuire les asperges dans de l'eau additionnée de sucre et d'une grosse pincée de sel, de 18 à 25 minutes selon leur taille. Les retirer de l'eau, les égoutter puis les réserver au chaud dans le four jusqu'au moment de servir.

2 Enlever la couenne du jambon et découper celui-ci en lanières d'environ 2 cm de large. Les dresser dans de grands raviers ou sur un plat. Laver puis essorer le persil ou le cerfeuil puis hacher finement leurs feuilles.

3 Éplucher la gousse d'ail, la hacher grossièrement et la déposer dans un mortier. Ajouter ½ cuillerée à thé de sel puis écraser entièrement l'ail au pilon, jusqu'à obtenir une pâte lisse.

4 Pour la mayonnaise, mettre le jaune d'œuf dans un saladier. Ajouter l'ail et ½ cuillerée à soupe de jus de citron. Fouetter les ingrédients au batteur jusqu'à obtenir une émulsion ferme.

5 Ajouter les deux huiles au jaune d'œuf, tout d'abord goutte à goutte puis en filet. Pour finir, incorporer le yogourt et ½ cuillerée à soupe de jus de citron. Saler et poivrer.

6 Dresser les asperges encore tièdes et égouttées sur le jambon et les recouvrir partiellement de mayonnaise. Parsemer la salade de persil ou de cerfeuil finement hachés. Du pain blanc frais ou des pommes de terre chaudes en robe des champs accompagnent délicieusement cette salade.

Cardons aux olives,
sauce aïoli

Faites la mayonnaise selon
les indications de la recette
ci-contre, en remplaçant toutefois
1 c. à s. d'huile d'olive par
un mélange d'huile d'olive pure
et d'huile d'olive citronnée.
Dénoyauter 1 tasse d'olives noires
et les couper en lamelles.
Dans un grand saladier, mélanger
de l'eau avec 2 c. à s. de vinaigre.
Laver 2 petites côtes de cardon
(environ 600 g) et les égoutter.
Couper la base, les feuilles et les
bords piquants. Couper les côtes en
tronçons d'environ 20 cm de long.
Les plonger dans l'eau additionnée
de vinaigre pour éviter qu'ils
noircissent. Les faire cuire dans
une eau légèrement salée, pendant
25 à 30 minutes. Les retirer
de l'eau, les égoutter puis
les dresser sur un plat,
garnis d'aïoli et d'olives.

109

Réussir une mayonnaise
1 Dans un bol, verser le jaune d'œuf,
la pâte d'ail et la moitié du jus de citron.
Battre énergiquement les ingrédients
au batteur électrique ou à l'aide d'un gros
fouet pendant environ 1 minute.
Petit à petit, les ingrédients se lient.

2 Incorporer l'huile sans cesser de battre
le mélange, d'abord goutte à goutte
puis en filet, jusqu'à ce que
la mayonnaise épaississe.

3 Incorporer le reste de l'huile en filet
en continuant à battre l'émulsion.
Pour finir, ajouter le reste de jus de citron,
le yogourt et mélanger le tout.
Saler et poivrer.

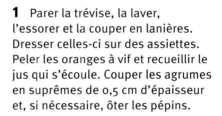

Fenouil cru
à l'orange et à la trévise

Pour 4 personnes

1 grosse trévise bien ferme

2 oranges à jus

1 gros fenouil (ou 2 petits) avec les feuilles

2 petits oignons blancs

1 c. à s. de vinaigre de vin blanc

1 c. à s. de jus de citron

4 c. à s. d'huile d'olive

1 branche de romarin

Sel

Poivre noir du moulin

1 tasse d'olives noires

Par personne

235 kcal, 2 g de protéines,
21 g de lipides, 8 g de glucides
Préparation : 25 minutes

1 Parer la trévise, la laver, l'essorer et la couper en lanières. Dresser celles-ci sur des assiettes. Peler les oranges à vif et recueillir le jus qui s'écoule. Couper les agrumes en suprêmes de 0,5 cm d'épaisseur et, si nécessaire, ôter les pépins.

2 Parer et laver le fenouil. Mettre les feuilles de côté. Couper le bulbe en deux et l'émincer finement à l'aide d'une mandoline. Éplucher les oignons et les émincer finement.

3 Dans un bol, battre énergiquement au fouet le jus d'orange, le vinaigre, le jus de citron et l'huile d'olive. Laver puis sécher le romarin ; hacher finement ses aiguilles. Les incorporer à la vinaigrette, saler et poivrer.

4 Disposer sur la trévise les lanières de fenouil puis les suprêmes d'orange. Parsemer le tout de rondelles d'oignon. Arroser de vinaigrette et répartir les olives. Hacher finement les feuilles de fenouil et les éparpiller sur les assiettes. Du pain ciabatta frais mettra cette salade en valeur.

Astuce :
On peut dresser cette salade de manière très esthétique en éminçant le fenouil dans le sens de la longueur. Pour cela, couper le trognon très finement afin que les différentes couches du bulbe ne se désolidarisent pas les unes des autres une fois émincées.

Découper le raifort en guirlande

1 Pour découper le raifort en spirale à l'aide d'un coupe-radis, embrocher le légume préalablement épluché sur la tige de l'ustensile.

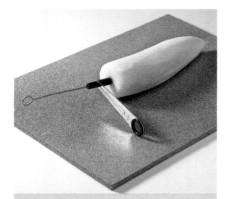

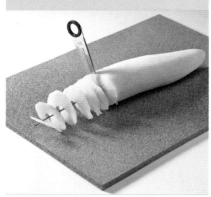

2 Positionner ensuite le couteau au sommet du raifort et faire tourner la tige en découpant. Petit à petit, on voit une spirale de raifort se détacher.

Tartare de raifort et de radis
sur pain de seigle

Éplucher ½ raifort et l'émincer finement. Le saler généreusement et le mettre de côté pendant 15 minutes, le temps de le faire dégorger. Le laisser bien égoutter et faire sortir le reste d'eau en le pressant. Couper le raifort en tout petits dés. Parer 1 botte de radis et la laver ; couper les radis en fine brunoise et les mettre dans un saladier avec les dés de raifort. Préparer une vinaigrette avec 2 c. à s. d'huile de canola, 1 c. à s. de vinaigre de malt ou de vin blanc, du sel et du poivre noir. La verser sur la salade. Dresser 20 tranches de pain de seigle sur un plat et les badigeonner de 1 c. à t. de crème sure. Répartir le tartare sur les tranches de pain. Garnir de persil haché ou de cresson et servir.

Salade de raifort et de radis sur un lit de concombres

1 Éplucher le raifort et le couper en fine spirale à l'aide d'un couteau bien affûté ou d'un coupe-radis. Saler le raifort et le faire tremper dans l'eau pendant 15 minutes.

2 Laver le concombre et entailler sa peau en traçant d'étroites cannelures. Laisser une mince bande de peau entre chaque cannelure de façon à faire apparaître un motif décoratif. L'émincer finement à l'aide d'une mandoline et dresser les rondelles sur des assiettes ou sur un plat.

3 Parer les radis, les laver et les émincer. Égoutter le raifort. Dresser les rondelles de radis et la guirlande de raifort sur les concombres. Laver les fines herbes, les essorer puis hacher finement leurs feuilles. Couper la ciboulette en petits rouleaux.

4 Pour la vinaigrette, battre énergiquement au fouet dans un bol le vinaigre, le jus de citron, l'huile, 1 pincée de sel et de poivre. Mélanger les fines herbes avec la vinaigrette et verser le tout sur les radis et le raifort.

5 Laver les germes de raifort et les sécher sur du papier essuie-tout. Les séparer les uns des autres et les répartir sur la salade. Servir immédiatement.

Pour 4 personnes
1 raifort blanc
Sel
1 concombre
2 bottes de radis
½ botte de persil
3 petites feuilles de mélisse citronnée
1 poignée de cerfeuil
½ botte de ciboulette
1 c. à s. de vinaigre de vin blanc
1 c. à s. de jus de citron
3 c. à s. d'huile de canola
Poivre noir concassé
1 poignée de germes de raifort

Par personne
130 kcal, 4 g de protéines,
9 g de lipides, 7 g de glucides
Préparation : 25 minutes

113

À savoir :
Les petites feuilles vertes et tendres des radis peuvent être hachées puis éparpillées sur la salade ; elles ont une saveur légèrement âpre et renferment, comme les radis, le raifort, le cresson et les germes de raifort, des éléments bénéfiques pour la santé.

Salade de pommes de terre à la roquette et aux cornichons

Pour 4 personnes

4 pommes de terre moyennes
    à chair ferme (800 g)
150 g de roquette
2 oignons rouges
12 tomates cerise (200 g)
½ tasse d'olives noires
½ tasse d'olives vertes
2 à 3 c. à s. de vinaigre de xérès
50 g de cornichons de câprier (en saumure)
1 c. à t. de moutarde de Dijon
4 c. à s. d'huile d'olive
Sel
Poivre noir du moulin

Par personne

375 kcal, 6 g de protéines,
21 g de lipides, 37 g de glucides
Préparation : 40 minutes
Cuisson : 20 à 25 minutes
Marinage : 30 minutes

1 Laver les pommes de terre, les déposer dans une casserole et les recouvrir d'eau. Porter à ébullition et faire cuire les pommes de terre 20 à 25 minutes. Les égoutter et les laisser refroidir. Les éplucher et les détailler en dés.

2 Laver la roquette, l'essorer et éliminer les tiges. Couper les feuilles en lanières. Éplucher les oignons et les émincer. Laver les tomates et les couper en deux ; dénoyauter les olives. Déposer tous les ingrédients dans un saladier.

3 Pour la vinaigrette, mélanger dans un petit bol le vinaigre de xérès, 1 à 2 cuillerées à soupe de saumure des cornichons de câprier, la moutarde, l'huile, 1 pincée de sel et de poivre. Battre au fouet tous les ingrédients jusqu'à ce que l'émulsion épaississe. Verser la vinaigrette sur la salade et mélanger.

4 Couvrir la salade et la laisser reposer au frais pendant environ 30 minutes. Saler, poivrer et ajouter le vinaigre de xérès. Couper les cornichons de câprier en deux et en garnir la salade. Servir avec de la viande ou du poisson grillés.

Les cornichons du câprier

Mesurant 2 à 3 cm de long, les fruits du câprier sont appelés cornichons. Ils sont conservés avec leur pédoncule dans de la saumure. On peut s'en procurer dans les épiceries fines italiennes ou dans les supermarchés bien achalandés. On les consomme entiers comme les olives, à l'apéritif, en hors-d'œuvre ou bien coupés en deux pour garnir avec originalité les plats froids. On peut utiliser leur saumure épicée dans les vinaigrettes, auxquelles elle donne une saveur piquante.

Astuce :
Si la salade paraît desséchée après l'étape de la marinade, ajouter environ ¼ de tasse de bouillon de légumes chaud ou de fond de veau chaud. Laisser à nouveau la salade reposer quelques minutes.

Salade légère de pommes de terre
au pourpier

Cuire et peler 4 pommes de terre moyennes (800 g) selon les indications de la recette ci-contre puis les couper en rondelles. Parer 3 oignons verts, les laver et les émincer. Parer 150 g de pourpier, le laver, l'égoutter et le couper en petits morceaux. Verser les pommes de terre et les oignons verts dans un saladier puis les mélanger. Pour la sauce, mélanger ¾ tasse de yogourt, 1 tasse de crème sure, 1 c. à s. de vinaigre de vin blanc, 1 c. à s. de jus de citron, 2 c. à s. d'huile d'olive, 2 c. à s. d'huile d'olive citronnée, du sel et du poivre. Incorporer le pourpier à la salade. Rectifier l'assaisonnement et servir aussitôt.

Salade de haricots beurre
traditionnelle

Laver 1 kg de haricots beurre, les ébouter et les effiler si nécessaire. Les couper en tronçons de 4 à 5 cm et les faire cuire 15 à 18 minutes dans un peu d'eau légèrement salée. Les égoutter et les faire refroidir.

Éplucher 2 échalotes et les hacher finement. Mettre les échalotes et les haricots dans un saladier. Pour la vinaigrette, mélanger 4 c. à s. d'huile de tournesol, 2 c. à s. de vinaigre d'estragon, du sel et du poivre noir. La verser sur les haricots et tourner la salade. Laisser reposer 2 heures puis rectifier l'assaisonnement. Parsemer de persil, garnir de tranches de bacon grillé et servir.

Salade aux trois haricots à la sauce épicée

1 Laver les haricots verts et les haricots beurre, les ébouter et les effiler si nécessaire. Les couper en tronçons de 5 cm puis, les déposer dans le panier de l'autocuiseur avec environ 3 cm d'eau et faire cuire à la vapeur de 12 à 15 minutes. Retirer les haricots de l'autocuiseur et les laisser refroidir.

2 Égoutter les haricots rouges. Laver les tomates et les couper en deux (en quatre pour les plus grosses). Éplucher l'oignon et le ciseler. Laver puis essorer le persil, détacher les feuilles et les hacher finement.

3 Pour la sauce, éplucher la gousse d'ail, la hacher et la déposer dans un mortier. Ajouter ¼ de cuillerée à thé de sel puis écraser entièrement l'ail au pilon afin qu'il forme une pâte lisse. Mélanger cette pâte d'ail, la crème à 35 %, le concentré de tomates, l'huile d'olive, le vinaigre balsamique, du poivre, le sucre et du poivre de Cayenne jusqu'à obtenir une sauce onctueuse.

4 Verser dans un grand saladier les 3 variétés de haricots, les tomates cocktail, l'oignon et deux tiers du persil puis mélanger. Incorporer doucement la sauce, saler et poivrer la salade. La parsemer du reste de persil et servir aussitôt.

117

Pour 4 personnes
2 tasses de haricots verts (250 g)
2 tasses de haricots beurre (250 g)
2 tasses de haricots rouges en conserve (150 g)
12 tomates cerise (200 g)
1 oignon rouge
1 botte de persil plat
Sel
Poivre noir du moulin
Sauce
1 gousse d'ail
Sel
⅓ tasse de crème à 35 %
2 c. à t. de concentré de tomates
1 c. à s. d'huile d'olive
2 c. à s. de vinaigre balsamique
Poivre noir du moulin
1 pincée de sucre
1 à 2 pointes de poivre de Cayenne

Par personne
625 kcal, 23 g de protéines,
38 g de lipides, 45 g de glucides
Préparation : 30 minutes

Salade de pommes de terre
au concombre

1 Laver les pommes de terre, les mettre dans un faitout et les recouvrir d'une grande quantité d'eau. Porter à ébullition et faire cuire 25 à 30 minutes. Les égoutter et les laisser complètement refroidir.

2 Éplucher les pommes de terre froides et les couper en rondelles. Éplucher l'oignon et le hacher finement. Éplucher le concombre et l'émincer très finement à l'aide de la mandoline. Mettre tous ces ingrédients dans un grand saladier.

3 Pour la vinaigrette, battre énergiquement au fouet dans un petit bol le vinaigre, l'huile, la moutarde, ¼ de tasse de fond de veau ou de bouillon, sel et poivre. Tourner la salade avec précaution afin que les pommes de terre ne s'écrasent pas. La réserver au frais à couvert et la laisser reposer environ 30 minutes.

4 Laver la ciboulette, l'essorer et la couper en petits rouleaux. Saler et poivrer la salade puis ajouter le vinaigre. Si la salade paraît desséchée après ce repos de 30 minutes, ajouter un peu de fond de veau ou de bouillon. Servir accompagné de petites saucisses chaudes ou d'œufs au plat.

À savoir :
Grâce à leurs glucides lents, que l'organisme assimile progressivement, les pommes de terre calment durablement la faim.

Pour 4 personnes
**4 pommes de terre moyennes
à chair ferme (800 g)**
1 oignon blanc
1 petit concombre
1 botte de ciboulette
Sel, poivre, vinaigre de vin blanc
Vinaigrette
3 c. à s. de vinaigre de vin blanc
4 c. à s. d'huile de tournesol
½ c. à t. de moutarde mi-forte
**¼ à ½ tasse de fond de veau
ou de bouillon de viande**
Sel
Poivre blanc du moulin

Par personne
**245 kcal, 5 g de protéines,
13 g de lipides, 26 g de glucides**
Préparation : 20 minutes
Cuisson : 25 à 30 minutes
Repos : 30 minutes

118

Salade asiatique
de germes de soja

Pour 4 personnes

150 g de germes de soja
  ou de germes de haricots mungo
2 oignons verts
4 branches de céleri
1 petite mangue ou 2 nectarines
¼ d'ananas frais (250 g)
⅓ tasse d'arachides grillées et salées
4 à 6 grandes feuilles de chou chinois

Vinaigrette

2 c. à s. de vinaigre de framboise
3 c. à s. d'huile de germes de maïs
4 c. à s. de jus d'orange
¼ à ½ c. à t. de sambal oelek
  (purée de piments indonésienne)
½ c. à t. de gingembre en poudre
¼ c. à t. de citronnelle en poudre
Sel

120

Par personne

245 kcal, 7 g de protéines,
16 g de lipides, 18 g de glucides
Préparation : 25 minutes

1 Laver les germes et les égoutter. Parer les oignons verts, les laver et les émincer. Parer le céleri branche, le laver et le détailler en fines lanières. Verser tous ces ingrédients dans un saladier et les mélanger.

2 Éplucher la mangue, prélever la chair et la couper en petits morceaux. Éplucher l'ananas et le couper en morceaux. Ajouter les fruits aux légumes dans le saladier.

3 Pour la vinaigrette, mélanger dans un petit bol le vinaigre, l'huile et le jus d'orange. Incorporer le sambal oelek, la poudre de gingembre et de citronnelle ainsi que du sel. Battre le tout énergiquement au fouet jusqu'à dissolution complète du sel. Verser la vinaigrette sur la salade puis mélanger. Concasser les arachides.

4 Laver les feuilles de chou chinois, les sécher puis les couper en larges lanières. Les disposer sur des assiettes puis dresser la salade sur ce lit de feuilles. Parsemer d'arachides concassées et servir aussitôt.

Éplucher un ananas et le couper en rondelles

1 Couper d'abord le haut et la base. Puis éplucher le fruit avec un couteau bien affûté en coupant des bandes de haut en bas.

2 Ôter les « yeux » bruns en découpant des sillons autour du fruit.

3 Couper l'ananas en tranches. Extraire le cœur filandreux et dur à l'aide d'un couteau pointu ou d'un vide-pomme.

121

Salade tiède
de germes de soja

Nettoyer 1 barquette de champignons de Paris (200 g) et les émincer. Éplucher 1 gousse d'ail et la hacher finement. Préparer 150 g de germes de soja, 2 oignons verts et 4 branches de céleri selon les indications de la recette ci-contre. Dans un wok, faire chauffer 2 c. à s. d'huile puis faire cuire 2 minutes à l'étuvée les champignons, les oignons verts et le céleri sans cesser de remuer. Incorporer l'ail et les germes de soja. Déglacer avec 2 c. à s. de vinaigre de riz et 2 c. à s. de sauce au soja. Retirer le wok du feu. Assaisonner la salade chaude : saler, ajouter $\frac{1}{4}$ c. à t. de sambal manis, $\frac{1}{2}$ c. à t. de gingembre en poudre et $\frac{1}{2}$ c. à t. de curry doux en poudre ; remuer. Dresser la salade sur des assiettes. Couper en morceaux $\frac{1}{4}$ d'ananas frais (250 g) et en garnir les assiettes.

Salade de carottes à la turque, sauce au yogourt et à l'ail

Pour 4 personnes
1 contenant de 500 g de yogourt ferme
4 carottes moyennes (400 g)
3 c. à s. d'huile d'olive
2 gousses d'ail
Sel
2 à 3 c. à s. de jus de citron
½ botte de persil plat

Par personne
200 kcal, 5 g de protéines,
14 g de lipides, 12 g de glucides
Préparation : 35 minutes
Réfrigération : 1 heure

122

Astuce :
Pour cette recette, il faut impérativement utiliser du yogourt ferme. En effet, le petit-lait ne peut s'égoutter d'un yogourt crémeux brassé, qui reste alors trop liquide.

1 Placer un filtre à café dans un chinois au-dessus d'un bol et y verser le yogourt. Laisser le yogourt s'égoutter pendant 20 minutes.

2 Parer les carottes, les laver et les râper grossièrement. Faire chauffer l'huile d'olive dans une poêle non adhésive et faire cuire les carottes à l'étuvée 10 minutes en remuant de temps à autre jusqu'à ce qu'elles soient cuites à cœur. Les retirer du feu et les laisser refroidir.

3 Mettre les carottes et le yogourt dans un saladier et les mélanger intimement. Éplucher les gousses d'ail, les écraser dans le presse-ail avant de les incorporer au mélange carottes-yogourt. Mélanger le tout soigneusement, saler et ajouter le jus de citron.

4 Réserver la salade au frais et à couvert pendant au moins 1 heure. Laver, essorer le persil puis l'effeuiller. Rectifier éventuellement l'assaisonnement de la salade en ajoutant du sel et du jus de citron. La répartir sur des assiettes et la garnir de persil. Un pain pita frais s'accorde très bien avec cette salade.

Salade de betteraves rouges
au yogourt

Laver 12 betteraves rouges (600 g) crues. Les plonger dans une grande quantité d'eau et les faire cuire, à couvert, 1 heure à 1 h 30, jusqu'à ce qu'elles soient cuites à cœur. Les égoutter et les passer sous l'eau froide. Les laisser refroidir puis les peler. Sinon, utiliser 2 boîtes de 398 ml de betteraves rouges en conserve précuites. Râper grossièrement les betteraves.

Préparer le yogourt selon les indications de la recette ci-contre puis le mélanger avec les betteraves. Assaisonner également comme dans la recette principale. Pour finir, ajouter 1 c. à s. d'huile d'olive à la salade. Dresser celle-ci sur un plat et la garnir de persil.

Salade paysanne
à la grecque

Pour 4 personnes
2 grosses tomates (400 g)
1 concombre anglais
2 gros oignons rouges
2 poivrons verts
1 tasse d'olives noires
100 g de piment doux
4 c. à s. d'huile d'olive
2 c. à s. de vinaigre de vin rouge
Sel
Poivre noir du moulin
300 g de feta (fromage de brebis grec)
1 c. à t. d'origan déshydraté

Par personne
360 kcal, 16 g de protéines,
29 g de lipides, 8 g de glucides
Préparation : 20 minutes

1 Laver les tomates, ôter le pédoncule puis les couper en huit. Laver le concombre et l'ébouter. Le couper dans le sens de la longueur et l'épépiner à l'aide d'une petite cuillère. Couper de nouveau les moitiés en deux dans le sens de la longueur puis détailler les quarts de concombre en rondelles épaisses.

2 Éplucher les oignons, les couper en deux puis en rondelles d'épaisseur moyenne. Couper les poivrons en deux, les épépiner, les laver et les détailler en lanières.

3 Répartir les légumes sur les assiettes, les olives et le piment doux dessus. Dans un bol, battre au fouet 3 cuillerées à soupe d'huile d'olive, le vinaigre de vin rouge, du sel et du poivre jusqu'à dissolution complète du sel. Verser cette vinaigrette sur la salade et remuer.

4 Couper la feta en 4 grosses tranches ou bien l'émietter grossièrement. La répartir sur la salade. Parsemer celle-ci d'origan et l'arroser de 1 cuillerée à soupe d'huile d'olive.
Du pain blanc frais ou du pain pita se marient à merveille avec cette salade.

Astuce :
On peut remplacer le concombre anglais par 3 petits concombres libanais (baladi).

Chou rouge
aux oranges
et aux clémentines

1 Éliminer les feuilles extérieures épaisses du chou, le laver, le sécher et le couper en quatre. Émincer finement les quartiers de chou dans un saladier avec une mandoline.

2 Saupoudrer le chou de 1 cuillerée à thé de sel. Le malaxer énergiquement pendant environ 5 minutes afin de l'attendrir et de l'adoucir. Le laisser reposer 15 minutes, le rincer dans un égouttoir sous un jet d'eau froide puis l'égoutter.

3 Peler à vif les oranges et les clémentines. Couper d'abord les agrumes en suprêmes puis en morceaux. Enlever les pépins et recueillir le jus des fruits. Mélanger le chou rouge aux agrumes dans un grand saladier.

4 Pour la vinaigrette, battre énergiquement au fouet dans un petit bol le jus des agrumes, l'huile, le vinaigre, du sel et du poivre. La verser sur la salade, concasser les cerneaux de noix et les éparpiller dessus.

À savoir :
Cette salade est très bénéfique pour la santé car chou rouge et agrumes sont complémentaires : la vitamine C des agrumes et la forte teneur en carotène du chou rouge renforcent le système immunitaire.

126

Pour 4 personnes
1 petit chou rouge (environ 800 g)
Sel
2 oranges
3 clémentines
3 c. à s. d'huile de noix
2 à 3 c. à s. de vinaigre de cassis
Poivre noir du moulin
½ tasse de cerneaux de noix

Par personne
250 kcal, 5 g de protéines,
17 g de lipides, 17 g de glucides
Préparation : 35 minutes

Chou rouge
en vinaigrette
au porto

Préparer le chou rouge selon les indications de la recette ci-contre. Dans une grande casserole, porter à ébullition ⅔ tasse d'eau avec 3 c. à s. de vinaigre de cassis, 1 c. à t. de sel et 2 clous de girofle. Ajouter le chou et le faire cuire 20 à 25 minutes à couvert, en remuant de temps à autre. Égoutter et laisser refroidir. Préparer une vinaigrette en mélangeant 1 c. à s. de vinaigre de cassis, 1 c. à s. de compote de canneberges, 1 c. à s. de marmelade d'oranges, 3 c. à s. d'huile de noix, 2 échalotes hachées et 2 c. à s. de porto. La verser sur le chou rouge. Laisser reposer 2 heures. Avant de servir, rajouter du sel et du vinaigre si nécessaire (par exemple du vinaigre de vin rouge).

Gourganes,
sauce à la crème

Cuire les gourganes et les laisser
refroidir selon les indications
de la recette ci-contre. Éplucher
2 échalotes, les hacher finement et
les verser dans un saladier avec les
gourganes. Pour la sauce, mélanger
2 c. à s. de vinaigre de vin blanc,
1 c. à s. d'huile de maïs, ½ tasse de
crème fouettée, 2 c. à s. de crème à
35 %, du sel et du poivre. Verser la
sauce sur la salade, mélanger puis
réserver au frais 30 minutes. Laver
3 branches de sarriette et 6 brins
de persil, les essuyer et les hacher
finement. Saler la salade, ajouter du
vinaigre si nécessaire, incorporer
les fines herbes et mélanger le tout.
Servir la salade immédiatement
accompagnée de pain de campagne.

Salade de gourganes, vinaigrette au paprika

1 Dans une casserole, recouvrir les gourganes de 1 tasse d'eau légèrement salée, porter à ébullition et les faire cuire 15 à 20 minutes. Les égoutter et les laisser refroidir.

2 Éplucher les échalotes et les hacher finement. Laver soigneusement le concombre et le couper en deux dans le sens de la longueur. L'épépiner à l'aide d'une petite cuillère. Trancher les moitiés de concombre. Laver les tomates, enlever le pédoncule et les couper en rondelles. Dans un saladier, mélanger les gourganes, les échalotes, le concombre et les tomates.

3 Épépiner les moitiés de poivron, les laver et les couper en fine brunoise. Préparer une vinaigrette en mélangeant l'huile d'olive, le vinaigre balsamique, le jus de citron, le cumin, le paprika, le poivre de Cayenne, du sel et du poivre. Y ajouter les petits dés de poivron.

4 Dresser la salade sur les assiettes et l'arroser de la vinaigrette parfumée au paprika. Laver le persil, le sécher puis hacher finement ses feuilles. Le parsemer sur la salade et servir aussitôt. Cette salade est savoureuse accompagnée de pain ciabatta ou de pain pita.

Pour 4 personnes

600 g de gourganes surgelées
Sel
2 échalotes
½ concombre
3 tomates italiennes
½ poivron rouge et ½ poivron jaune
4 c. à s. d'huile d'olive
2 c. à s. de vinaigre balsamique
1 c. à s. de jus de citron
1 c. à t. de cumin en poudre
½ c. à t. de paprika doux
1 pincée de poivre de Cayenne
Poivre noir du moulin
½ botte de persil plat

Par personne

265 kcal, 12 g de protéines,
13 g de lipides, 24 g de glucides
Préparation : 35 minutes

129

Salade d'aubergines
au tahini à l'orientale

Pour 4 personnes
2 grosses aubergines (600 g en tout)
7 c. à s. de jus de citron
3 c. à s. de tahini (purée de sésame)
3 gousses d'ail
Sel
3 à 4 brins de persil plat
2 c. à s. de graines de grenade
   pour la garniture

Par personne
195 kcal, 6 g de protéines,
12 g de lipides, 14 g de glucides
Préparation : 20 minutes
Cuisson : 25 à 30 minutes
Réfrigération : 1 heure

Le tahini

Tahin est un mot turc désignant la pâte ou la purée de sésame. Celle-ci est élaborée à partir de graines de sésame moulues, décortiquées ou non. Utilisée dans les sauces et les pâtisseries, elle constitue l'un des principaux ingrédients de la cuisine du Proche-Orient. On peut trouver du tahini, salé ou non, dans les épiceries orientales et dans les magasins de produits biologiques. Pour la salade d'aubergines, il vaut mieux choisir un tahini non salé fabriqué à partir de graines non décortiquées.

1 Préchauffer le four à 250 °C (475 °F). Recouvrir une plaque à gâteau d'une feuille d'aluminium ménager. Laver les aubergines et les déposer encore ruisselantes sur la plaque. Les faire cuire au four 25 à 30 minutes en les retournant de temps en temps.

2 À la sortie du four, les passer sous un jet d'eau froide, les peler et ôter le pédoncule. Déposer les aubergines sur une grande planche à découper. Les arroser avec 3 cuillerées à soupe de jus de citron pour éviter qu'elles noircissent. Hacher très finement leur chair à l'aide d'un grand couteau.

3 Mettre la chair des aubergines dans un saladier. Mélanger le tahini avec l'huile qui est remontée à la surface du bocal. Dans le saladier, incorporer 3 cuillerées à soupe de tahini et 3 cuillerées à soupe de jus de citron. Éplucher les gousses d'ail, les écraser avec le presse-ail et les incorporer à la salade.

4 Mélanger et saler. Réserver au frais à couvert pendant au moins 1 heure. Rectifier l'assaisonnement en ajoutant du sel et 1 cuillerée à soupe de jus de citron puis dresser la salade dans un plat de service.

5 Laver puis essorer le persil. Détacher les feuilles et en garnir la salade ; la parsemer des graines de grenade puis servir immédiatement accompagné de pain pita.

Astuce :
Quand on pèle les aubergines, il reste toujours un peu de chair accrochée à la peau. Mieux vaut donc acheter de grosses aubergines afin de récupérer suffisamment de chair.

Salade d'aubergines
au poivron vert et au cumin

Parer 2 grosses aubergines, les laver et les couper en dés de 4 cm. Les mettre dans un saladier et les saupoudrer de 2 c. à t. de sel. Les faire dégorger pendant 20 minutes. Les laver et les éponger sur du papier essuie-tout. Dans une poêle, faire chauffer 6 à 8 c. à s. d'huile d'olive, ajouter les dés d'aubergines et les faire dorer de tous côtés. Retirer la poêle du feu, laisser refroidir et mettre dans un saladier. Épépiner et laver 2 poivrons verts. Les couper en fines lanières et les mélanger aux dés d'aubergines. Mélanger 3 c. à s. de jus de citron, du sel, du poivre noir et ½ à 1 c. à t. de cumin en poudre. Verser la sauce sur les légumes et mélanger. Cette salade se marie bien avec du pain pita et des quartiers de tomates.

Un grand classique

Salade d'avocats et de crevettes

Pour 4 personnes

2 oignons verts
50 g de cresson de fontaine
1 citron non traité
150 g de crevettes décortiquées
  et précuites
1 c. à s. de vinaigre de xérès
1 c. à s. d'huile de canola
Sel
Poivre noir du moulin
¾ tasse de crème sure
2 c. à s. de crème à 35 %
1 botte d'aneth
4 avocats mûrs

Par personne

510 kcal, 11 g de protéines,
50 g de lipides, 4 g de glucides
Préparation : 20 minutes

À savoir :

Les avocats participent en grande partie à la forte teneur en lipides de cette salade. Ces lipides sont toutefois composés de 85 % d'acides gras insaturés, qui contribuent à faire diminuer le taux de cholestérol.

1 Parer les oignons verts et les laver. Les couper en deux dans le sens de la longueur puis les ciseler finement. Laver le cresson, l'égoutter et l'effeuiller. Laver le citron sous l'eau chaude, l'essuyer et le couper en deux. Découper la première moitié en 4 minces rondelles et presser le jus de l'autre moitié. Égoutter les crevettes si besoin.

2 Pour la vinaigrette, battre énergiquement au fouet dans un bol le vinaigre, l'huile de canola, du sel et du poivre jusqu'à dissolution complète du sel. Incorporer les oignons verts et les crevettes et les laisser mariner brièvement.

3 Pour la sauce, mélanger dans un bol les deux types de crème, 1 cuillerée à thé de jus de citron, du sel et du poivre et remuer jusqu'à obtenir un mélange onctueux. Laver l'aneth, l'essorer, hacher finement les pointes des feuilles puis ajouter à la sauce.

4 Couper les avocats en deux, extraire délicatement les noyaux puis la chair des fruits pour conserver la peau intacte. Découper la chair en petits dés, l'arroser de 1½ cuillerée à soupe de jus de citron et saler.

5 Mélanger les dés d'avocat, le cresson, les crevettes marinées et les oignons verts. Remplir les peaux des avocats avec le mélange. Sur chaque moitié d'avocat, disposer un petit peu de sauce à l'aneth. Garnir de rondelles de citron et servir immédiatement. Cette salade d'avocats est savoureuse accompagnée de pain brioché frais grillé.

Salade tiède
aux légumes grillés

Pour 4 personnes

3 gros poivrons verts (500 g), épépinés
et coupés en grosses lanières

3 gros poivrons rouges (500 g), épépinés
et coupés en grosses lanières

3 courgettes moyennes (500 g), en longues
tranches minces

1 gros oignon rouge, en quartiers

6 très petites aubergines, en longues
tranches minces

150 g de champignons portobello ou cafés,
en larges tranches

3 c. à s. d'huile d'olive

1 trévise (radicchio) moyenne

1 tasse (120 g) d'olives noires dénoyautées

2 c. à s. de vinaigre balsamique

1 c. à s. d'origan frais ciselé

Par personne

262 kcal, 9 g de protéines,
15 g de lipides, 23 g de glucides
Préparation : 20 minutes
Cuisson : 15 minutes

1 Préchauffez le gril du four
ou le barbecue jusqu'à ce qu'il
atteigne une chaleur moyenne.

2 Mélangez dans un grand bol les
poivrons, les courgettes, l'oignon,
les aubergines et les champignons
avec 1 cuillerée à soupe d'huile
d'olive. Grillez les légumes
jusqu'à ce qu'ils soient marbrés
par la grille et qu'ils soient
devenus tendres, en les retournant
plusieurs fois.

3 Placez les légumes tiédis
dans un saladier. Ajouter la trévise,
les olives, le vinaigre, l'origan
et les 2 cuillerées à soupe d'huile
d'olive restantes. Mélangez
délicatement.

Astuce :
**Grillez au four ou au barbecue
plus de légumes que nécessaire.
Laissez-les refroidir. Placez-les
dans un contenant de verre.
Recouvrez-les d'huile d'olive.
Fermez le pot hermétiquement et
conservez-le dans un endroit frais
à l'abri de la lumière. Servez ces
légumes comme entrée avec
d'autres choses.**

À savoir :
Les champignons contiennent très peu de
calories et pratiquement pas de gras. Pour
conserver le maximum de nutriments, ne les
laissez pas plus de cinq jours au réfrigérateur.

Salade de pois mange-tout
et croûtons à l'ail

Pour 4 personnes

450 g de pois mange-tout
Sel
2 cœurs de laitue
3 oignons verts
2 c. à s. d'huile de tournesol
2 c. à s. de vinaigre de vin blanc
Poivre noir du moulin
1 barquette de cresson alénois
2 tranches de pain brioché complet
1 gousse d'ail
1 c. à s. + 1 c. à t. de beurre

Par personne

175 kcal, 4 g de protéines,
11 g de lipides, 13 g de glucides
Préparation : 30 minutes

Blanchir les pois mange-tout
1 Laver les pois mange-tout, les ébouter et, si besoin, les effiler. Ensuite, les blanchir afin de les précuire et de préserver leurs couleurs.

2 Plonger les pois ainsi parés dans de l'eau bouillante légèrement salée et les faire bouillir 1 minute à feu vif.

3 Sortir les pois de l'eau bouillante à l'aide d'une écumoire et les plonger aussitôt dans un bol rempli d'eau très froide. Les retirer de l'eau et les égoutter.

1 Laver les pois mange-tout, les ébouter et, si nécessaire, les effiler. Les blanchir 1 minute dans une eau légèrement salée. Les plonger ensuite dans de l'eau très froide et les égoutter.

2 Laver les cœurs de laitue, les essorer et les découper en lanières. Parer les oignons verts, les laver et les détailler en rondelles. Disposer les lanières de laitue dans des coupelles ou sur des assiettes. Verser les pois mange-tout par-dessus et parsemer le tout d'oignon vert.

3 Préparer une vinaigrette avec l'huile de tournesol, le vinaigre de vin blanc, le sel et le poivre. La verser sur la salade. Couper le cresson avec des ciseaux de cuisine à même la barquette et l'éparpiller sur la salade.

4 Couper les tranches de pain de mie en petits dés. Éplucher la gousse d'ail et la couper en deux dans le sens de la longueur. Faire chauffer le beurre dans une poêle non adhésive et y faire revenir l'ail, face coupée vers le bas, pendant 30 secondes.

5 Retirer l'ail de la poêle. Verser les dés de pain de mie dans le beurre parfumé à l'ail et les faire dorer de tous côtés. Les éparpiller sur la salade et servir immédiatement.

Pour 4 personnes
1 céleri (500 g)
4 grandes feuilles de trévise,
   de romaine et de batavia
2 carottes
2 clémentines
1 petit oignon rouge
100 g de fromage de chèvre frais
¼ tasse de jus de clémentine
2 c. à s. d'huile de maïs
1 c. à s. de vinaigre de vin blanc
1 c. à s. de jus de citron
Sel
Poivre noir concassé
½ tasse de pacanes
   ou de cerneaux de noix

Par personne
240 kcal, 6 g de protéines,
20 g de lipides, 10 g de glucides
Préparation : 30 minutes

Crudités de céleri et de carottes, sauce au fromage frais

1 Parer le céleri et le laver. Ôter les fils les plus coriaces des branches. L'émincer finement en utilisant une mandoline ou un grand couteau aiguisé. Laver les feuilles des laitues et les égoutter.

2 Parer les carottes, les laver, les éplucher et les râper grossièrement. Peler les clémentines, détacher les quartiers les uns des autres et les couper en deux.

3 Éplucher l'oignon et le ciseler finement. Disposer dans un grand saladier le céleri, les carottes, les clémentines et l'oignon puis mélanger le tout intimement.

4 Dans un bol, mettre le fromage de chèvre frais et le jus des clémentines. Mélanger les ingrédients à la fourchette jusqu'à obtenir une consistance onctueuse. Incorporer l'huile de maïs, le vinaigre de vin blanc, le jus de citron, le sel et le poivre puis mélanger le tout. Verser la sauce sur les fruits et les légumes et les tourner doucement.

5 Dresser de manière harmonieuse une feuille de chaque salade sur quatre grandes assiettes. Disposer les crudités sur ce lit de laitues.

6 Garnir chaque assiette de pacanes ou de cerneaux de noix. Servir immédiatement la salade de crudités, accompagnée de baguette ou de pain aux noix.

Crudités de céleri et de pommes au fromage cottage

139

Préparer le céleri selon les indications de la recette ci-contre. Laver 2 pommes rouges acidulées, les partager en quatre, les épépiner et les couper en morceaux. Parer 2 oignons verts, les laver et les émincer. Mettre ces ingrédients dans un saladier et les mélanger. Élaborer une sauce avec 1 tasse de fromage cottage, 1 bonne pointe de raifort râpé, du sel, du poivre, 1 c. à s. de jus de citron et 2 c. à s. d'huile de canola. La verser sur les crudités et mélanger le tout. Servir sur un lit de feuilles de laitue.

Astuce :
Le céleri est plus digeste une fois ses branches cuites 5 à 10 minutes à l'étuvée ou à la vapeur. Le laisser refroidir et le couper en lanières de 2 cm d'épaisseur.

Salade multicolore,
mayonnaise au yogourt

Pour 6 personnes

1 boîte de maïs en grains de 199 ml
  (ou 200 g congelés)
1 boîte de haricots beurre de 284 ml
  (ou 300 g congelés)
1 laitue iceberg
1 poivron rouge et 1 jaune
250 g de jambon cuit
200 g de gouda mi-vieux
2 bottes de radis
4 cornichons sûrs
1 botte de persil
½ botte d'aneth
3 branches de thym
1 botte de ciboulette
¾ tasse de mayonnaise allégée
1¼ tasse de yogourt
2 c. à s. de lait
½ c. à t. de moutarde mi-forte
2 c. à s. d'huile de tournesol
1 c. à s. de vinaigre de vin blanc
1 c. à s. de jus de citron
Sel
Poivre noir du moulin
½ c. à t. de paprika doux
150 g de pain de seigle

Par personne

490 kcal, 23 g de protéines,
34 g de lipides, 24 g de glucides
Préparation : 40 minutes
Réfrigération : 1 heure

1 Égoutter le maïs et les haricots beurre. Parer la laitue iceberg, la laver, l'essorer puis la détailler en lanières de 3 cm. Partager les poivrons en deux, les épépiner, les laver et les couper en morceaux de 2 cm.

2 Enlever la couenne du jambon et le couper en petits dés. Écroûter le fromage et le détailler en minces bâtonnets. Parer les radis, les laver et les couper en quatre. Trancher les cornichons acides en rondelles.

3 Laver et essorer le persil, l'aneth, le thym et la ciboulette. Hacher finement les feuilles ou les aiguilles et couper la ciboulette en petits rouleaux. Dans un saladier en verre profond, disposer en couches successives la laitue iceberg, les radis, le maïs, le jambon, les cornichons, les poivrons, le fromage et enfin les haricots.

4 Dans un bol, verser la mayonnaise, le yogourt et le lait et remuer jusqu'à obtenir un mélange crémeux. Incorporer la moutarde, l'huile, le vinaigre et le jus de citron. Saler, poivrer généreusement la sauce et ajouter le paprika. Ajouter les fines herbes puis verser la sauce sur la salade. Réserver au frais à couvert pendant 1 heure. Émietter le pain de seigle et le répartir sur la salade. Servir celle-ci avec du pain blanc.

Astuce :

Pour limiter la quantité de graisse utilisée, remplacer la mayonnaise soit entièrement par une sauce crémeuse allégée, soit en partie par un yogourt léger. Remplacer également le gouda par un fromage à pâte dure contenant 15 % de matières grasses.

Salade multicolore à l'italienne

Dans un saladier, disposer en couches successives 4 tomates allongées coupées en morceaux, 150 g de roquette, 2 poivrons rouges en brunoise, 250 g de mozzarella tranchée, 2 cœurs de romaine en lanières, 1½ tasse d'olives noires dénoyautées, 250 g de cœurs d'artichaut marinés et coupés en morceaux et ½ concombre également en morceaux. Pour la sauce, mélanger 3 c. à s. de pesto (fait maison ou tout prêt), 3 c. à s. d'huile d'olive, 2 c. à s. de jus de citron et 5 c. à s. de bouillon. Saler et poivrer généreusement la sauce et la verser sur la salade. Laisser reposer 1 heure. Servir avec des tranches de pain blanc grillées.

Salade de lentilles
aux oignons grillés

Pour 4 personnes

2 tasses de lentilles vertes du Puy
1 petite branche de romarin
1 petite feuille de laurier
3 pommes de terre en robe des champs
  cuites la veille
2 grosses tomates
1 gousse d'ail
2 c. à s. de vinaigre de vin rouge
  aux fines herbes
1 c. à s. de jus de citron
2 c. à s. d'huile d'olive
Sel
Poivre noir du moulin
½ c. à t. de cumin en poudre
1 c. à t. de zeste de citron
½ botte de persil plat
2 gros oignons blancs
2 c. à s. d'huile de tournesol

Par personne

445 kcal, 26 g de protéines,
9 g de lipides, 63 g de glucides
Préparation : 35 minutes
Cuisson : 40 à 60 minutes
Marinage : 1 heure

**Les lentilles vertes
du Puy**

Les lentilles les plus renommées viennent
d'Auvergne, en France. En effet, les petites
graines de 4 à 5 mm de diamètre, cultivées
dans la région du Puy-en-Velay, possèdent
une couleur verte et une saveur typiquement
sucrée. Elles se différencient des autres variétés
par leur peau plus fine et leur goût plus délicat.
Tout trempage avant cuisson est donc inutile.
Réputées pour leurs qualités nutritives, elles
cuisent en 40 à 50 minutes ; comme toutes
les autres variétés de lentilles, elles renferment
environ 24 g de protéines et 10 g de fibres
pour 100 g de graines, mais elles sont
plus riches en magnésium et en fer que
leurs consœurs. Elles se conservent environ
6 mois dans un endroit sombre.

1 Mettre les lentilles dans
une casserole puis les recouvrir
d'une grande quantité d'eau.
Ajouter la branche de romarin
et la feuille de laurier et amener
à ébullition. Faire bouillir 40 à
50 minutes jusqu'à ce que les
lentilles soient cuites à cœur
puis les laisser refroidir dans leur
bouillon de cuisson. Retirer le
romarin et le laurier.

2 Peler les pommes de terre
et les couper en dés. Laver les
tomates, les partager en deux,
ôter leurs pédoncules et détailler
leur chair en brunoise. Éplucher
la gousse d'ail et l'écraser dans
un presse-ail.

3 Dans un saladier, verser
le vinaigre, le jus de citron, l'huile
d'olive, 2 à 3 cuillerées à soupe
de bouillon de cuisson des lentilles,
saler, poivrer puis ajouter le cumin,
le zeste de citron et l'ail. Mélanger
le tout. Incorporer les lentilles
égouttées, les pommes de terre
et les tomates. Réserver la salade
au frais à couvert et la laisser
reposer 1 heure.

4 Laver le persil, l'essorer puis
hacher finement ses feuilles.
Éplucher les oignons et les émincer
finement. Dans une poêle, faire
chauffer l'huile, verser les rondelles
d'oignons et les faire griller après
les avoir salées et poivrées.

5 Saler et poivrer la salade, ajouter
le vinaigre, puis incorporer le persil.
La dresser dans des coupelles
individuelles et disposer par-dessus
les rondelles d'oignons grillés.
Le jambon fumé accompagné d'une
tartine de bon pain agrémente avec
plaisir cette salade.

À savoir :

**Grâce à leur forte teneur
en protéines, les lentilles font
de cette salade un plat excellent
pour la santé. En associant
des légumes secs à des céréales,
par exemple des lentilles à du pain,
on améliore la qualité nutritive
des protéines.**

Salade de lentilles
au curry

Cuire les lentilles et les laisser refroidir selon les indications de la recette ci-contre. Élaborer une vinaigrette en mélangeant 1 c. à s. de pâte de curry, 2 c. à s. de chutney à la mangue, du sel, du poivre, 2 c. à s. de jus de lime, 3 c. à s. d'huile de tournesol, 2 échalotes ciselées et 1 c. à t. de gingembre frais haché. Mélanger cette vinaigrette aux lentilles égouttées et laisser reposer 1 heure. Parer 2 carottes et 150 g de racines de persil. Les laver, les éplucher et les râper. Parer 1 sac d'épinards tendres, les laver et les égoutter. Incorporer les carottes, la racine de persil et les épinards aux lentilles, assaisonner.

Un repas à eux seuls :
pâtes, riz et céréales

Qu'on soit petit ou grand, les salades de pâtes et de riz, avec leurs

sauces crémeuses, accompagnées de légumes croquants ou cuits,

de viande ou de poisson, rencontrent toujours autant de succès.

Le blé ou l'orge mondé sont aussi des aliments idéaux pour rassasier

les gros appétits. Ce chapitre présente des recettes classiques

préparées à travers le monde, mais aussi des créations culinaires

issues de la gastronomie contemporaine, adaptées à la cuisine de tous

les jours et aux repas de fête.

Riz

Paella espagnole, pilaf turc ou risotto italien sont réalisés avec du riz à grain rond. À la cuisson, il a tendance à coller et à se ramollir. En revanche, le riz basmati, le riz étuvé américain, le riz indien patna et le riz non décortiqué deviennent plutôt secs à la cuisson. Les variétés décortiquées cuisent en 20-25 minutes tandis que les variétés non décortiquées cuisent en 35-50 minutes. En salade, le riz accompagne les légumes, les laitues mais aussi le jambon, le fromage de brebis et la charcuterie.

Blé vert

On parle de blé vert dès lors qu'il s'agit d'épeautre dont les grains restent verts, même parvenus à maturité. Pour le rendre digeste, il est séché à environ 110 °C (225 °F). Cuit pendant 40 à 60 minutes, il possède une saveur typique épicée et reste ferme. Les salades de blé vert s'accommodent à merveille avec des légumes nourrissants, des fines herbes et des marinades relevées mais ne dédaignent pas les fromages forts et la viande fumée.

Couscous

Ces petits grains de blé, précuits et moulus, sont indissociables de la cuisine du Maghreb. Préparer un authentique couscous demande beaucoup de temps. Il ne faut pas le faire bouillir mais uniquement le faire gonfler en l'arrosant d'eau chaude. Dans les pays occidentaux, on trouve surtout du couscous instantané dans les supermarchés ou dans les magasins de produits biologiques. Le couscous se marie très bien avec les salades méditerranéennes.

Boulgour

Il est issu de grains de blé cuits, séchés, décortiqués et concassés. Il en résulte une savoureuse céréale au goût de noisette. Lorsqu'il est finement moulu, il n'est pas nécessaire de le cuire ; il suffit de le faire tremper environ 4 heures dans un récipient couvert, rempli d'eau froide. Lorsqu'il est concassé, il se cuit comme du riz. Le boulgour déploie tous ses arômes avec tomates, légumes cuits, oignons, laitues romaines, huile d'olive et jus de citron.

Le monde des pâtes, riz et céréales

Depuis la nuit des temps, les céréales, entières ou moulues en farine, sont à la base de l'alimentation. Comme les pâtes, elles supportent de longs entreposages, sont peu onéreuses, possèdent de grandes qualités nutritives et sont par conséquent très saines pour la santé. Elles doivent leur popularité jamais démentie dans les gastronomies du monde entier à leurs multiples possibilités de préparation. Les pages suivantes vous indiqueront tout ce qu'il faut savoir pour conserver les céréales, reconnaître leur fraîcheur et les cuire de la manière la plus appropriée.

Achat

Une céréale fraîche se reconnaît à ses graines sèches, fermes et colorées de manière homogène. Celles-ci dégagent une odeur neutre ou légèrement sucrée. Si elles sentent le rance, cela signifie qu'elles ont été entreposées trop longtemps et ne peuvent plus être consommées.

Blé, orge, millet, quinoa sont vendus dans un large éventail de gammes dans les magasins de produits naturels ou biologiques. Quant au riz basmati et autres riz parfumés, on peut les trouver dans les épiceries asiatiques, le boulgour et le couscous dans les épiceries orientales. Les pâtes de formes originales sont vendues dans les épiceries fines italiennes. On trouve aussi tous ces produits dans les supermarchés. Les céréales, y compris le boulgour et le couscous, se conservent environ 1 an à partir de la date d'achat.

Une cuisson saine

Pour les céréales particulièrement dures comme le riz non décortiqué, les grains de blé ou le blé vert, prévoir de préférence de les faire gonfler toute une nuit dans de l'eau froide. En revanche, le riz blanc, le boulgour, le quinoa ou l'orge peuvent cuire sans trempage préalable, dans une quantité

Pâtes

Elles arrivent sur notre table sous diverses formes et couleurs. Élaborées sans œufs, à partir de semoule de blé dur ou de farine de blé complet, elles constituent l'aliment de base de salades savoureuses qui calment durablement la faim. Pour les consommer en salade, les égoutter tout de suite une fois le degré de cuisson atteint afin d'éviter qu'elles ramollissent ou collent. Les pâtes acceptent tous les types de sauces et s'accordent avec tous les ingrédients imaginables.

Quinoa

Originaires de la cordillère des Andes, les petites graines rondes de quinoa, dépourvues de gluten, ont des qualités nutritives exceptionnelles. Elles se préparent comme le riz et possèdent une saveur légèrement herbacée. Préparées en salade, ces graines cuites s'accordent à la perfection en vinaigrette avec des légumes verts, mais aussi avec du poivron, du maïs et du jambon.

Millet

Ces petites graines rondes d'un beau jaune or sont toujours décortiquées et cuites comme le riz, mais dans une plus grande quantité d'eau. En cuisant, les graines s'attendrissent tout en restant fermes à l'intérieur. Le millet est riche en acide silicique et exempt de gluten. Une fois cuit, il agrémente les salades et la douceur de sa saveur tempère celle d'ingrédients plus forts et plus épicés comme le curry et les chutneys, le yogourt nature, le jus de lime et l'huile d'olive.

Orge

Une fois polis par abrasion, les grains d'orge cuits dans du bouillon sont savoureux en salade. Les temps de cuisson varient d'une variété à une autre : l'orge nu et l'orge perlé cuisent 25 à 30 minutes. L'orge mondé doit tremper toute une nuit avant de cuire pendant 1 heure. Cette céréale s'associe avec bonheur aux laitues, aux haricots verts, aux légumes primeurs et aux fines herbes.

147

de liquide (eau, bouillon ou tout autre liquide de cuisson) double de celle des céréales. Pour cuire le millet, le blé vert et le riz non décortiqué, qui n'ont pas besoin non plus de tremper, il faut une quantité de liquide plus importante encore. Pour préserver les qualités nutritives des céréales, porter tout d'abord l'eau ou le bouillon à ébullition et délayer progressivement les céréales. Ramener ensuite le tout à ébullition et faire gonfler de 20 à 60 minutes à couvert et à feu très

Quelle quantité ?

En règle générale, 200 g (1 tasse) de riz, de boulgour, de millet, d'orge ou de quinoa non cuisinés permettent d'obtenir 4 parts de céréales cuites. Pour les pâtes, prévoir 300 à 500 g de pâtes sèches pour 4 personnes, à ajuster selon l'accompagnement et la sauce. Dans les salades composées, la quantité varie en fonction des autres ingrédients prévus dans la recette.

doux. Les temps de cuisson varient d'une céréale à l'autre et selon leur temps d'entreposage et leur degré de dessiccation. Une fois les céréales cuites, découvrir la casserole pour laisser la vapeur s'échapper afin que les céréales ne collent pas les unes aux autres. Il est très important de ne pas les remuer pendant leur cuisson car cela les rendrait collantes, les réduirait en bouillie et les ferait attacher au fond de la casserole. Les céréales doivent être fermes sous la dent, c'est-à-dire moelleuses à l'extérieur tout en restant fermes à cœur.

Conservation

Conserver le blé, le riz et les pâtes dans des boîtes hermétiques et dans un endroit frais et sec. De cette manière, ils se garderont jusqu'à la date limite de consommation. Découper la date imprimée sur le paquet et la coller sur la boîte. Malheureusement,

les céréales biologiques non traitées attirent souvent les teignes alimentaires, que l'on peut cependant éliminer rapidement et complètement sans insecticide.

Qualités nutritives

Dans les céréales complètes (non décortiquées), on trouve presque tous les nutriments indispensables à un bon équilibre alimentaire : glucides de grande valeur, protéines de haute qualité, acides gras polyinsaturés, vitamines du complexe B, vitamine E, oligoéléments essentiels et des fibres en quantité. Les céréales dites étuvées représentent une bonne alternative aux céréales complètes. Avant d'être décortiquées, elles subissent un traitement à la vapeur sous haute pression qui permet de faire migrer les précieux nutriments situés dans les enveloppes externes à l'intérieur des grains.

Salade de pâtes
aux tomates séchées

Faire cuire 400 g de pâtes en forme de roue (ruotes) dans une grande quantité d'eau salée. Les égoutter et les laisser refroidir. Égoutter 60 g de tomates séchées marinées dans l'huile et les couper en petits dés. Détailler en brunoise 250 g de cœurs d'artichaut en conserve (1 boîte de 398 ml). Couper en fleurettes 1 tasse de brocoli ferme sous la dent. Choisir 150 g de jambon de Parme, enlever sa couenne et le couper en lanières. Mettre les pâtes, les tomates, les artichauts, le brocoli et le jambon dans un saladier et mélanger le tout. Pour la vinaigrette, mélanger 3 c. à s. d'huile d'olive, 2 à 3 c. à s. de vinaigre balsamique, du sel, du poivre noir et 1 c. à s. d'origan frais finement haché. Verser la vinaigrette sur la salade et mélanger celle-ci. Couper 150 g de ricotta dure en petits dés et l'éparpiller sur la salade.

Salade de pâtes vertes
à l'italienne

1 Dans une casserole, cuire les tagliatelles al dente dans une grande quantité d'eau salée puis les égoutter. Laver les tomates cerises, les concombres et la roquette. Partager les tomates en deux, couper les concombres dans le sens de la longueur puis en rondelles. Détacher les feuilles de roquette et les couper en petits morceaux.

2 Éplucher l'oignon, le couper en deux puis l'émincer finement. Mettre les tomates, les concombres, la roquette, l'oignon et les tagliatelles dans un grand saladier et mélanger. Égoutter les boules de mozzarella et les incorporer délicatement à la salade.

3 Pour préparer le pesto, nettoyer le basilic avec du papier essuie-tout et hacher grossièrement ses feuilles. Éplucher la gousse d'ail et la hacher. Placer le basilic, l'ail, les pignons et le romano dans un hachoir à piston et les broyer. Mettre le tout dans un petit bol.

4 Ajouter l'huile d'olive, le jus de citron, le bouillon ou 2 cuillerées à soupe d'eau, du sel et du poivre au mélange à base de basilic et verser le tout sur la salade. Mélanger les ingrédients et les assaisonner. Dresser la salade dans des coupelles individuelles, garnir d'olives et servir.

Astuce :
Idée de garniture : sur une brochette en bois, piquer des olives et des petites boules de mozzarella. Ajouter une touche de couleur en embrochant une demi-tomate cerise çà et là. Disposer une ou deux brochettes sur chaque part de salade.

Pour 4 personnes
400 g de tagliatelles vertes
Sel
12 tomates cerises (250 g)
2 petits concombres
1 botte de roquette
1 oignon rouge
200 g de petites boules de mozzarella
1 botte de basilic
1 gousse d'ail
1 c. à s. de pignons
3 c. à s. de romano mi-vieux râpé
6 c. à s. d'huile d'olive
3 c. à s. de jus de citron
2 c. à s. de bouillon de légumes
Poivre noir du moulin
Quelques olives noires pour la garniture

Par personne
750 kcal, 28 g de protéines,
37 g de lipides, 75 g de glucides
Préparation : 40 minutes

149

Salade de nouilles chinoises
à la sauce aigre-douce

Pour 4 personnes
200 g de nouilles chinoises
250 g de champignons shiitake frais
  (1 barquette)
1 gousse d'ail
200 g de chou chinois
2 carottes
1 piment chili rouge
3 cm de gingembre frais
3 c. à s. d'huile de tournesol
2 c. à s. de sauce au soja
1 c. à s. de vinaigre de riz
1 c. à s. de jus de lime
2 c. à t. de cassonade
Sel
Poivre noir du moulin

Par personne
325 kcal, 9 g de protéines,
11 g de lipides, 48 g de glucides
Préparation : 30 minutes

1 Plonger les nouilles chinoises dans de l'eau bouillante et les laisser gonfler 10 minutes. Nettoyer les champignons shiitake avec du papier essuie-tout, ôter leurs pieds et couper les chapeaux en lanières. Éplucher l'ail et le hacher finement.

2 Parer le chou chinois, le laver puis l'égoutter. Couper ses feuilles en fines lanières. Parer les carottes, les laver, les éplucher puis les détailler en julienne. Partager le piment chili en deux, l'épépiner, le laver puis le couper en fines lanières. Éplucher le gingembre et le hacher. Égoutter les nouilles et les couper en petits tronçons.

3 Dans un saladier, mélanger le chou chinois, les carottes et les nouilles. Dans une poêle, faire chauffer l'huile et faire revenir les champignons. Ajouter l'ail et le gingembre et les faire revenir pendant 3 minutes. Déglacer avec la sauce au soja et le vinaigre de riz puis retirer la poêle du feu. Assaisonner le bouillon avec le jus de lime, du sel, du poivre et la cassonade. Laisser refroidir.

4 Verser le bouillon et les champignons sur les autres ingrédients et mélanger le tout. Rectifier l'assaisonnement de la salade avec le sel, le poivre et le vinaigre. Dresser la salade dans des petits bols individuels. Parsemer de lanières de chili et servir.

À savoir :
Ne jamais faire bouillir les nouilles chinoises mais les laisser gonfler dans de l'eau chaude. Une fois bien ramollies, il est facile de les couper en petits tronçons avec des ciseaux de cuisine.

Couper les carottes en julienne
1 Selon la grosseur des carottes, les couper en un ou plusieurs tronçons à l'aide d'un couteau bien aiguisé. Puis couper les légumes dans le sens de la longueur en fines tranches.

2 Superposer 2 à 3 tranches de carottes et les couper dans le sens de la longueur en petits bâtonnets de la taille d'une allumette.

Salade d'orecchiettes
au thon et à l'aïoli

Pour 4 personnes

350 g d'orecchiettes
   (pâtes creuses en forme d'oreille)
Sel
250 g d'asperges vertes (½ botte)
1 courgette bien ferme
1 poivron orange
200 g (1 tasse) de thon à l'eau
1 tasse d'olives vertes dénoyautées
2 à 3 c. à s. de vinaigre de vin rouge
2 c. à s. d'huile de tournesol
Poivre noir du moulin
1 c. à t. d'herbes de Provence
Aïoli
2 gousses d'ail
½ c. à t. de sel
1 jaune d'œuf extrafrais
1 c. à s. de vinaigre de vin blanc
150 ml d'huile d'olive
1 c. à s. de jus de citron
Poivre

Par personne

530 kcal, 25 g de protéines,
39 g de lipides, 64 g de glucides
Préparation : 40 minutes

1 Faire cuire les orecchiettes dans une grande quantité d'eau salée, les égoutter puis les laisser refroidir. Laver les asperges, couper leur extrémité filandreuse et éplucher au besoin la partie inférieure des tiges. Tronçonner celles-ci en plusieurs morceaux. Verser environ 3 cm d'eau dans un autocuiseur. Placer le panier garni des asperges sur son support et faire cuire les légumes à la vapeur 10 à 12 minutes. Les laisser refroidir.

2 Épépiner la courgette, la laver et l'émincer finement. Couper le poivron en deux, l'épépiner, le laver et le couper en dés. Égoutter le thon et le réduire en morceaux. Hacher les olives très finement.

3 Pour la vinaigrette, battre énergiquement au fouet dans un grand saladier le vinaigre de vin rouge, l'huile de tournesol, le sel, le poivre et les herbes de Provence. Incorporer les olives. Ajouter les orecchiettes, les asperges, la courgette et le poivron dans le saladier et mélanger le tout.

4 Pour préparer l'aïoli, faire réchauffer tous les ingrédients à température ambiante afin que la sauce ne coule pas. Éplucher les gousses d'ail et les hacher grossièrement. Les travailler dans un mortier avec le sel jusqu'à obtenir une pâte fine. À l'aide du batteur, battre l'ail, le jaune d'œuf et ½ cuillerée à soupe de vinaigre de vin blanc jusqu'à ce que la sauce devienne onctueuse. Incorporer l'huile d'olive tout d'abord goutte à goutte puis en un mince filet. Continuer à battre la sauce afin de lui donner une consistance de mayonnaise ferme. L'assaisonner généreusement avec la ½ cuillerée à soupe de vinaigre restante, le jus de citron, du sel et du poivre.

5 Dresser la salade dans des bols ou des assiettes en disposant par-dessus les morceaux de thon. Répartir la moitié de l'aïoli par petites touches dans les bols. Conserver l'autre moitié dans une boîte hermétique et l'utiliser pour une autre recette. De la baguette encore chaude accompagnera délicieusement cette salade.

Salade de pâtes et de poivrons au thon

Faire cuire al dente 350 g de coquillettes dans une grande quantité d'eau salée, les égoutter puis les laisser refroidir. Partager en deux 1 poivron rouge, 1 orange et 1 jaune. Les épépiner, les laver et les couper en morceaux. Parer 2 oignons verts, les laver et les émincer. Égoutter 300 g (1½ tasse) de thon à l'huile et l'écraser entièrement. Dans un grand saladier, battre 3 c. à s. de vinaigre de vin rouge, 1 c. à s. d'huile d'olive, 1 c. à t. d'origan déshydraté, du sel, du poivre noir. Mélanger le thon, les oignons verts, les pâtes et les poivrons, et laisser reposer le tout quelques minutes. Pour finir, ajouter à la salade 2 c. à s. de persil frais haché et l'accompagner d'une baguette encore chaude.

Poivrons farcis de pâtes
et de légumes

Pour 4 personnes
250 g de pâtes (petits coudes)
Sel
100 g de maïs en grains (½ boîte)
4 cornichons
1 oignon blanc
1 poivron vert
2 poivrons rouges et 2 jaunes
150 g de cheddar ou d'emmenthal
½ botte de basilic
Poivre
Jus de citron pour l'assaisonnement
Sauce
2 c. à s. de vinaigre de vin blanc
2 c. à s. d'huile de pépins de raisin
½ tasse de crème fouettée
Sel aux fines herbes
Poivre noir du moulin

154

Par personne
520 kcal, 20 g de protéines,
25 g de lipides, 53 g de glucides
Préparation : 40 minutes

1 Faire cuire les pâtes dans une grande quantité d'eau légèrement salée, les égoutter puis les laisser refroidir. Égoutter le maïs. Couper les cornichons en brunoise. Éplucher l'oignon et le ciseler finement.

2 Couper le poivron vert en deux, l'épépiner, le laver et le détailler en petits morceaux. Couper en deux les poivrons rouges et jaunes, les épépiner sans enlever le pédoncule, les laver puis les égoutter. Écroûter le fromage et le couper en dés de 2 cm.

3 Pour la sauce, mélanger dans un grand saladier le vinaigre, l'huile de pépins de raisin et la crème. Saler généreusement et poivrer. Incorporer les dés de poivron vert, de fromage, le maïs, les cornichons, l'oignon et les pâtes puis mélanger le tout.

4 Nettoyer le basilic à sec avec du papier essuie-tout. Couper deux tiers de ses feuilles en fines lanières et les incorporer à la salade. Saler, poivrer et assaisonner avec le jus de citron. Disposer le tout dans les moitiés de poivrons. Garnir avec le reste de basilic et servir aussitôt accompagné de tranches de pain de campagne grillées.

Astuce :
Crus, les poivrons – surtout les rouges – sont très riches en vitamine C. Pour préserver leurs qualités, les conserver dans un endroit sombre et frais, quelques jours seulement.

Salade de pâtes
aux poivrons grillés

Faire cuire 400 g de farfalles (pâtes papillons) dans de l'eau salée. Les égoutter puis les laisser refroidir. Faire griller 6 poivrons rouges pointus dans un four préchauffé à 250 °C (475 °F) pendant 20 à 25 minutes, jusqu'à ce que leur peau soit noire et boursouflée. Retirer les poivrons du four, les recouvrir d'un torchon mouillé et laisser reposer 5 minutes.
Les peler, les épépiner puis les couper en gros morceaux de 4 cm. Éplucher une gousse d'ail et la hacher finement. Parer une botte de roquette, la laver puis couper ses feuilles en petits morceaux. Préparer une vinaigrette en mélangeant 4 c. à s. d'huile d'olive, 2 c. à s. de vinaigre balsamique blanc, 2 c. à s. de jus de citron, ½ c. à t. de moutarde de Dijon, l'ail, du sel et du poivre. La mélanger à la salade, parsemer de lanières de basilic et servir.

Un grand classique

Taboulé
au persil et à la menthe

Pour 4 personnes

1 tasse de boulgour ou de couscous fin
2 tomates moyennes (300 g) parfumées
3 petits concombres fermes
½ botte d'oignons verts
2 bottes de persil plat
  (environ 150 g)
1 botte de menthe fraîche
5 à 6 c. à s. de jus de citron
4 c. à s. d'huile d'olive
Sel
Poivre noir du moulin
1 cœur de romaine
Quelques feuilles de romaine
  pour la garniture
Fines herbes et quartiers de tomate
  pour la garniture (facultatif)

Par personne

300 kcal, 7 g de protéines,
13 g de lipides, 38 g de glucides
Préparation : 35 minutes
Trempage : 4 heures
Marinage : 30 minutes

Astuce :

On peut se procurer du boulgour
et du couscous dans les magasins
de produits biologiques et dans
les supermarchés. Le boulgour
instantané ne doit pas tremper
plus de 30 minutes, et il suffit
de 5 minutes au couscous instantané
pour gonfler.

1 Verser le boulgour ou le couscous dans un récipient rempli d'eau froide et laisser gonfler 4 heures. Ou utiliser du boulgour instantané ou du couscous instantané (voir *Astuce,* ci-dessous).

2 Laver les tomates, les couper en deux et ôter leurs pédoncules. Laver et éplucher les concombres. Couper les tomates et les concombres en fine brunoise. Parer les oignons verts, les laver et les émincer.

3 Laver le persil et la menthe, les essorer puis hacher finement leurs feuilles. Égoutter le boulgour ou le couscous dans une passoire à mailles fines puis le verser dans un grand saladier.

4 Ajouter tous les ingrédients préparés. Mélanger le jus de citron, l'huile d'olive, du sel et du poivre ; verser sur la salade puis tourner celle-ci. Laisser reposer 30 minutes.

5 Laver le cœur et les feuilles de la romaine puis les essorer. Couper le cœur en lanières et dresser les feuilles sur un grand plat. Saler le taboulé, verser le jus de citron puis incorporer les lanières de laitue. Répartir le taboulé sur les feuilles de romaine. Garnir selon vos goûts de fines herbes et de quartiers de tomate. Servir avec un pain pita encore chaud et de la feta.

Salade de blé et de haricots
garnie de jambon et de raifort

Pour 4 personnes

1 tasse (200 g) de blé étuvé
400 ml de bouillon de légumes
400 g de haricots verts
Sel
250 g de jambon forêt noire
1 petite laitue iceberg
2 c. à s. de crème à 35 %
½ tasse de crème fouettée
½ à 1 c. à s. de raifort râpé
2 c. à s. de vinaigre de vin blanc
Poivre noir du moulin
½ botte de persil plat

Par personne

110 kcal, 6 g de protéines,
5 g de lipides, 10 g de glucides
Préparation : 20 minutes
Cuisson : 20 à 25 minutes
Repos : 30 à 50 minutes

Le blé étuvé

Ce blé décortiqué, précuit à la vapeur, est prêt en 20 à 25 minutes. La cuisson n'enlève rien à la forme ni à la fermeté des grains. Le procédé spécial d'étuvage permet au blé de conserver autant de vitamines et d'oligoéléments que le blé non décortiqué. On peut trouver ce type de céréales dans les supermarchés bien approvisionnés. Le blé étuvé peut être remplacé par de l'épeautre, vendu dans les magasins de produits biologiques.

1 Si besoin, laver et égoutter le blé. Le verser dans une casserole avec le bouillon. Porter le tout à ébullition à découvert, puis faire cuire 20 à 25 minutes à moitié couvert et à feu doux. À la fin de la cuisson, découvrir totalement la casserole et laisser refroidir le blé 30 à 50 minutes en l'égrenant de temps en temps à la fourchette.

2 Ébouter les haricots, les laver et les couper en tronçons de 4 cm de long. Les verser dans un faitout avec ½ tasse d'eau, ajouter le sel puis les faire cuire 12 à 15 minutes. Les retirer du feu et les laisser refroidir.

3 Couper le jambon en dés de 1,5 cm. Parer la laitue iceberg, la laver puis l'égoutter. Couper les feuilles en morceaux de 3 cm et les dresser sur un plat. Égoutter les haricots en recueillant le bouillon de cuisson. Dans un grand récipient, verser les haricots, 4 cuillerées à soupe de bouillon, le jambon et le blé puis mélanger le tout.

4 Dans un bol, battre énergiquement au fouet les deux types de crèmes, le raifort, 1 cuillerée à soupe de vinaigre, le sel et le poivre. Verser la sauce sur la salade de blé, tourner celle-ci et la laisser reposer un instant. Laver le persil et l'essorer. L'effeuiller et le hacher finement. Assaisonner la salade avec le vinaigre restant, du sel et du poivre. Si elle paraît trop desséchée, ajouter un peu de bouillon de cuisson des haricots. Disposer les ingrédients de la salade sur les feuilles d'iceberg, parsemer de persil haché et servir.

Salade d'épeautre
à l'esturgeon, aux concombres et à l'aneth

Préparer 1 tasse (200 g) d'épeautre comme le blé étuvé de la recette ci-contre et le laisser refroidir. Laver 3 petits concombres, les épépiner et les émincer en fines rondelles. Dans un grand saladier, verser 3 c. à s. d'huile de canola, 4 c. à s. de jus de citron et le sel aux fines herbes. Fouetter le tout énergiquement jusqu'à obtenir une vinaigrette. Laver 1 botte d'aneth, l'essorer et hacher finement ses pointes. Couper 250 g de darne d'esturgeon fumé en morceaux de 2 cm. Verser la vinaigrette sur l'épeautre, les concombres et l'aneth et mélanger le tout. Assaisonner la salade ; pour finir, incorporer les morceaux d'esturgeon. Dresser la salade sur un lit de feuilles d'iceberg et la garnir de branches d'aneth et de rondelles de citron.

Salade de blé vert, trévise et artichauts

Pour 4 personnes

1 tasse (200 g) de blé vert
400 ml de bouillon de légumes
1 feuille de laurier
200 g de fonds d'artichaut (en conserve)
1 trévise
2 grosses tomates
1 branche de romarin
4 branches de marjolaine
4 c. à s. d'huile d'olive
2 à 3 c. à s. de jus de citron
1 c. à s. de vinaigre balsamique
Sel
Poivre noir du moulin
150 g de ricotta salée

Par personne

395 kcal, 12 g de protéines,
20 g de lipides, 40 g de glucides
Préparation : 25 minutes
Cuisson : 40 à 60 minutes
Repos : 30 à 50 minutes
Marinage : 1 heure

1 Verser le blé vert, le bouillon de légumes et la feuille de laurier dans une casserole, porter à ébullition à découvert puis faire cuire 40 à 60 minutes, à moitié couvert et à feu doux. Retirer la feuille de laurier ; à la fin de la cuisson, découvrir totalement la casserole puis laisser refroidir 30 à 50 minutes en égrenant le blé de temps en temps à la fourchette.

2 Égoutter les fonds d'artichaut puis les détailler en cubes de 3 cm. Parer la laitue de Trévise, la laver et l'essorer. Couper les feuilles en lanières de 4 cm de long et de 2 cm de large. Partager les tomates en deux, ôter les graines et les pédoncules. Couper la chair en dés de 2 cm.

3 Laver les fines herbes et les essorer. Hacher finement les aiguilles et les feuilles. Dans un grand saladier, battre énergiquement les fines herbes, l'huile d'olive, 2 cuillerées à soupe de jus de citron, le vinaigre balsamique, le sel et le poivre. Ajouter le blé vert, les artichauts, la trévise et les tomates puis mélanger le tout.

4 Laisser reposer la salade 1 heure à couvert puis saler, poivrer et assaisonner généreusement de jus de citron. Couper la ricotta salée en cubes de 1 cm et les ajouter à la salade. Servir aussitôt.

Astuce :

La ricotta salée, fromage italien frais et dur, peut être remplacée par du bergère des Appalaches ou par un autre fromage de brebis doux. Le romano ou le parmesan apportent à la salade une touche épicée.

Salade de blé vert aux tomates et poivrons, sauce au yogourt et au fromage de brebis

Préparer et laisser refroidir 1 tasse (200 g) de blé vert selon les indications de la recette ci-contre. Couper également 2 grosses tomates comme dans la recette. Partager en deux 1 poivron rouge et 1 vert, les épépiner, les laver et les couper en dés. Parer 3 oignons verts, les laver et les émincer finement. Verser le blé vert et les légumes dans un grand saladier. Pour préparer la sauce, râper finement 100 g de fromage de brebis bulgare ou grec et le mettre dans un saladier. Ajouter 2/3 tasse de yogourt nature, 2 c. à s. d'huile d'olive, 1 c. à s. de vinaigre de vin blanc, 2 c. à s. de jus de citron, du sel et du poivre et mélanger le tout. Verser la sauce sur les ingrédients de la salade puis tourner. Parsemer celle-ci de 2 c. à s. de persil frais haché et servir immédiatement.

Salade de riz aux légumes variés et à la tête fromagée

Faire cuire puis refroidir ¾ tasse de riz selon les indications de la recette ci-contre. Faire cuire 1 petit sac de mélange de légumes surgelés dans 150 ml de bouillon de légumes ou en respectant les indications du paquet puis les laisser refroidir. Retirer les légumes du bouillon et les verser dans un saladier avec le riz. Pour la sauce, mélanger 1¾ tasse de crème sure, 2 c. à s. de vinaigre de vin blanc, 2 c. à s. de lait, du sel aux fines herbes et du poivre. Verser la sauce dans la salade et mélanger. Couper 200 g de tête fromagée en dés et les incorporer à la salade. Parsemer le tout de 2 c. à s. de persil frais haché et servir aussitôt.

Salade de riz
aux brocolis et au salami

1 Verser le riz et le bouillon de légumes dans une casserole et porter à ébullition à découvert. Faire cuire le riz 20 à 30 minutes à moitié couvert et à feu doux. À la fin de la cuisson, découvrir totalement la casserole et laisser refroidir 30 à 50 minutes en égrenant de temps à autre les grains de riz à la fourchette.

2 Laver les brocolis, les parer et les couper en petits morceaux. Les placer dans le panier vapeur d'un autocuiseur. Verser 3 cm d'eau dans celui-ci et poser le panier sur son support. Faire cuire les brocolis 8 à 12 minutes. Les sortir de l'autocuiseur et les laisser refroidir. Mettre de côté l'eau de cuisson.

3 Diviser le poivron en deux, l'épépiner, le laver et le couper en morceaux de 2 cm. Éplucher l'oignon et le ciseler finement. Éplucher le salami et le trancher finement.

4 Pour préparer la sauce, verser dans un grand saladier la mayonnaise, le yogourt, 1 cuillerée à soupe de vinaigre, l'huile, le sel aux fines herbes et le poivre, puis fouetter le tout jusqu'à obtenir un mélange crémeux. Incorporer le riz, les légumes et le salami et mélanger. Si la salade paraît trop desséchée, rajouter 3 à 4 cuillerées à soupe d'eau de cuisson des brocolis.

5 Laver le thym, l'effeuiller et le hacher finement. Mélanger la moitié du thym à la salade puis assaisonner celle-ci avec le vinaigre, du sel et du poivre. Dresser la salade de riz dans de petites coupelles et éparpiller le paprika et le reste du thym.

Astuce :
Cette salade est aussi délicieuse avec du chorizo, saucisse espagnole parfumée au paprika. Couper la saucisse en tranches, les faire griller et les répartir sur la salade. Les tranches de chorizo grillées sont plus croustillantes et moins grasses.

Pour 4 personnes
¾ tasse de riz long étuvé
300 à 350 ml de bouillon de légumes
2 tasses de brocolis
1 poivron jaune
1 oignon blanc
200 g de salami au paprika non tranché
3 branches de thym frais
½ c. à t. de paprika doux
Sauce
3 c. à s. de mayonnaise allégée
⅔ tasse de yogourt
1 à 2 c. à s. de vinaigre de vin blanc
1 c. à s. d'huile d'olive
Sel aux fines herbes
Poivre noir du moulin

Par personne
500 kcal, 17 g de protéines,
32 g de lipides, 37 g de glucides
Préparation : 25 minutes
Cuisson : 20 à 30 minutes
Repos : 30 à 50 minutes

163

Salade de riz exotique
à l'ananas

164

Astuce :
Si l'on utilise de l'ananas frais,
faire cuire les morceaux à l'étuvée
2 minutes dans ½ tasse de vin blanc
sec ou dans de l'eau additionnée
de jus de citron. Ainsi, ils ne
rendront pas la sauce amère.

1   Verser le riz dans une casserole
remplie de 1¾ tasse d'eau
additionnée de ½ cuillerée à thé de
sel. Porter à ébullition et faire cuire
20 à 25 minutes à moitié couvert et
à feu doux. À la fin de la cuisson,
découvrir totalement la casserole
et laisser le riz refroidir 30 à
50 minutes en l'égrenant de temps
en temps à la fourchette.

2   Égoutter l'ananas en conserve
et, si nécessaire, le couper en
morceaux. Nettoyer les champignons
avec du papier essuie-tout ; couper
l'extrémité des pieds. Les détailler
en morceaux.

3   Laver le céleri, le parer
et le couper en fines lanières.
Mettre de côté quelques feuilles
vertes. Parer les oignons verts,
les laver et les émincer finement.
Mettre de côté quelques rondelles
d'oignon vert pour la garniture.
Verser le riz, l'ananas et les légumes
dans un grand saladier et mélanger.

4   Pour la sauce, battre dans
un bol la crème à 35 %, le lait,
le vinaigre de framboise, l'huile,
un peu de sel, le gingembre, le curry
et le sambal oelek jusqu'à obtenir
une consistance onctueuse.
Verser la sauce sur la salade
et mélanger.

5   Laver le chou chinois, l'essorer
et le couper en lanières. Disposer
celles-ci sur des assiettes. Dresser
la salade de riz sur les feuilles.
Garnir de petites feuilles de céleri
et de rondelles d'oignon vert et
servir.

Salade de tagliatelles
aux carottes et à la mangue

Pour 4 personnes

300 g de tagliatelles larges
Sel
4 grosses carottes
3 c. à s. d'huile de tournesol
1 c. à t. de cassonade
1 c. à t. de gingembre en poudre
½ c. à t. de citronnelle en poudre
100 ml de bouillon de légumes
1 mangue bien mûre
1 tasse de yogourt nature
3 c. à s. de jus d'orange
1 citron non traité
Poivre noir du moulin
2 c. à s. de graines de citrouille

166

Par personne
520 kcal, 15 g de protéines,
18 g de lipides, 71 g de glucides
Préparation : 40 minutes

1 Faire cuire les tagliatelles al dente dans une grande quantité d'eau légèrement salée, suivant les indications de cuisson sur le paquet. Les égoutter, les rafraîchir puis les laisser refroidir. Parer les carottes, les laver puis les couper dans la longueur en larges et fines lanières avec un économe ou un couteau bien aiguisé.

2 Dans une sauteuse non adhésive, faire chauffer 2 cuillerées à soupe d'huile puis faire revenir les lanières de carotte de chaque côté. Les saupoudrer de cassonade et les faire légèrement caraméliser. Parsemer de gingembre et de citronnelle en poudre et remuer.

3 Verser le bouillon de légumes dans la sauteuse et faire cuire les carottes 3 à 4 minutes. Retirer du feu et laisser refroidir.

4 Éplucher la mangue et couper la chair du fruit en dés jusqu'au noyau en recueillant le jus.

5 Pour la sauce, verser dans un bol le yogourt, 1 cuillerée à soupe d'huile, le jus d'orange et celui de la mangue. Laver soigneusement le citron et le sécher. Sur une moitié de fruit, prélever des lanières de zeste et les mettre de côté. Presser les moitiés de citron. Incorporer 2 cuillerées à soupe de jus de citron, le sel et le poivre aux autres ingrédients de la sauce et mélanger le tout.

6 Mélanger doucement les pâtes, les carottes et la mangue puis les dresser dans des coupelles individuelles. Disposer la sauce sur la salade et parsemer de graines de citrouille et de zeste de citron. Servir.

Couper une mangue en dés
1 Éplucher finement toute la mangue et ôter son pédoncule. La poser de préférence sur une planche à découper pourvue d'une rigole d'écoulement pour recueillir le jus.

2 Entailler un côté aplati de la mangue plusieurs fois en travers en découpant des lanières distantes d'environ 1,5 cm, puis dans le sens de la longueur jusqu'au noyau de façon à quadriller le fruit.

3 Couper ensuite à ras du noyau afin que la chair du fruit se détache en petits dés. Procéder de la même manière sur l'autre face aplatie.

Nids de tagliatelles
au tartare
de légumes

Faire cuire puis égoutter 300 g
de tagliatelles selon les indications
de la recette ci-contre.
Pour la vinaigrette, mélanger
2 c. à s. d'huile d'olive, 2 c. à s.
de vinaigre de xérès, 1 c. à s. de jus
de citron, saler et poivrer. Verser
la vinaigrette et les pâtes dans
un saladier, mélanger et laisser
refroidir. Disposer les tagliatelles
sur des assiettes à l'aide d'une
fourchette de façon à former un
petit nid. Dresser ainsi 3 nids dans
chaque assiette. Pour préparer
le tartare de légumes, épépiner
1 poivron rouge, 1 vert, 1 concombre
et 2 tomates ; laver ces légumes et
les couper en fine brunoise.

Éplucher 1 oignon rouge et 1 gousse
d'ail puis les ciseler finement.
Mettre tous les légumes dans
un saladier. Incorporer 4 c. à s.
de crème à 35 %, 1 c. à s. de jus
de citron, du sel, du poivre noir
et 1 c. à t. d'origan déshydraté.
Disposer le tartare sur les
tagliatelles, parsemer 2 c. à s.
de fromage de brebis râpé
et garnir de feuilles de basilic.
Servir aussitôt.

Salade de millet pimentée
au chou-fleur

Pour 4 personnes
¾ tasse de millet
300 ml de bouillon de légumes
2 tasses de chou-fleur
4 tomates
½ tasse d'olives vertes farcies au poivron
100 g de jambon de Parme
Vinaigrette
6 tomates séchées marinées dans l'huile
4 c. à s. d'huile d'olive
2 à 3 c. à s. de vinaigre balsamique
1 c. à s. de jus de citron
Sel
Poivre noir du moulin
Quelques gouttes de Tabasco
½ c. à t. d'origan déshydraté

Par personne
350 kcal, 11 g de protéines,
18 g de lipides, 29 g de glucides
Préparation : 25 minutes
Cuisson : 20 à 30 minutes
Marinage : 30 minutes

1 Dans un égouttoir, laver le millet sous l'eau chaude. Le verser dans une casserole, ajouter le bouillon de légumes et porter à ébullition à découvert. Faire cuire à moitié couvert 20 à 30 minutes. À la fin de la cuisson, découvrir totalement la casserole et égrener de temps en temps le millet à la fourchette.

2 Parer le chou-fleur, le laver et le diviser en fleurettes. Mettre celles-ci dans un panier vapeur. Verser environ 3 cm d'eau dans un autocuiseur et placer le panier sur son support. Laisser cuire le chou-fleur 12 à 14 minutes, puis le laisser refroidir.

3 Laver les tomates, ôter le pédoncule et les couper en morceaux. Détailler les olives en rondelles. Enlever la couenne du jambon et couper celui-ci en lanières. Mélanger le millet, le chou-fleur et les tomates dans un grand saladier.

4 Pour préparer la vinaigrette, faire égoutter les tomates séchées et les hacher en petits morceaux. Dans un petit bol, battre énergiquement au fouet l'huile d'olive, 2 cuillerées à soupe de vinaigre balsamique, le jus de citron, le sel, le poivre, le Tabasco et l'origan. Ajouter les tomates séchées. Mélanger la vinaigrette à la salade de millet. La réserver au frais et la laisser reposer à couvert pendant 30 minutes.

5 Avant de servir, rectifier l'assaisonnement avec du sel, du poivre, du vinaigre balsamique et du Tabasco. Garnir avec les olives et le jambon puis servir immédiatement.

169

Salade de millet
aux fines herbes

Préparer et faire refroidir ¾ tasse de millet selon les indications de la recette ci-dessus. Laver 1 sac d'épinards tendres, les parer, les essorer puis les couper en petits morceaux. Laver 5 branches de menthe et 5 d'aneth, 5 brins de persil plat et environ 10 feuilles de pissenlit et 10 autres d'oseille. Les essorer puis les hacher finement. Dans un saladier, mélanger le millet, les épinards et les fines herbes. Laver 12 tomates cerises, les partager en quatre et les ajouter aux autres ingrédients. Pour la sauce, mélanger ½ tasse de kéfir, ¼ tasse de crème à 35 %, 2 c. à s. de jus de citron, 1 c. à s. d'huile de lin, du sel aux fines herbes et du poivre jusqu'à obtenir une consistance crémeuse. Dresser les ingrédients sur des assiettes et déposer un peu de sauce sur chaque part de salade.

Salade de pâtes aux petits pois et aux saucisses

1 Faire cuire les pâtes al dente dans une grande quantité d'eau légèrement salée, suivant les indications de cuisson données sur le paquet. Les égoutter, les rafraîchir puis les laisser refroidir 30 à 50 minutes. Faire cuire les petits pois 5 minutes dans 150 ml d'eau légèrement salée et les laisser refroidir dans leur eau de cuisson.

2 Couper les cornichons en brunoise. Déballer la saucisse de bœuf ou la saucisse de Lyon et la couper en cubes de 1,5 cm environ. Égoutter les petits pois et recueillir leur eau de cuisson. Dans un grand saladier, mettre les pâtes, les petits pois, les cornichons et la saucisse. Mélanger le tout soigneusement.

3 Pour préparer la sauce, mélanger dans un bol la mayonnaise, le yogourt, 4 cuillerées à soupe d'eau de cuisson des petits pois et 2 cuillerées à soupe de vinaigre. Battre les ingrédients jusqu'à obtenir une consistance onctueuse. Saler et poivrer généreusement la sauce, la verser sur la salade puis mélanger. La réserver au frais et à couvert et la laisser reposer 1 heure.

4 Laver le persil, l'essorer et hacher finement ses feuilles. Laver les tomates, enlever le pédoncule puis les couper en huit. Rectifier l'assaisonnement en ajoutant au besoin du vinaigre puis incorporer le persil. Garnir la salade avec les quartiers de tomate puis la servir aussitôt.

Pour 4 personnes

300 g de pâtes torsades
Sel
250 g de petits pois surgelés
10 cornichons
300 g de saucisse de bœuf
   ou de saucisse de Lyon en couronne
150 ml de mayonnaise allégée
⅓ tasse de yogourt
2 à 3 c. à s. de vinaigre de vin blanc
Poivre noir du moulin
½ botte de persil frisé
3 tomates

Par personne

730 kcal, 25 g de protéines,
40 g de lipides, 65 g de glucides
Préparation : 25 minutes
Repos : 30 à 50 minutes
Marinage : 1 heure

Astuce :
Cette salade se marie très bien également avec de mini-saucisses cocktail, qui rencontrent un vif succès auprès des enfants.

Salade de farfalles
aux gourganes et aux courgettes

Faire cuire 300 g de farfalles, les égoutter, les passer sous l'eau froide puis les laisser refroidir. Éplucher 2 échalotes et les ciseler finement. Épépiner 2 courgettes, les laver et les couper en rondelles.

Dans une poêle non adhésive, faire chauffer 3 c. à s. d'huile d'olive et faire blondir les échalotes. Ajouter les courgettes et 250 g de gourganes fraîches ou surgelées ; les faire cuire à l'étuvée sans cesser de remuer. Ajouter 100 ml de bouillon de légumes et faire cuire les légumes 10 minutes supplémentaires à couvert et à feu moyen. Les retirer ensuite du feu et

les laisser refroidir. Assaisonner généreusement les légumes avec du sel, du poivre, du poivre de Cayenne, 2 à 3 c. à s. de jus de citron et 1 c. à t. de cumin en poudre. Dans un saladier, mélanger les légumes et les pâtes. Réserver au frais et à couvert pendant 1 heure. Si nécessaire, ajouter du sel, du poivre de Cayenne et du jus de citron. Parsemer de persil haché.

Salade de farfalles
aux haricots beurre

1 Faire cuire les pâtes al dente dans une grande quantité d'eau légèrement salée, suivant les indications de cuisson inscrites sur le paquet. Bien les égoutter, les rafraîchir et les laisser refroidir.

2 Laver les haricots beurre, les ébouter et les effiler. Couper les haricots les plus longs en deux. Les mettre ensuite dans une casserole avec 3 branches de sarriette et ½ cuillerée à thé de sel. Ajouter environ 150 ml d'eau et faire cuire les haricots à couvert 12 à 15 minutes. Les laisser refroidir dans leur bouillon de cuisson.

3 Éplucher les échalotes et les ciseler finement. Ôter la couenne du jambon et couper ce dernier en étroites lanières. Laver le reste de la sarriette, la sécher, l'effeuiller puis la hacher finement. Égoutter les haricots et recueillir le bouillon de cuisson.

4 Dans un grand saladier, mélanger les pâtes, les haricots, les échalotes et le jambon. Pour préparer la sauce, battre dans un autre bol la crème sure, 2 à 3 cuillerées à soupe du bouillon de cuisson des haricots, l'huile de canola, 1 cuillerée à soupe de vinaigre aux fines herbes, du sel, du poivre, le paprika et la sarriette jusqu'à obtenir une consistance crémeuse.

5 Parer les radis, les laver et les couper en quatre. Verser la sauce sur la salade et la tourner. Rectifier son assaisonnement et ajouter au besoin du vinaigre. Dresser la salade sur des assiettes ou dans des bols à salade en la garnissant avec les quartiers de radis.

173

Pour 4 personnes
300 g de farfalles (pâtes papillons)
Sel
400 g de haricots beurre frais
6 branches de sarriette fraîche
2 échalotes
250 g de jambon cuit
1¾ tasse de crème sure
1 c. à s. d'huile de canola
1 à 2 c. à s. de vinaigre aux fines herbes
Poivre noir du moulin
¼ c. à t. de paprika doux
½ botte de radis

Par personne
540 kcal, 24 g de protéines,
23 g de lipides, 59 g de glucides
Préparation : 40 minutes

Astuce :
Cette salade est également délicieuse avec des haricots beurre en conserve. Mais elle sera encore meilleure avec des haricots beurre cueillis en été, blanchis puis congelés.

Salade d'orge
aux herbes sauvages

174

La moutarde de fruits

Cette spécialité de Mantoue consiste à faire confire des fruits tels que les pommes, les poires, les coings, les figues ou les pastèques puis à les affiner avec de l'essence de moutarde. Les fruits, à la fois sucrés et piquants, s'accordent à merveille avec les fromages forts, la viande grillée et les rôtis. Finement hachés, ils apportent aux sauces une note épicée et raffinée. On peut trouver cette moutarde dans les épiceries fines, dans les supermarchés très bien approvisionnés ou dans les épiceries italiennes.

1 Dans une casserole, verser le bouillon de légumes, l'orge et la feuille de laurier. Porter à ébullition et faire cuire 40 à 45 minutes, à moitié couvert et à feu doux. Égoutter l'orge et recueillir son bouillon de cuisson. Retirer la feuille de laurier et laisser refroidir l'orge dans la casserole découverte pendant 30 à 50 minutes.

2 Couper les poivrons en deux, les épépiner, les laver et les détailler en morceaux de 1 cm. Pour la vinaigrette, battre énergiquement dans un saladier l'huile de canola, 1 cuillerée à soupe de vinaigre, 4 cuillerées à soupe de bouillon de légumes, du sel et du poivre. Incorporer l'orge et les morceaux de poivron. Réserver la salade au frais et à couvert puis la laisser reposer 1 heure.

3 Pour la sauce, mélanger dans un petit bol les 2 types de crèmes, le jus de citron et la moutarde jusqu'à obtenir une crème lisse. Hacher finement les fruits de la moutarde italienne et les ajouter à la sauce. Assaisonner généreusement cette dernière.

4 Laver et essorer le cresson de fontaine et les feuilles de capucine ; détacher celles-ci des branches. Couper en deux les plus grosses feuilles. Au besoin, nettoyer les fleurs de capucine avec du papier essuie-tout ; sinon les laver rapidement et les sécher avec délicatesse.

5 Dresser les feuilles de cresson et de capucine sur 4 assiettes ; rectifier l'assaisonnement de la salade en ajoutant au besoin du vinaigre et la dresser sur le lit de feuilles. Répartir la sauce dans les assiettes. Parsemer de fleurs de capucine et servir.

Salade d'orge mondé et ses légumes crus

Faire cuire puis refroidir l'orge selon les indications de la recette ci-contre. Éplucher 2 carottes et ½ céleri-rave (150 g), les parer et les râper grossièrement. Parer 1 poireau, le laver et le couper en fines lanières. Laver puis essorer 1 branche de livèche et ½ botte de persil plat. Hacher finement leurs feuilles. Trancher 4 saucisses de Francfort. Préparer une vinaigrette en mélangeant 3 c. à s. d'huile de canola, 3 c. à s. de vinaigre aux fines herbes, 4 c. à s. de bouillon de légumes, du sel, du poivre noir et ½ c. à t. de moutarde mi-forte. Verser tous les ingrédients dans un grand saladier et les mélanger à la vinaigrette. Couvrir la salade, la réserver au frais et la laisser reposer environ 1 heure. Servir aussitôt.

Salade de tortellinis
aux carottes, sauce crémeuse aux fines herbes

Pour 4 personnes

2 œufs

3 carottes moyennes (300 g en tout)

1 petit oignon

1 c. à s. d'huile de canola

150 ml de bouillon de légumes

500 à 600 g de tortellinis frais farcis
  aux épinards et à la ricotta

Sel

½ laitue pommée

½ tasse de crème fouettée

⅓ tasse de yogourt

2 c. à s. de jus de citron

Poivre noir du moulin

½ c. à t. de moutarde aux fines herbes

¼ botte d'aneth

¼ botte de persil plat

Par personne

475 kcal, 17 g de protéines,
33 g de lipides, 30 g de glucides
Préparation : 40 minutes

176

1 Dans une casserole d'eau, faire durcir les œufs. Les passer sous l'eau froide et les laisser refroidir. Parer les carottes, les éplucher et les laver ; creuser 5 étroites cannelures dans la longueur ; les couper ensuite en minces rondelles en forme de fleurs. Éplucher l'oignon et le ciseler finement.

2 Dans une sauteuse non adhésive, faire blondir l'oignon dans l'huile de canola. Ajouter les carottes et les faire revenir rapidement sans cesser de remuer. Verser le bouillon de légumes et faire cuire 5 à 10 minutes, à couvert et à feu moyen. Retirer les légumes du feu et les laisser refroidir. Faire cuire les tortellinis al dente dans une grande quantité d'eau légèrement salée. Les égoutter, les rafraîchir puis les laisser refroidir.

3 Laver la laitue pommée, la parer et l'essorer. Couper les feuilles en gros morceaux puis les disposer sur des assiettes ou un grand plat. Pour préparer la sauce, battre au fouet dans un grand saladier la crème, le yogourt, le jus de citron, le sel, le poivre et la moutarde.

4 Laver l'aneth et le persil puis les essorer. Hacher très finement les brins et les feuilles. Ajouter les fines herbes à la sauce. Incorporer ensuite les carottes et les tortellinis puis mélanger le tout doucement. Écaler les œufs et les couper en quatre. Dresser la salade sur les feuilles de laitue, garnir avec les œufs et servir.

Astuce :
Cette salade est aussi délicieuse avec des tortellinis farcis au saumon ou au fromage ; des tagliatelles vertes peuvent remplacer les tortellinis, mais la salade sera moins nourrissante.

Salade
de tortellinis
aux champignons

Faire cuire 500 g de tortellinis frais, farcis aux épinards et à la ricotta, dans une grande quantité d'eau salée. Les égoutter puis les laisser refroidir. Nettoyer avec du papier essuie-tout des champignons de Paris (2 barquettes) et 300 g de champignons sauvages (chanterelles et cèpes, par exemple). Émincer les champignons. Parer 3 oignons verts, les laver et les couper en petits rouleaux. Éplucher 1 gousse d'ail et la hacher finement. Dans une poêle non adhésive, faire chauffer 2 c. à s. d'huile d'olive puis faire revenir d'abord les oignons verts, ensuite l'ail et enfin les champignons par petites quantités. Déglacer avec 50 ml de marsala sec et 100 ml de fond de veau puis laisser cuire 5 minutes, à couvert et à feu moyen. Retirer les champignons du feu, saler et poivrer généreusement, puis ajouter 1 à 2 c. à s. de vinaigre balsamique blanc et 1 c. à s. d'huile d'olive. Laisser les champignons refroidir. Nettoyer avec du papier essuie-tout 1 botte de basilic, détacher les feuilles et les couper en lanières. Incorporer les tortellinis et le basilic aux champignons. Laisser reposer la salade au frais pendant 1 heure puis servir aussitôt.

Salade de quinoa
à l'avocat et au chorizo

Pour 4 personnes
¾ tasse de quinoa
300 ml de jus de tomate
Sel
1 poivron rouge
1 oignon rouge
1 avocat encore un peu ferme
2 c. à s. de jus de citron
1 boîte de 341 ml de haricots rouges
3 c. à s. d'huile d'olive
2 c. à s. de vinaigre de vin rouge
1 à 2 c. à s. de jus de lime
Poivre noir du moulin
½ c. à t. de cumin en poudre
1 gousse d'ail
150 g de chorizo

178

Par personne
540 kcal, 17 g de protéines,
35 g de lipides, 39 g de glucides
Préparation : 20 minutes
Cuisson : 15 à 20 minutes
Repos : 30 à 50 minutes
Marinage : 1 heure

1 Dans une casserole découverte, porter à ébullition le quinoa, le jus de tomate et ½ cuillerée à thé de sel. Faire cuire environ 15 minutes, à moitié couvert et à feu doux. À la fin de la cuisson, découvrir totalement la casserole et laisser refroidir 30 à 50 minutes en égrenant de temps à autre le quinoa à la fourchette.

2 Couper le poivron en deux, l'épépiner, le laver et le détailler en fine brunoise. Éplucher l'oignon et le ciseler finement. Partager l'avocat en deux et extraire son noyau. Éplucher les deux moitiés et les couper en dés d'environ 1,5 cm. Dans un saladier, arroser les dés d'avocat de jus de citron afin qu'ils ne noircissent pas.

3 Égoutter les haricots rouges et les dés d'avocat. Les verser dans un grand saladier avec le quinoa et les légumes puis mélanger le tout.

4 Pour la vinaigrette, fouetter énergiquement dans un bol l'huile d'olive, le vinaigre de vin rouge, le jus de lime, le sel, le poivre et le cumin en poudre. Éplucher la gousse d'ail, l'écraser avec un presse-ail et l'ajouter à la vinaigrette.

5 Verser la vinaigrette sur la salade et mélanger. La réserver au frais et la laisser reposer 1 heure. La disposer dans un plat creux.

6 Éplucher le chorizo et le couper en tranches de 1 cm d'épaisseur. Faire chauffer une poêle non adhésive et faire revenir la saucisse de tous côtés. La répartir chaude avec sa graisse de cuisson sur la salade puis servir immédiatement.

Salade de quinoa
aux carottes, oignons et pimprenelle

Faire cuire ¾ tasse de quinoa selon les indications de la recette ci-contre, en remplaçant le jus de tomate par de l'eau. Éplucher 3 oignons rouges, les couper en deux et les émincer dans le sens de la longueur. Parer 5 jeunes carottes (300 g), les laver et les émincer. Laver ½ botte de pimprenelle, l'essorer et l'effeuiller. Dans une poêle non adhésive, faire chauffer 2 c. à s. d'huile de tournesol. Verser les carottes et les faire cuire à l'étuvée 8 à 10 minutes sans cesser de remuer. Ajouter les oignons et les faire cuire également à l'étuvée, en rajoutant si besoin un peu d'eau ou de bouillon.

Assaisonner généreusement les légumes avec 4 c. à s. de vin blanc sec, 2 c. à s. de vinaigre de vin blanc, 2 c. à t. de miel, ½ c. à t. de sambal oelek et 1 c. à s. de moutarde mi-forte. Laisser tiédir les ingrédients. Dans un saladier, mélanger les légumes, la pimprenelle et le quinoa, assaisonner puis servir immédiatement.

Un grand classique

Salade de riz asiatique
aux pousses de bambou

Pour 4 personnes

¾ tasse de riz basmati
  ou de riz parfumé
Sel
150 g de pois mange-tout
150 g d'épis de maïs nains
1 poivron rouge
3 oignons verts
1 petite boîte de pousses de bambou
1 morceau de gingembre frais
  (2 cm de long)
3 c. à s. de vinaigre de riz
2 c. à s. de sauce au soja japonaise
2 c. à s. d'huile de tournesol
1 c. à s. de chutney à la mangue mi-fort
½ tasse de noix de cajou grillées

Par personne

395 kcal, 10 g de protéines,
13 g de lipides, 50 g de glucides
Préparation : 40 minutes
Cuisson : 20 à 25 minutes
Repos : 30 à 50 minutes

1 Dans une casserole, verser 300 ml d'eau additionnée de ½ cuillerée à thé de sel ; y ajouter le riz puis porter à ébullition à découvert. Faire cuire 20 à 25 minutes, à moitié couvert et à feu doux. À la fin de la cuisson, découvrir totalement la casserole et laisser refroidir 30 à 50 minutes en égrenant de temps à autre le riz à la fourchette.

2 Parer les pois mange-tout et les épis de maïs nains puis les laver. Porter à ébullition une grande quantité d'eau légèrement salée et faire cuire les pois gourmands 1 minute et les épis de maïs 3 minutes. Les plonger ensuite dans de l'eau très froide, les égoutter et les laisser refroidir. Couper le poivron en deux, l'épépiner, le laver et le détailler en fines lanières. Couper les pois mange-tout en deux et les épis de maïs en trois.

3 Parer les oignons verts, les laver et les hacher finement. Égoutter les pousses de bambou et les couper en minces lamelles. Disposer le riz et les légumes dans un grand saladier et mélanger le tout.

4 Pour la vinaigrette, éplucher le gingembre et le râper finement dans un bol. Ajouter le vinaigre, la sauce au soja, l'huile et le chutney à la mangue. Remuer le tout et saler. Si le chutney comporte beaucoup de morceaux, les écraser à la fourchette avant d'incorporer la sauce à la vinaigrette.

5 Verser la vinaigrette sur la salade et mélanger celle-ci doucement afin que les ingrédients ne se morcellent pas. Dresser la salade dans des bols à salade, la parsemer de noix de cajou et la servir.

Astuce :
On peut se procurer des épis de maïs nains dans les épiceries fines ou dans les supermarchés bien approvisionnés. Les épis marinés dans du vinaigre ne peuvent être employés pour cette recette car ils sont bien trop acides.

 180

Salade de riz safrané au poulet et aux crevettes

Vinaigre de xérès

Bien qu'il soit très doux, le vinaigre de xérès n'en est pas moins parfumé. Il est élevé en fûts de chêne à partir de xérès parvenu à maturité. Utilisé avec des laitues, des salades de légumes, de riz ou encore de viande, ce condiment enchante tous les mets par sa nature épicée et généreuse.

182

Pour 4 personnes

3 c. à s. d'huile d'olive
1 tasse de riz rond
2 sachets de safran moulu (0,1 g chacun)
50 ml de vin blanc sec
1 feuille de laurier
400 ml de bouillon de poulet
100 g de petits pois surgelés
100 g de haricots surgelés
3 c. à s. de jus de citron
2 c. à s. de vinaigre de xérès
Sel
Poivre noir du moulin
1 poivron rouge
2 tomates
2 gros cœurs de romaine
250 g de filets de poulet
12 crevettes moyennes cuites
2 gousses d'ail
2 c. à s. de jus de citron

Par personne
590 kcal, 36 g de protéines,
26 g de lipides, 50 g de glucides
Préparation : 45 minutes
Marinage : 1 heure

1 Dans une casserole, faire chauffer 1½ cuillerée à soupe d'huile d'olive. Ajouter le riz et le safran puis faire blondir sans cesser de remuer. Verser le vin, le bouillon et 50 ml d'eau. Ajouter la feuille de laurier et porter le tout à ébullition. Déposer les petits pois et les haricots sur le riz.

2 Pour la marinade, battre 1½ cuillerée à soupe d'huile d'olive, le jus de citron et le vinaigre de xérès. Saler et poivrer. Égrener le riz à la fourchette et le verser avec les petits pois et les haricots dans un saladier. Vider la marinade par-dessus, mélanger, laisser reposer 1 heure.

3 Couper les filets de poulet en lanières de 1 cm de large, décortiquer les crevettes et les nettoyer. Éplucher les gousses d'ail, les émincer. Mélanger le poulet, les crevettes et l'ail au jus de citron additionné de 1 cuillerée à soupe d'huile d'olive.

4 Épépiner le poivron, le laver et le couper en brunoise. Plonger les tomates dans l'eau bouillante et les monder. Les couper en deux, les épépiner et détailler la chair en petits dés. Saler et poivrer la salade de riz. Incorporer le poivron et les tomates. Laver les cœurs de romaine, les essorer et détacher les feuilles.

5 Dans une poêle en fonte, faire chauffer 3 cuillerée à soupe d'huile puis saisir de tous côtés la viande marinée à l'ail. Ajouter les crevettes et les saisir. Retirer l'ail. Poêler le poulet et les crevettes jusqu'à ce qu'ils soient cuits. Disposer les feuilles de romaine sur un plat et répartir dessus la salade de riz, le poulet et les crevettes. Servir.

À savoir :

Dans cette salade, on peut remplacer les crevettes par des calmars grillés. Des dés de saumon ou d'espadon sont une autre solution tout aussi savoureuse, en particulier pour ceux qui doivent surveiller leur taux de cholestérol.

Décortiquer des crevettes
1 Détacher la tête. Puis, en maintenant d'une main l'extrémité de la queue, faire glisser le pouce de l'autre main sous la carapace puis soulever les anneaux.

2 Entailler le dos de la crevette à l'aide d'un petit couteau pointu. Puis, avec le bout du doigt ou la pointe du couteau, enlever le boyau noir en grattant délicatement la chair.

3 Rincer la crevette sous un jet d'eau froide et l'éponger soigneusement avec un papier essuie-tout. La préparer ensuite selon la recette en la grillant ou en la faisant mariner.

Salade de riz
aux pleurotes poêlés

Faire cuire 1 tasse de riz selon les indications de la recette ci-contre, sans ajouter de safran et en remplaçant le bouillon de poulet par du bouillon de légumes. Laisser le riz refroidir. Le faire tremper dans une marinade élaborée avec 3 c. à s. de pesto vert, 2 c. à s. de vinaigre de vin blanc, 2 c. à s. de jus de citron et 2 c. à s. d'huile d'olive. Saler et poivrer généreusement la marinade. Laver 2 petites courgettes, les épépiner, les couper en quatre dans la longueur puis en dés de 3 cm. Laver ½ botte de persil plat, le sécher puis le hacher finement. Incorporer les courgettes et le persil à la salade puis rectifier l'assaisonnement. Parer 300 à 400 g de pleurotes puis les

émincer. Éplucher 1 gousse d'ail, l'écraser dans le presse-ail. Faire chauffer 3 c. à s. d'huile d'olive et saisir les champignons et l'ail. Déglacer avec 100 ml de vin blanc sec. Saler, poivrer et laisser réduire le vin sans cesser de remuer. Dresser des feuilles de laitue sur quatre assiettes, répartir la salade de riz et disposer une part de champignons poêlés sur chaque assiette. Servir aussitôt.

Pour 4 personnes

1 tasse de riz brun

300 g de petites aubergines

1 gousse d'ail, 5 c. à s. d'huile d'olive

3 grosses tomates

4 brins de menthe fraîche

1 tasse d'olives kalamata

150 g de feta

2 c. à s. d'ajvar
  (purée de poivrons en conserve)

2 à 3 c. à s. de jus de citron

Sel, poivre noir du moulin

½ à 1 c. à t. de paprika

2 cœurs de romaine

Par personne

415 kcal, 11 g de protéines,

31 g de lipides, 22 g de glucides

Préparation : 35 minutes

Trempage : 12 heures

Cuisson : 40 à 45 minutes

Repos : 30 à 50 minutes

Originale pour une soirée

Salade de riz et d'aubergines aux olives et à la feta

1 Dans une casserole, verser le riz et 450 ml d'eau additionnée de ½ cuillerée à thé de sel. Laisser gonfler à couvert pendant une nuit. Ensuite, porter à ébullition à découvert et faire cuire 40 à 45 minutes, à moitié couvert et à feu doux. À la fin de la cuisson, découvrir totalement la casserole et laisser refroidir 30 à 50 minutes en égrenant le riz de temps à autre à la fourchette.

2 Laver et épépiner les aubergines. Éplucher l'ail et le couper en lamelles. Dans une poêle non adhésive, faire chauffer 3 cuillerées à soupe d'huile d'olive. Faire revenir les aubergines de tous côtés environ 10 minutes puis les faire cuire.

3 Ajouter les lamelles d'ail dans la poêle et les faire revenir 2 minutes sans les laisser brunir. Retirer la poêle du feu, saupoudrer les légumes de sel avant de laisser refroidir.

4 Laver les tomates et les couper en deux. Enlever les pédoncules et les graines, couper la chair en dés. Laver puis essorer la menthe. Hacher finement ses feuilles. Égoutter les olives ; couper la feta en cubes de 1 cm.

5 Dans un grand saladier, mélanger l'ajvar, 2 cuillerées à soupe de jus de citron, 2 cuillerées à soupe d'huile d'olive, le sel, le poivre, le paprika et la menthe. Incorporer le riz et les tomates puis mélanger.

6 Parer les cœurs des romaines, les laver, les essorer et les couper en lanières. Les disposer sur un plat ou des assiettes. Saler, poivrer, assaisonner la salade avec le jus de citron puis la dresser sur les lanières de romaine. Garnir avec les aubergines, les olives et la feta. Servir aussitôt.

185

Salade de riz au poivron, sauce à la crème

Préparer 1 tasse de riz selon les indications de la recette ci-dessus et le laisser refroidir. Couper en deux 1 poivron rouge, 1 vert et 1 jaune. Les épépiner, les laver et les couper en dés. Éplucher et ciseler 1 oignon rouge. Éplucher 1 gousse d'ail et la hacher finement. Mélanger tous ces ingrédients dans un saladier. Dans un autre saladier, verser ½ tasse de crème fouettée, 2 c. à s. de crème à 35 %, 2 c. à s. de jus de citron, 2 c. à s. d'ajvar, 1 c. à s. d'huile d'olive, du sel et du poivre. Mélanger le tout jusqu'à obtenir une consistance crémeuse. Verser la sauce sur la salade et mélanger. La parsemer de ½ tasse d'olives noires et de ½ tasse d'olives vertes et servir aussitôt.

Salade de riz sauvage

aux tomates et poivrons

1 Éplucher l'oignon et le ciseler finement. Dans une casserole, faire chauffer 1 cuillerée à soupe d'huile d'olive et faire blondir l'oignon. Ajouter les 2 types de riz et les faire brièvement cuire à l'étuvée sans cesser de remuer. Verser le bouillon de légumes et porter à ébullition à découvert. Puis faire cuire le riz 20 à 25 minutes, à moitié couvert et à feu doux. À la fin de la cuisson, découvrir totalement la casserole et laisser refroidir 30 à 50 minutes en égrenant le riz de temps en temps à la fourchette.

2 Laver les tomates et les couper en deux, enlever les pédoncules et les couper en fines tranches. Laver la roquette puis l'essorer ; éliminer les tiges filandreuses et couper les grandes feuilles en petits morceaux si nécessaire. Faire égoutter les poivrons ; enlever les pédoncules et les graines. Couper la chair en bracelets.

3 Pour préparer la vinaigrette, battre énergiquement au fouet dans un grand saladier 2 cuillerées à soupe de vinaigre, 1 cuillerée à soupe de pesto, 3 cuillerées à soupe d'huile d'olive, du sel et du poivre. Incorporer progressivement le riz, les tomates et les poivrons.

4 Disposer les feuilles de roquette sur des assiettes. Saler et poivrer la salade, l'assaisonner de pesto et de vinaigre puis la dresser sur les assiettes. Répartir des boules de mozzarella et servir.

Pour 4 personnes

1 oignon
4 c. à s. d'huile d'olive
½ tasse de riz sauvage
½ tasse de riz long
400 ml de bouillon de légumes
4 tomates italiennes
150 g de roquette
8 poivrons italiens verts marinés
2 à 3 c. à s. de vinaigre de vin rouge
1 à 2 c. à s. de pesto rouge en conserve
Sel
Poivre noir du moulin
200 g de petites boules de mozzarella

Par personne

470 kcal, 16 g de protéines,
24 g de lipides, 45 g de glucides
Préparation : 40 minutes
Cuisson : 20 à 25 minutes
Repos : 30 à 50 minutes

Salade de riz sauvage, échalotes au vin rouge

Préparer 1 tasse de riz mélangés selon les indications de la recette ci-contre, mais sans oignon. Laisser les riz refroidir. Éplucher 300 g d'échalotes. Dans une poêle non adhésive, faire chauffer 2 c. à s. d'huile d'olive et faire revenir les échalotes. Déglacer avec ½ tasse de vin rouge sec et cuire à l'étouffée 10 minutes, à feu moyen. Laisser réduire à découvert jusqu'à ce que le vin soit évaporé. Verser 2 c. à s. de vinaigre balsamique et 2 c. à s. d'huile d'olive ; saler, poivrer puis incorporer 1 c. à t. de romarin haché. Laisser refroidir, ajouter les riz et mélanger délicatement. Rectifier l'assaisonnement et ajouter 1 pincée de sucre et du vinaigre balsamique. Disposer des feuilles de salade frisée sur un plat, dresser le riz sur ce lit et servir.

Les favorites :
viandes rouges et blanches

Marinées, grillées, saisies à la poêle ou doucement pochées
dans un bouillon parfumé, peu importe leur mode de préparation :
les viandes ont toujours leur place dans une salade composée.
N'hésitez pas à utiliser de la viande de bœuf, de la volaille
ou de la charcuterie pour satisfaire votre appétit.
Régalez vos invités avec des brochettes de poulet accompagnées
d'une salade asiatique et gâtez vos enfants avec une salade
de jambon multicolore.

Veau

On distingue le veau blanc, rosé et rouge. La coloration de la viande dépend de la teneur en fer de l'alimentation proposée à l'animal. Un fourrage vert est riche en fer et donne une teinte rouge à la viande. Les gourmets préfèrent quant à eux la viande rosée. La poitrine de veau (photographie du haut) est plus indiquée pour une cuisson pochée ou à l'étuvée tandis que l'escalope (photographie du bas) sera plus savoureuse saisie.

Agneau

Le filet d'agneau mariné (photographie du haut) supporte très bien d'être émincé puis saisi.
Les côtelettes débitées à l'unité (photographie du bas), marinées puis grillées ou rôties, sont fort savoureuses dans des salades composées. Elles doivent cuire avec leur bande grasse afin de garder tout leur fondant. Chacun peut ensuite enlever cette bande s'il le désire.

Bœuf

Pour les salades composées, il vaut mieux choisir une pièce de bœuf maigre, légèrement persillée, comme le faux-filet (photographie du haut) ou la ronde. Le filet (photographie du bas), les entrecôtes ou le rosbif sont excellents lorsqu'ils sont saisis.

Porc

Rose tendre ou rose tirant sur le rouge, la viande de porc peut être finement persillée ou marbrée. Dans les salades composées, on utilise surtout le filet de porc, tendre et fondant. Coupé en tranches, le morceau prend le nom de médaillon et doit rôtir tout en restant rosé à l'intérieur. Coupé en lanières, mariné avec des épices, de l'ail ou des fines herbes, il faut le saisir ou le faire griller avant de le dresser sur des salades.

Le monde des viandes

Les salades composées garnies de viande apportent de précieuses protéines et rassasient même les gros appétits. Généralement, on utilise un rôti froid, cuit la veille. Bien souvent, la recette réclame aussi une viande saisie, mélangée encore chaude aux autres ingrédients épicés.

Achat

Pour acheter une viande de qualité, il faut s'en remettre à son boucher. Il sait quelle pièce est la mieux adaptée au mode de préparation et comment le morceau choisi doit être coupé en fonction de sa veinure et du sens des fibres musculaires. Détail important, la viande utilisée dans les salades doit être maigre, tout en étant légèrement marbrée (c'est-à-dire légèrement sillonnée de gras) car une petite proportion de graisse rehausse l'arôme de la viande et la rend plus fondante. Vous pouvez très bien acheter

votre poulet frais au supermarché, entier ou découpé. Si vous l'achetez congelé, laissez-le toujours dégeler au réfrigérateur. Veillez à ce que le suc de la viande qui s'égoutte n'entre pas en contact avec d'autres aliments (gare aux salmonelles !).

Cuire les viandes

Les viandes sont le plus souvent incorporées cuites aux salades composées. Pour cela, on peut les pocher – c'est-à-dire les cuire dans un liquide frémissant –, les saisir, les braiser ou les faire cuire à la vapeur en préservant leurs qualités. Si la viande cuite doit être mélangée froide à la salade, les méthodes de cuisson sans matière grasse, comme la vapeur ou le pochage, sont les plus adaptées. Si les morceaux de viande sont incorporés chauds, il vaut mieux les saisir dans de l'huile chaude.

Dinde

Les escalopes de dinde sont très maigres et succulentes une fois émincées et saisies. La viande possède une saveur douce et apprécie les marinades, généreusement assaisonnées d'ail, de fines herbes, de poivre de Cayenne, de jus de citron ou de paprika.

Poulet

Pochée, cuite dans du bouillon ou à la vapeur avec des aromates et débarrassée de sa peau et de sa graisse, la viande de poulet a toute sa place dans les salades de volaille froides. Les morceaux de foie ou de filet, coupés en lanières et saisis, sont plus indiqués dans les salades de laitue.

Canard

Un magret de canard à la chair rosée, coupé en fines lanières et dressé encore chaud sur des laitues à la saveur corsée, est délicieux en hors-d'œuvre. Dans une poêle bien chaude, saisir les filets, côté peau d'abord. Les retourner et les laisser cuire à feu moyen 8 à 10 minutes afin d'obtenir une cuisson rosée. Éliminer selon vos goûts la bande grasse une fois le magret servi.

Lapin

Dans les salades composées, on utilise surtout les minces filets tendres. Marinés dans du vin rouge et des épices puis saisis, ils déploient toutes leurs saveurs avec des laitues à feuilles sombres, arrosés d'une vinaigrette à l'huile de noix et au vinaigre de vin rouge. Servir la viande chaude, tout de suite après l'avoir grillée.

Quelle quantité choisir ?

Pour des salades nourrissantes à base de viande rouge, de volaille et de gibier, on compte 100 à 150 g par personne, selon la richesse calorique des autres ingrédients.

Conservation

Une viande fraîche non hachée peut se conserver 1 à 2 jours au réfrigérateur, à 7 °C (45 °F) et recouverte d'une pellicule plastique. Il faut préparer la viande hachée le jour même de l'achat. Une volaille fraîche se conserve 1 à 2 jours au réfrigérateur, à 4 °C (39 °F). Une viande rouge ou une volaille bien cuites se gardent 2 à 3 jours au réfrigérateur. Les salades de viande se conservent au moins 1 jour au réfrigérateur dans une boîte hermétique. Les salades assaisonnées de mayonnaise ne doivent en principe pas rester plus de 1 journée au frais.

Qualités nutritives

Les nutritionnistes recommandent de consommer 2 à 3 parts de viande par semaine (une part équivalant à environ 150 g). La viande contient de précieuses protéines indispensables à la construction des cellules de notre organisme. De plus, elle renferme les vitamines A et D liposolubles, des vitamines du complexe B ainsi que des oligoéléments et des minéraux. La viande rouge (bœuf) est une source non négligeable de fer.

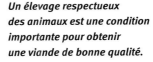

Un élevage respectueux des animaux est une condition importante pour obtenir une viande de bonne qualité.

Salade de bœuf thaïlandaise
aux arachides

Pour 4 personnes

1 morceau de gingembre frais
(3 cm de long)
4 branches de feuilles de coriandre
400 g de filet de bœuf
4 c. à s. d'huile de tournesol
3 c. à s. de jus de lime
2 c. à s. de sauce au soja
½ c. à t. de galanga en poudre
(sorte de gingembre)
⅓ tasse d'arachides non salées
2 oignons rouges
Sel
2 oignons verts
1 piment chili rouge frais
1 petit concombre
1 poignée de feuilles de menthe
pour la garniture

Par personne

335 kcal, 26 g de protéines,
23 g de lipides, 6 g de glucides
Préparation : 35 minutes

1 Éplucher le gingembre et le hacher finement. Laver les feuilles de coriandre, les essorer et les hacher finement. Couper la viande en minces lanières de 3 à 4 cm de long.

2 Faire chauffer l'huile dans un wok ou dans une sauteuse. Saisir la viande de tous côtés sans cesser de remuer jusqu'à ce qu'elle soit cuite à cœur. Dans un saladier, mélanger le jus de lime, la sauce au soja, le galanga et le gingembre.

3 Essuyer la sauteuse ou le wok avec du papier essuie-tout, puis faire griller légèrement les arachides sans matière grasse. Les incorporer ensuite à la viande. Éplucher les oignons rouges, les couper en deux dans le sens de la longueur et les émincer finement. Ajouter les oignons et la coriandre à la viande. Saler la salade.

4 Parer les oignons verts et les laver. Émincer la partie vert clair et blanche en biais. Couper le piment chili en deux, l'épépiner, le laver et le tailler en fines lanières. Laver le concombre et la menthe, puis émincer finement le concombre.

5 Répartir la salade sur des assiettes. La parsemer d'oignon vert et de piment chili et la garnir de concombre et de menthe. La servir accompagnée de riz basmati ou de pain blanc.

À savoir :
Les arachides font partie de la famille des fruits à écale ; très riches en protéines, elles permettent d'améliorer les qualités nutritionnelles de nombreux plats.

Salade de bœuf pimentée au poivron et au maïs

Couper et griller 400 g de bœuf selon les indications de la recette ci-dessus. Dans un saladier, mélanger 2 c. à s. de jus de lime, 1 c. à s. de vinaigre de vin rouge, 1 c. à t. de cumin en poudre et 1 gousse d'ail écrasée. Éplucher 2 oignons rouges, les couper en deux et les émincer. Laver 3 tomates, les partager en deux, ôter leurs pédoncules et les couper en morceaux. Couper 2 poivrons rouges en deux, les épépiner, les laver et les couper en lanières. Ajouter à la viande de bœuf 1 boîte de 199 ml de maïs en grains (ou 150 g, congelés puis cuits), les tomates, les poivrons et les oignons ; mélanger, saler et poivrer. Couper en deux 2 ou 3 piments chilis rouges, les épépiner, les laver et les hacher. Dans un wok, faire chauffer à feu vif 2 c. à s. d'huile de tournesol et saisir les piments en remuant. Dresser la salade de bœuf sur des assiettes, la parsemer de piments grillés et de 2 c. à s. de feuilles de coriandre. Servir aussitôt.

Tranches de rôti de porc sur salade de chou

Pour 4 personnes

1 oignon

1 gousse d'ail

1 carotte

400 g d'épaule de porc avec sa couenne (faire découper la couenne en losange par le boucher)

Sel

Poivre noir du moulin

1½ c. à t. de carvi en grains

4 c. à s. d'huile de maïs

100 ml de fond de veau

100 ml de bière brune

500 g de chou chinois tendre

2 à 3 c. à s. de vinaigre de malt

1 c. à t. de moutarde sucrée

1 botte de ciboulette

Par personne

330 kcal, 23 g de protéines, 23 g de lipides, 6 g de glucides
Préparation : 40 minutes
Cuisson : 1 h 30
Marinage : 1 heure

Astuce :
Il vaut mieux préparer un gros rôti, en servir une partie, et garder le reste pour cette recette le lendemain.

1 Éplucher l'oignon et la gousse d'ail. Ciseler l'oignon et hacher finement l'ail. Parer la carotte, l'éplucher et la couper en brunoise. Frotter la viande avec le sel, le poivre et 1 cuillerée à thé de carvi. Préchauffer le four à 180 °C (350 °F).

2 Dans une sauteuse ou une poêle en fonte, faire chauffer 2 cuillerées à soupe d'huile. Saisir la viande de tous côtés puis la retirer du feu.

3 Ajouter l'oignon, l'ail et la carotte dans la sauteuse ou la poêle et faire brièvement griller les ingrédients sans cesser de remuer. Déglacer avec le fond de veau et la bière. Disposer le rôti, couenne vers le haut, dans la sauteuse ou la poêle et placer celle-ci sur la grille du four. Baisser la température du four à 150 °C (300 °F). Faire cuire le rôti pendant 1 h 30 en l'arrosant fréquemment avec le jus de cuisson.

4 Laver le chou pointu, le parer et le couper en très fines lanières. Dans un grand saladier, verser 2 cuillerées à soupe d'huile, 2 cuillerées à soupe de vinaigre de malt, ½ cuillerée à thé de carvi, la moutarde, le sel et le poivre ; battre le tout énergiquement jusqu'à dissolution complète du sel. Incorporer le chou et mélanger. Couvrir la salade et la laisser reposer au frais pendant environ 1 heure.

5 Rectifier l'assaisonnement de la salade, ajouter du vinaigre et la dresser sur des assiettes. Laver la ciboulette, l'essorer et la couper en petits rouleaux. Sortir le rôti du four et le laisser un peu refroidir. Le couper en fines tranches et le dresser encore tiède sur la salade. Arroser chaque part avec 1 cuillerée à soupe de jus de cuisson du rôti et parsemer de ciboulette. Servir la salade avec des petits pains salés.

194

Tranches de rôti de porc sur lit de légumes grillés

Préparer 400 g d'épaule de porc selon les indications de la recette ci-contre, en ayant toutefois enlevé la couenne. Remplacer la bière par 100 ml de vin blanc et ajouter un bouquet garni composé de romarin, de marjolaine, de thym et de laurier. Couper en deux 2 poivrons rouges et 2 verts, les épépiner et les laver ; recouper chaque moitié en deux. Laver 4 tomates, les partager en deux et ôter leurs pédoncules. Couper 3 courgettes en épaisses tranches de 1 cm dans le sens de la longueur. Éplucher 2 oignons rouges et les émincer. Recouvrir une plaque à gâteaux d'une feuille d'aluminium et la badigeonner d'huile d'olive. Disposer dessus les poivrons et les tomates, la peau posée sur la plaque, puis intercaler les oignons et les courgettes. Saupoudrer de sel, de poivre et de 1 c. à t. d'herbes de Provence ; arroser de 2 c. à s. d'huile d'olive et de 2 c. à s. de vinaigre balsamique. Faire cuire les légumes de 25 à 35 minutes dans un four chaud à 180 °C (350 °F). Les dresser sur des assiettes, couper le rôti en fines tranches et les disposer sur les légumes.

1 Laver le romarin, l'essorer et hacher grossièrement ses aiguilles. Éplucher l'ail et le hacher. Frotter les poitrines de poulet avec le romarin et l'ail. Les arroser de jus de lime, les saupoudrer de sel et de poivre et les faire mariner à couvert pendant 1 heure.

2 Laver les concombres et les sécher. À l'aide d'un zesteur, creuser de fines cannelures dans leur peau dans le sens de la longueur. Les couper ensuite en fines rondelles. Ôter les feuilles abîmées du cresson de fontaine, le laver, le sécher et le détailler en petits morceaux.

3 Pour la sauce, verser dans un grand saladier la crème sure, le yogourt, le lait, la moutarde, l'huile d'olive, le jus de citron, du sel et du poivre. Battre le tout au fouet jusqu'à obtenir un mélange mousseux.

4 Laver le cerfeuil, l'aneth et la ciboulette et les essorer.

Salade de poulet, concombre et cresson

Hacher finement les feuilles ou les brins. Les ajouter à la sauce avec le cresson et les concombres.

5 Dans une poêle non adhésive, faire chauffer l'huile et griller de tous côtés, pendant 8 à 10 minutes, les poitrines de poulet marinés. Les retirer de la poêle, les laisser reposer brièvement, puis les couper en tranches de 1,5 cm d'épaisseur.

6 Dresser la salade sur des assiettes et disposer dessus la viande tiède. Garnir avec les fleurs et servir aussitôt. Cette salade est délicieuse avec du pain blanc encore chaud.

Pour 4 personnes

1 branche de romarin

1 gousse d'ail

2 poitrines de poulet (400 g au total)

2 c. à s. de jus de lime

Sel

Poivre noir du moulin

3 petits concombres

150 g de cresson de fontaine

2 c. à s. d'huile de tournesol

Quelques fleurs de pensée ou de pâquerette pour la garniture

Sauce

¾ tasse de crème sure

⅓ tasse de yogourt

¼ tasse de lait

½ c. à t. de moutarde aux fines herbes

1 c. à s. d'huile d'olive citronnée

2 c. à s. de jus de citron

Sel

Poivre noir du moulin

1 poignée de cerfeuil

½ botte d'aneth

½ botte de ciboulette

Par personne

390 kcal, 20 g de protéines, 30 g de lipides, 8 g de glucides
Préparation : 30 minutes
Marinage : 1 heure

Tranches de poitrines de poulet mariné
sur lit de salade multicolore

Couper 400 g de poitrines de poulet en lanières de 2 cm de large et les faire mariner selon les indications de la recette ci-contre. Parer et laver 1 lollo bionda. La couper en petits morceaux. Laver 2 tomates, les couper en quatre ; laver ½ concombre, l'éplucher et le détailler en dés. Parer 2 carottes, les éplucher, les laver et les râper grossièrement. Éplucher 1 oignon rouge et le ciseler. Dresser les feuilles de laitue, les tomates, le concombre, les carottes et l'oignon sur des assiettes. Préparer une vinaigrette avec 3 c. à s. d'huile d'olive, 2 c. à s. de vinaigre balsamique, 1 c. à s. de jus de citron, des herbes salées et du poivre. Arroser la salade avec cette vinaigrette. Faire chauffer 1 c. à s. + 1 c. à t. de beurre et saisir la viande. Saler et poivrer. Dresser la viande sur les assiettes et servir.

Un grand classique

Salade de saucisse,
vinaigrette corsée

Pour 4 personnes

400 g de saucisse de bœuf cuite
  ou de saucisse de Lyon en couronne
300 g d'emmenthal
150 g de cornichons
2 oignons rouges
1 botte de ciboulette

3 à 4 c. à s. de vinaigre de vin blanc
3 à 4 c. à s. de jus de cornichon
4 c. à s. de fond de veau en cube
½ c. à t. de moutarde mi-forte
2 c. à s. d'huile de tournesol
Sel
Poivre noir du moulin

Par personne

400 kcal, 24 g de protéines,
28 g de lipides, 11 g de glucides
Préparation : 20 minutes
Marinage : 1 heure

1 Retirer le boyau de la saucisse. Écroûter l'emmenthal, égoutter les cornichons. Détailler la saucisse, le fromage et les cornichons en petits bâtonnets.

2 Éplucher les oignons et les ciseler très finement. Verser dans un saladier la saucisse, le fromage, les cornichons et les oignons, puis mélanger le tout.

3 Pour la vinaigrette, verser dans un bol le vinaigre de vin blanc, 2 cuillerées à soupe de jus de cornichon, le fond de veau, la moutarde, l'huile de tournesol, du sel et du poivre. Battre le tout au fouet jusqu'à obtenir une émulsion parfaite et la dissolution complète du sel.

4 Verser la vinaigrette sur la salade et remuer. Couvrir la salade et la laisser reposer 1 heure au frais. Rectifier son assaisonnement avec le sel, le poivre et le jus de cornichon restant. Laver ensuite la ciboulette et l'essorer. La couper en petits rouleaux et les éparpiller sur la salade. Celle-ci est succulente accompagnée de pain de campagne.

Astuce :
On peut remplacer les oignons rouges par une autre botte de ciboulette ou par 2 à 3 oignons verts coupés en bracelets.

Salade de jambon
aux petits légumes

1 Faire cuire les petits pois
7 minutes dans de l'eau bouillante
légèrement salée. Les égoutter
en recueillant leur eau de cuisson
puis les laisser refroidir. Enlever
la couenne du jambon et le couper
en dés de 1 cm.

2 Parer les carottes, les laver, les
éplucher et les râper grossièrement.
Laver les concombres, les partager
en quatre dans le sens de la longueur
et les couper en petits morceaux.
Couper les tomates en deux, ôter
leurs pédoncules et leurs graines
puis les détailler en petits dés.

3 Pour la sauce, verser dans un
grand saladier la mayonnaise, le
yogourt, 2 cuillerées à soupe de jus
de citron, 3 cuillerées à soupe d'eau
de cuisson des petits pois, la
moutarde, du sel, le poivre et le
sucre ; battre les ingrédients jusqu'à
obtenir un mélange onctueux.
Égoutter les oignons grelots, les
partager en deux et les incorporer
à la sauce.

4 Verser tous les ingrédients
dans un saladier et les mélanger
intimement. Saler, poivrer et ajouter
le jus de citron restant et le sucre.
Parer la mâche et le cresson, les
laver, les essorer puis les couper en
petits bouquets. Dresser la salade de
jambon sur 4 assiettes et la garnir
de mâche et de cresson.

À savoir :
**Cette salade est aussi succulente en
sandwich. Prendre une tranche de
pain à sandwich, déposer une feuille
de laitue et répartir la salade de
jambon par-dessus. Recouvrir d'une
seconde tranche de pain.**

200

Pour 4 personnes
200 g de petits pois surgelés
Sel
250 g de jambon cuit fumé
2 carottes
2 petits concombres
2 grosses tomates
3 c. à s. de mayonnaise
²⁄₃ tasse de yogourt nature
2 à 3 c. à s. de jus de citron
½ c. à t. de moutarde douce
Poivre noir du moulin
1 à 2 pincées de sucre
100 g d'oignons grelots marinés
1 poignée de mâche
½ botte de cresson de fontaine

Par personne
280 kcal, 19 g de protéines,
15 g de lipides, 15 g de glucides
Préparation : 25 minutes

Salade de jambon
accompagnée de carottes, poireau et céleri-rave

Couper en dés 250 g de jambon cuit maigre. Éplucher et râper grossièrement 3 carottes et ½ céleri-rave (250 g). Couper 1 poireau en deux dans le sens de la longueur, le parer et le laver. Le détailler ensuite en fines lanières. Couper 4 cornichons en brunoise. Dans un saladier, mélanger ¾ tasse de crème sure, 3 c. à s. de crème à 35 %, du sel, du poivre noir, 2 c. à s. de vinaigre de vin blanc et 1 c. à s. d'huile de canola jusqu'à obtention d'une consistance crémeuse. Incorporer les légumes préparés et 1 boîte de 199 ml de maïs en grains (ou 150 g congelés, puis cuits). Mélanger le tout, assaisonner et parsemer de 2 c. à s. de persil haché. Servir la salade aussitôt ou la laisser reposer à couvert 1 à 2 heures.

201

Salade de poulet
aux champignons de Paris

1 Parer la feuille de chêne, la laver et l'essorer. Couper 4 feuilles intérieures en très fines lanières. Disposer les autres feuilles sur quatre assiettes.

2 Si besoin, laver avec délicatesse les framboises et les éponger sur du papier essuie-tout. Les mettre de côté.

3 Nettoyer les champignons de Paris avec du papier essuie-tout sec puis ôter leurs pieds. Couper le poulet en dés. Dans une poêle non adhésive, faire chauffer le beurre et saisir les dés de poulet de tous côtés. Saler, poivrer et verser dans une assiette.

Pour 4 personnes

1 laitue feuille de chêne
1 casseau de framboises fraîches
12 gros champignons de Paris
1 poitrine (250 g) de poulet
1 c. à s. + 1 c. à t. de beurre
Sel
Poivre noir du moulin
100 ml de vin blanc sec
1 feuille de laurier
1 petite branche de romarin frais
2 à 3 c. à s. de vinaigre de framboise
2 c. à s. d'huile de maïs
2 c. à s. de crème à 35 %

Par personne

200 kcal, 17 g de protéines,
5 g de lipides, 3 g de glucides
Préparation : 35 minutes

Salade de dinde et de champignons de Paris
en vinaigrette

Nettoyer le contenu de 2 barquettes de champignons de Paris avec du papier essuie-tout sec, les parer et les émincer. Éplucher 2 échalotes et les ciseler finement. Laver 2 branches de thym citronné, 2 branches d'origan et 2 brins de persil, les essorer puis hacher finement les feuilles.
Couper 2 escalopes de dinde en fines lanières et les faire revenir dans 2 c. à s. de beurre. Les retirer du feu, les saler et les poivrer puis les remettre brièvement au chaud. Placer les champignons et les échalotes dans un saladier.
Dans un bol, verser 2 c. à s. de jus de citron, 3 c. à s. d'huile d'olive, du sel, du poivre et les fines herbes. Mélanger tous les ingrédients. Verser la vinaigrette sur les champignons et remuer. Disposer les champignons sur les assiettes garnies de feuilles de laitue pommée et dresser les lanières de dinde sur les champignons.

203

4 Placer les champignons dans la poêle, côté creux vers le haut, et les saisir. Les déglacer ensuite avec le vin blanc. Ajouter dans la poêle la feuille de laurier, la branche de romarin, du sel et du poivre. Laisser cuire à l'étuvée les champignons pendant environ 5 minutes, à couvert et à feu moyen.

5 Retirer les champignons de leur bouillon de cuisson et les laisser refroidir sur un plat. Faire réduire le bouillon d'un tiers, retirer le romarin et le laurier puis laisser refroidir.

6 Verser le bouillon dans un grand saladier. Ajouter le vinaigre de framboise, l'huile de maïs, la crème à 35 %, du sel et du poivre puis battre le tout jusqu'à obtenir une sauce crémeuse. Incorporer les dés de poulet et les fines lanières de feuille de chêne puis les mélanger à la sauce.

7 Disposer les champignons, côté creux vers le haut, sur le lit de feuille de chêne et les farcir de salade de poulet. Garnir de framboises puis servir aussitôt.

Astuce :
Pour une salade encore plus succulente, employer du bœuf ou de l'agneau. Remplacer alors les framboises par des canneberges et faire cuire celles-ci au vin blanc.

Salade de dinde
à la trévise
et aux prunes rouges

Pour 4 personnes

150 g de chanterelles
3 échalotes
½ botte de persil plat
2 c. à s. d'huile de pépins de raisin
1 c. à s. de jus de citron
Sel
Poivre noir du moulin
300 g de filet de dinde fumé
2 petites trévises (radicchios)
200 g de prunes rouges fermes
   et acidulées
¼ tasse de cerneaux de noix

Sauce

100 g de fromage de chèvre frais
   et crémeux
3 à 4 c. à s. de lait
1 c. à s. de vinaigre de fruits
Sel
Poivre noir du moulin

204

Par personne

205 kcal, 21 g de protéines,
12 g de lipides, 3 g de glucides
Préparation : 35 minutes

Astuce :
En dehors de la saison des prunes
rouges ou des quetsches, on
peut choisir des abricots aigrelets
bien fermes, des pommes
acidulées ou des poires à chair
ferme.

1 Nettoyer les chanterelles avec du papier essuie-tout sec ; les parer et les émincer. Éplucher les échalotes, les couper en deux et les émincer. Laver le persil, l'essorer et hacher finement ses feuilles.

2 Dans une poêle non adhésive, faire chauffer l'huile puis blondir les échalotes. Ajouter les chanterelles et les faire cuire à l'étuvée 3 minutes sans cesser de remuer. Incorporer le persil, assaisonner les champignons avec le jus de citron, le sel et le poivre puis les retirer du feu.

3 Couper les filets de dinde en lanières de 2 cm de large et 0,5 cm d'épaisseur, et les mélanger aux chanterelles. Parer les trévises, les laver, les essorer et les détailler en lanières de 2 cm de large. Disposer celles-ci dans un plat creux puis dresser au centre le mélange dinde-chanterelles.

4 Laver les prunes rouges, les couper en deux et les dénoyauter. Couper les fruits en morceaux et les répartir sur la salade.

5 Pour la sauce, verser dans un bol le fromage de chèvre frais, le lait, le vinaigre de fruits, le sel et le poivre. Battre le tout jusqu'à obtenir une crème lisse.

6 Verser la sauce sur la salade et garnir celle-ci des cerneaux de noix. La servir accompagnée de baguette encore chaude.

**Nettoyer
les chanterelles**
1 Ne pas laver
les chanterelles,
mais les nettoyer
délicatement
avec du papier
essuie-tout sec.

2 Couper
l'extrémité du pied
avec un couteau
pointu et enlever
les parties
abîmées.

Salade de veau
aux champignons et au parmesan

Pour 4 personnes

1 gousse d'ail
3 oignons verts
500 g de champignons mélangés, les plus petits possible, comme les champignons de Paris, les chanterelles ou les shiitake
10 tomates cerises (150 g)
1 botte de basilic
80 g de parmesan
400 g d'escalope de veau
5 c. à s. d'huile d'olive
Sel, poivre noir du moulin
4 c. à s. de fond de veau
2 c. à s. de porto rouge
2 à 3 c. à s. de vinaigre balsamique blanc

Par personne

370 kcal, 33 g de protéines,
24 g de lipides, 5 g de glucides
Préparation : 35 minutes

1 Éplucher la gousse d'ail et la hacher finement. Parer les oignons verts, les laver et les couper en petites rondelles. Nettoyer les champignons avec du papier essuie-tout sec, les parer et les émincer.

2 Laver les tomates cerises et les couper en deux. Nettoyer le basilic avec du papier essuie-tout sec, l'effeuiller et le couper en fines lanières. Détailler le parmesan en copeaux.

3 Trancher l'escalope de veau en fines lanières. Dans une poêle en fonte, faire chauffer 3 cuillerées à soupe d'huile d'olive et saisir le veau de tous côtés. Ajouter l'ail et les oignons verts puis les faire revenir 1 minute. Saler et poivrer les ingrédients, les verser dans un plat et les réserver au chaud.

4 Dans une poêle, verser 2 cuillerées à soupe d'huile et poêler les champignons 4 à 6 minutes sans cesser de remuer. Les saler et les poivrer puis les ajouter à la viande. Déglacer la poêle avec le fond de veau et le porto, retirer du feu et verser le jus dans un récipient. Ajouter le vinaigre balsamique blanc et rectifier l'assaisonnement si nécessaire. Une fois le jus complètement refroidi, ajouter ⅔ du basilic.

5 Dresser la salade sur des assiettes, verser dessus la marinade. Disposer harmonieusement les copeaux de parmesan et garnir avec les tomates et le reste du basilic. Servir immédiatement avec la viande tiède.

Salade de veau
aux haricots

Laver 400 g de haricots verts et 400 g de haricots beurre, les ébouter et les couper en tronçons de 4 cm de long. Les faire cuire 15 minutes dans une eau légèrement salée parfumée avec 3 branches de sarriette. Les égoutter, les laisser refroidir et enlever la sarriette. Éplucher 1 oignon blanc et le ciseler finement. Laver 10 tomates cerises (150 g) et les couper en deux. Couper 400 g d'escalope de veau en lanières, les griller, les saler et les poivrer puis les laisser tiédir. Pour la vinaigrette, mélanger dans un saladier 2 c. à s. de vinaigre à l'estragon, 1 c. à s. de vinaigre de vin blanc, 3 c. à s. d'huile de canola, 1 pincée de sucre, du sel et du poivre. Mélanger les haricots, les tomates et l'oignon puis ajouter la viande. Rectifier l'assaisonnement de la salade avec du sel, du poivre et du vinaigre, la parsemer de 1 c. à t. de sarriette finement hachée puis servir.

Salade de poulet
à l'ananas,
sauce au curry

Pour 4 personnes

1 poulet prêt à cuire
Sel
1 feuille de laurier
1 c. à t. de poivre noir en grains
1 bouquet garni
¼ à ½ ananas frais, selon la taille
3 clémentines
2 petits poireaux
½ tasse de mayonnaise allégée
⅓ tasse de yogourt
5 c. à s. de jus d'orange
2 c. à s. de jus de citron
1 pointe de gingembre en poudre
1 pincée de poivre de Cayenne
1 à 2 c. à t. de curry doux en poudre
Poivre noir du moulin
2 cœurs de laitue
Quelques feuilles de mélisse
   citronnée pour la garniture

Par personne

480 kcal, 29 g de protéines,
27 g de lipides, 29 g de glucides
Préparation : 30 minutes
Cuisson : 1 heure

Astuce :
Si vous utilisez fréquemment
du curry, testez différentes pâtes.
Cependant, soyez prudent si
le bocal porte la mention « hot »,
il s'agit alors d'une pâte très
pimentée. On trouve ces produits
au rayon spécialités étrangères
des supermarchés ou dans les
épiceries orientales.

1 Placer le poulet dans un faitout
et le recouvrir d'eau. Ajouter
2 cuillerées à thé de sel, la feuille
de laurier et les grains de poivre.
Parer le bouquet garni, le couper en
morceaux, le verser dans le faitout et
porter le tout à ébullition. Faire cuire
le poulet 1 heure, à couvert et à feu
doux ou moyen. Le retirer ensuite
de l'eau et le laisser refroidir.
Utiliser le bouillon de cuisson
pour une autre recette.

2 Détacher la chair des os du
poulet, enlever la peau et la graisse.
Couper la viande en morceaux
d'environ 3 cm et les placer dans
un saladier. Éplucher l'ananas
et le trancher en deux. Enlever
les yeux et le cœur filandreux,
puis détailler le fruit en morceaux.

3 Éplucher les clémentines, couper
2 d'entre elles en morceaux. Couper
la troisième en fines tranches et la
mettre de côté. Ajouter les morceaux
d'ananas et de clémentine à la
viande. Couper les poireaux en deux
dans le sens de la longueur,
les parer et les laver. Les couper
en très fines lanières et les ajouter
aux autres ingrédients.

4 Pour la sauce, battre la
mayonnaise, le yogourt, le jus
d'orange et le jus de citron jusqu'à
obtenir un mélange crémeux.
Assaisonner généreusement la sauce
avec le gingembre, le poivre de
Cayenne, le curry, le sel et le poivre.
Verser la sauce sur la salade
et remuer.

5 Parer les cœurs de laitue,
les laver et les essorer. Les
couper ensuite en larges lanières.
Disposer les feuilles de salade
sur des assiettes ou dans des
coupelles et dresser la salade
de poulet sur ce lit de feuilles.
Garnir avec les tranches de
clémentine et les feuilles de
mélisse citronnée.
Cette salade est délicieuse
avec du pain de mie beurré.

Salade de saucisses, vinaigrette à la ciboulette

Pour 4 personnes

1 poivron orange et 1 rouge
1 boîte de 199 ml de maïs en grains
   (ou 200 g, congelés puis cuits)
8 cornichons
3 pommes de terre à chair ferme,
   cuites la veille en robe des champs
6 saucisses de Francfort
2 tranches épaisses de gouda mi-vieux
1 à 2 c. à s. de vinaigre de vin blanc
2 c. à s. de jus de cornichon
2 c. à s. d'huile de tournesol
$\frac{3}{4}$ tasse de crème sure
1 pincée de sucre
Sel
Poivre noir du moulin
$\frac{1}{4}$ de c. à t. de paprika doux
1 botte de ciboulette

Par personne

520 kcal, 20 g de protéines,
37 g de lipides, 24 g de glucides
Préparation : 35 minutes
Repos : 1 heure

1 Partager les poivrons en deux, les épépiner, les laver et les débiter en brunoise. Dans un saladier, verser les dés de poivron et le maïs en grains. Couper les cornichons en petits dés. Peler les pommes de terre et les détailler en brunoise.

2 Couper les saucisses en fines tranches. Écroûter le fromage et le couper en bâtonnets. Ajouter ces ingrédients, ainsi que les cornichons et les pommes de terre, aux poivrons et au maïs, puis mélanger le tout.

3 Dans un bol, battre énergiquement au fouet 1 cuillerée à soupe de vinaigre, le jus de cornichon et l'huile. Incorporer la crème puis ajouter le sucre, le sel, le poivre et le paprika. Verser la sauce sur la salade et remuer. Couvrir et laisser reposer 1 heure au frais.

4 Goûter et ajouter si nécessaire du sel, du poivre et du vinaigre. Laver la ciboulette, l'essorer et la couper en petits rouleaux. En parsemer la salade et servir immédiatement.

Astuce :

On peut remplacer les pommes de terre par des pâtes cuites ou des céréales comme le riz, le blé ou le blé vert. Pour consommer moins de matières grasses, choisir des saucisses de dinde fumées.

Salade de saucisses de dinde
aux pommes de terre et radis

Peler 4 grosses pommes de terre à chair ferme, cuites la veille en robe des champs, et les couper en dés. Éplucher 1 oignon blanc et l'émincer finement. Parer 2 bottes de radis, les laver et les partager en quatre. Mélanger les pommes de terre et les oignons dans un saladier. Trancher 6 saucisses de dinde ou de volaille fumées et les ajouter aux autres ingrédients dans le saladier. Préparer une sauce en mélangeant 3 c. à s. de vinaigre balsamique blanc, 3 c. à s. d'huile de tournesol, 1 c. à t. de moutarde à l'ancienne, du sel et du poivre. Verser la sauce sur la salade et remuer. Laver $\frac{1}{2}$ botte de persil, l'essorer puis hacher finement ses feuilles. Mélanger le persil à la salade et servir.

Émincés de bœuf
sur un lit de mâche et de lentilles

Pour 4 personnes

1 c. à s. de moutarde à l'ancienne
  (de Meaux par exemple)
6 c. à s. d'huile d'olive
Poivre noir du moulin
2 steaks de bœuf
1 tasse de lentilles vertes
1 petite branche de romarin frais
300 ml de fond de veau
2 carottes
Sel
100 g de mâche
2 à 3 c. à s. de vinaigre de vin rouge
3 branches de thym frais
½ tasse de crème fouettée
2 c. à t. de raifort râpé
½ botte de ciboulette

Par personne

460 kcal, 30 g de protéines,
25 g de lipides, 28 g de glucides
Préparation : 25 minutes

1 Mélanger la moutarde à 1 cuillerée à soupe d'huile et 1 grosse pincée de poivre. Badigeonner les steaks avec le mélange et les réserver au frais et à couvert. Laver les lentilles et le romarin ; les verser dans une casserole avec de l'eau et le fond de veau. Amener les lentilles à ébullition à découvert, puis les faire cuire 20 minutes à couvert et à feu doux.

2 Éplucher les carottes, les laver et les couper en brunoise. Les ajouter aux lentilles après 20 minutes de cuisson, mélanger et laisser le tout cuire 10 minutes. Retirer la casserole du feu puis faire refroidir les lentilles à découvert. Enlever la branche de romarin et ajouter ½ cuillerée à thé de sel.

3 Dans une poêle non adhésive, faire chauffer 1 cuillerée à soupe d'huile d'olive et faire griller les steaks 3 à 5 minutes sur chaque face. Retirer la viande de la poêle sans jeter le jus, l'envelopper dans une feuille d'aluminium et la réserver au chaud. Parer la mâche, la laver, l'essorer, puis la détailler en petits bouquets.

4 Pour la vinaigrette, battre au fouet 2 cuillerées à soupe de vinaigre de vin rouge, 4 cuillerées à soupe d'huile d'olive, du sel et du poivre. Laver et essorer le thym ; l'effeuiller et le hacher finement. Tourner les lentilles et le thym dans la vinaigrette.

5 Battre énergiquement la crème puis incorporer le raifort. Laver la ciboulette, l'essorer puis la couper en petits rouleaux. Trancher finement les steaks en lanières et incorporer leur jus aux lentilles.

6 Rectifier l'assaisonnement des lentilles avec du sel, du poivre et du vinaigre puis dresser celles-ci sur des assiettes en les garnissant de mâche. Coucher les steaks sur ce lit de lentilles, puis déposer 1 cuillerée de sauce au raifort. Parsemer de ciboulette et servir avec une baguette fraîche.

Salade de bœuf asiatique aux nouilles chinoises

Trancher finement 400 à 500 g de steak de bœuf rôti ou grillé la veille. Couper 2 piments chilis en deux, les épépiner, les laver et les couper en minces lanières. Éplucher 2 oignons rouges, les couper en deux et les émincer finement. Couper en petits bâtonnets 200 g de pousses de bambou en conserve (1 boîte). Éplucher 1 gousse d'ail et 3 cm de gingembre puis les hacher finement. Plonger 150 g de nouilles chinoises dans de l'eau bouillante et les laisser gonfler 10 minutes ; les égoutter et les couper en tronçons de 10 cm. Dans un wok, faire chauffer 2 c. à s. d'huile d'arachide et saisir les tranches de steak des deux côtés. Ajouter le chili, l'ail et le gingembre et les faire revenir brièvement. Déglacer avec 3 c. à s. de vinaigre de vin rouge et 2 c. à s. de sauce au soja ; saler, poivrer puis retirer la viande du feu en la mettant dans un saladier. Incorporer les pousses de bambou et les nouilles chinoises. Dresser la salade sur des feuilles de pak-choi coupées en lanières.

Éplucher des asperges

1 Laver les asperges blanches ou vertes et couper leur extrémité filandreuse.

2 Avec un économe, éplucher les asperges blanches en commençant sous la pointe et en descendant jusqu'au pied. L'épluchure doit être fine dans la partie supérieure, puis de plus en plus épaisse vers le pied.

3 Les asperges vertes étant moins fibreuses, les éplucher finement sur leur tiers inférieur seulement.

La gourmande

Salade de jambon aux asperges et au cerfeuil

1 Laver les asperges, ôter leur extrémité filandreuse, les éplucher et les couper en tronçons de 8 cm de long. Laver le citron, en couper une moitié en minces rondelles ; presser l'autre moitié et mettre le jus de côté.

2 Porter à ébullition une grande quantité d'eau additionnée d'une pincée de sel, du sucre et des rondelles de citron et faire cuire les asperges 18 à 20 minutes. Égoutter ces dernières et les laisser refroidir. Faire durcir les œufs, les passer sous l'eau froide puis les laisser refroidir.

3 Enlever la couenne des deux types de jambon puis couper ceux-ci en étroites lanières de 4 cm de long. Parer les cœurs de laitue, les laver, les essorer et les couper en gros morceaux. Laver le cerfeuil si besoin, l'essorer puis le hacher finement.

4 Disposer les feuilles de laitue sur un grand plat ou des assiettes. Pour la sauce, verser dans un grand bol la mayonnaise, le yogourt, 1 cuillerée à soupe de jus de citron et l'huile. Ajouter une pincée d'herbes salées, du poivre et le cerfeuil, puis battre le tout au fouet jusqu'à obtenir une consistance crémeuse.

5 Incorporer le jambon et les asperges à la sauce. Ajouter si nécessaire des herbes salées, du poivre et du jus de citron. Écaler les œufs et les couper en quatre. Dresser la salade sur les feuilles de laitue et garnir avec les quartiers d'œufs. Cette salade est délicieuse accompagnée de pain blanc grillé.

Pour 4 personnes
500 g d'asperges blanches ou vertes (1 botte)
1 citron non traité
Sel
1 c. à t. de sucre
2 œufs
150 g de jambon cru, légèrement fumé
200 g de jambon cuit
2 cœurs de laitue
2 poignées de cerfeuil frais
3 c. à s. de mayonnaise allégée
⅔ tasse de yogourt
1 c. à s. d'huile de maïs
Herbes salées
Poivre noir du moulin

215

Par personne
285 kcal, 15 g de protéines,
20 g de lipides, 10 g de glucides
Préparation : 40 minutes

Astuce :
Les amateurs d'asperges savent bien que, pour pouvoir déguster les savoureuses tiges en dehors de leur haute saison, il faut les éplucher et les congeler crues.

Brochettes de poulet en salade asiatique,
sauce aux arachides

Pour 4 personnes
2 poitrines de poulet (400 g en tout)
1 gousse d'ail
1 morceau de gingembre frais
   (3 cm de long)
5 c. à s. de sauce au soja
1 c. à s. de jus de citron
3 c. à s. d'huile de tournesol
½ c. à t. de sambal oelek
   (piment indonésien)
4 piments chilis rouges frais
150 g de germes de haricot mungo
1 poivron rouge
1 petit pak-choi
2 oignons verts
2 à 3 c. à s. de jus de lime
Sel
Poivre noir du moulin
3 c. à s. de crème d'arachides
1 c. à s. de vinaigre de vin blanc
50 ml de lait
1 c. à t. de cassonade

Par personne
340 kcal, 32 g de protéines,
19 g de lipides, 10 g de glucides
Préparation : 40 minutes
Marinage : 1 à 2 heures

1 Couper les poitrines de poulet en dés de 3 cm. Éplucher la gousse d'ail et l'écraser dans un presse-ail. Éplucher le gingembre et le râper finement. Dans un saladier, mélanger l'ail, le gingembre, 3 cuillerées à soupe de sauce au soja, le jus de citron, 1 cuillerée à soupe d'huile de tournesol et le sambal oelek. Incorporer le poulet et laisser mariner 1 à 2 heures à couvert.

2 Laver les piments puis les déposer sur une planche à découper. Avec un couteau de cuisine pointu, entailler environ six fois la gousse jusqu'à son extrémité en veillant à ne pas la trancher (voir ci-contre). Déposer les gousses ainsi découpées dans un récipient rempli de glaçons.

3 Verser les germes de haricot mungo dans une passoire, les passer sous l'eau froide et les égoutter. Couper le poivron en deux et l'épépiner. Laver les 2 moitiés et les couper en lanières de 4 cm de long. Parer le pak-choi, le laver, l'essorer, puis le couper en lanières de 2 cm de large. Laver les oignons verts, les parer et les détailler en minces bracelets.

4 Dresser les légumes sur un grand plat. Préparer une vinaigrette en mélangeant le jus de lime, le reste de l'huile, du sel et du poivre, puis verser celle-ci sur la salade. Retirer les morceaux de viande de la marinade et les embrocher sur 8 à 12 brochettes. Conserver le reste de la marinade. Faire cuire les brochettes de poulet environ 6 minutes sur un gril en les retournant de temps en temps.

5 Pour la sauce, verser la crème d'arachides dans un poêlon. Ajouter le reste de la sauce au soja, le vinaigre, le reste de la marinade et le lait. Mélanger jusqu'à obtenir une consistance lisse. Chauffer la sauce afin de l'épaissir, saler, poivrer et ajouter le sucre.

6 Dresser les brochettes sur la salade et les napper de la sauce aux arachides. Retirer les chilis des glaçons, les égoutter et en garnir la salade. Servir.

Astuce :
On peut facilement confectionner soi-même de la crème aux arachides en broyant dans un hachoir à piston des arachides fraîches et décortiquées avec un peu d'huile et 1 pincée de sel.

Confectionner des fleurs de piment chili

1 Entailler les piments environ 6 fois de la base du pédoncule jusqu'à l'extrémité, dans le sens de la longueur de la gousse. Veiller à ne pas les trancher ni les couper en morceaux.

2 Déposer les piments dans un bol rempli de glaçons. Peu de temps après, les lanières commencent à s'incurver vers l'extérieur.

3 Égoutter les gousses, ôter les graines (très piquantes) si on le désire et garnir la salade avec ces jolies fleurs de piment.

Mesclun à la dinde
garni de melon et de raisins

1 Parer l'iceberg et la trévise, les laver puis les essorer. Couper les feuilles en morceaux et les dresser sur des assiettes. Couper le melon en deux et l'épépiner avec une cuillère à soupe. Prélever des boules de chair à l'aide d'une cuillère à pomme parisienne.

2 Laver les raisins, les éponger, les couper en deux et les égrener. Répartir les boules de melon et les raisins sur les feuilles de laitue. Pour la sauce, verser dans un bol l'huile de noix, 2 à 3 cuillerées à soupe de jus de citron, la crème à 35 %, du sel et du poivre. Battre énergiquement les ingrédients au fouet.

3 Couper les escalopes de dinde en minces lanières. Faire chauffer le beurre dans une poêle et les saisir des 2 côtés jusqu'à ce qu'elles soient cuites et légèrement dorées. Ajouter le sel, le poivre et 1 cuillerée à soupe de jus de citron.

4 Laver le thym citronné, l'essorer puis l'effeuiller. L'incorporer ensuite à la viande. Battre de nouveau brièvement la sauce avant de la verser sur la salade. Répartir les lanières de dinde puis garnir de cerneaux de noix. Servir immédiatement.

Pour 4 personnes

1 petite laitue iceberg
1 trévise (radicchio)
1 petit melon de miel
200 g de raisins blancs et noirs
2 c. à s. d'huile de noix
3 à 4 c. à s. de jus de citron
2 c. à s. de crème à 35 %
Sel
Poivre noir concassé
500 g d'escalope de dinde
1 c. à s. + 1 c. à t. de beurre
2 à 3 branches de thym citronné frais
¼ tasse de cerneaux de noix

Par personne

400 kcal, 34 g de protéines, 21 g de lipides, 18 g de glucides
Préparation : 35 minutes

Dinde et moutarde de fruits, sauce à la moutarde

Préparer 1 petite laitue iceberg et 1 trévise selon les indications de la recette ci-dessus. Les disposer sur des assiettes. Faire égoutter 80 g de moutarde de fruits italienne, la couper en morceaux et la répartir sur les feuilles de laitue. Éplucher ½ radis blanc (daikon), le râper grossièrement et l'éparpiller sur les feuilles de salade. Confectionner une sauce crémeuse en mélangeant 3 c. à s. de crème à 35 %, 2 c. à s. d'huile de tournesol, 1 c. à s. de moutarde à l'ancienne, 1 à 2 c. à s. de vinaigre de vin blanc, du sel, du poivre et 1 pincée de sucre. Verser ensuite la sauce sur la salade. Faire griller 500 g de filet de dinde coupé en lanières, assaisonner celles-ci puis les dresser sur la salade. Parsemer le tout de 2 c. à s. de ciboulette coupée en petits rouleaux et servir aussitôt.

Marinade de pastrami
aux artichauts
et aux tomates

Pour 4 personnes
300 g de pastrami finement tranché
2 c. à s. de jus de citron
1 c. à s. de vinaigre balsamique blanc
4 c. à s. d'huile d'olive
Sel
Poivre noir du moulin
6 cœurs d'artichaut marinés
   dans du vinaigre
100 g de roquette
1 oignon rouge
3 tomates italiennes bien mûres

Par personne
290 kcal, 20 g de protéines,
12 g de lipides, 19 g de glucides
Préparation : 35 minutes
Marinage : 1 heure

1 Décoller les tranches de pastrami les unes des autres et les empiler sur un plat. Dans un petit bol, battre énergiquement le jus de citron, le vinaigre balsamique et l'huile d'olive.

2 Saler et poivrer la vinaigrette et en verser la moitié sur les tranches de pastrami. Couvrir la viande et la réserver au frais pendant 1 heure.

3 Égoutter les cœurs d'artichaut et les couper en quatre. Laver la roquette, l'essorer et l'effeuiller. Disposer les feuilles sur des assiettes. Éplucher l'oignon et l'émincer finement avec une mandoline. Dresser les rondelles d'oignon et les quartiers d'artichaut sur la roquette.

4 Laver les tomates et les partager en deux. Ôter le pédoncule puis les couper en tranches. Les intercaler ensuite entre les rondelles d'oignon et les quartiers d'artichaut. Arroser le tout avec le reste de la vinaigrette.

5 Dresser le pastrami mariné sur la salade et servir avec du pain encore chaud.

À savoir :
Le pastrami est aussi apprécié en garniture de sandwich. Idée recette : déposer une feuille de laitue sur une tranche de pain de mie, la recouvrir de pastrami puis de rondelles de tomate et de concombre, déposer une noisette de mayonnaise puis refermer le sandwich.

Le pastrami
Il s'agit d'un filet de bœuf cuit, frotté de cumin moulu et d'autres épices, puis débité en très fines tranches. On peut se procurer cette viande dans les épiceries fines ou au rayon charcuterie des supermarchés très bien achalandés. Les Turcs possèdent également une spécialité de viande fumée similaire, appelée pastirma, qui est une viande de bœuf généreusement épicée et séchée. On peut trouver cette spécialité dans les épiceries orientales bien approvisionnées.

Marinade de pastrami
sur un lit de pommes de terre

Faire mariner 300 g de pastrami selon les indications de la recette ci-contre. Peler 4 grosses pommes de terre cuites la veille puis les trancher. Les dresser sur quatre assiettes ou sur un grand plat. Les parsemer de poivre noir concassé, de sel et d'une pointe de cumin et de paprika. Les arroser de 2 c. à s. d'huile d'olive de qualité supérieure. Laver 12 tomates cerises, ôter le pédoncule, les couper en quatre, les ajouter à la salade. Dresser le pastrami mariné sur les pommes de terre et servir avec de la baguette.

Salade de foies de poulet et de pommes
sur feuilles de chêne

Pour 4 personnes

400 g de foies de poulet prêts à cuire
100 ml de vin rouge sec
2 c. à s. de vinaigre balsamique
1 feuille de laurier
1 branche de thym frais
½ feuille de chêne
2 oignons
3 c. à s. d'huile de tournesol
2 pommes acidulées
   (mcintosh, par exemple)
1 c. à s. de beurre
1 c. à s. de jus de citron
50 ml de vin blanc demi-sec
1 pointe d'anis en poudre
1 c. à s. de raisins secs
Sel
Poivre noir du moulin

Par personne

250 kcal, 16 g de protéines,
16 g de lipides, 9 g de glucides
Préparation : 40 minutes
Marinage : 1 heure

1 Déposer les foies de poulet dans un bol. Ajouter le vin rouge, 1 cuillerée à soupe de vinaigre balsamique, la feuille de laurier et la branche de thym, puis mélanger le tout. Couvrir les foies et les faire mariner environ 1 heure au frais.

2 Parer la feuille de chêne, la laver, l'essorer puis la couper en petits morceaux. Disposer ensuite les feuilles sur un grand plat. Éplucher les oignons et les émincer finement à l'aide d'une mandoline. Dans une poêle non adhésive, faire chauffer 2 cuillerées à soupe d'huile et faire dorer les rondelles d'oignon. Les retirer ensuite du feu et les réserver au chaud.

3 Éplucher les pommes, les partager en quatre, les épépiner puis les couper en lamelles. Dans un poêlon, faire chauffer le beurre, verser les lamelles de pomme et les faire cuire brièvement à l'étuvée. Ajouter le jus de citron, le vin blanc, l'anis en poudre et les raisins secs.

4 Faire cuire les pommes à cœur 1 à 3 minutes, à couvert et à feu moyen. Veiller à ce que les lamelles de fruit ne s'écrasent pas. Retirer le poêlon du feu.

5 Égoutter les foies et les essuyer soigneusement avec du papier essuie-tout. Retirer le laurier et le thym de la marinade. Dans une poêle non adhésive, faire chauffer 1 cuillerée à soupe d'huile et saisir les foies de tous côtés pendant 2 à 3 minutes. Saler et poivrer la viande et la répartir sur les feuilles de chêne.

6 Verser la marinade dans la poêle et la faire bouillir brièvement. Saler, poivrer, ajouter 1 cuillerée à soupe de vinaigre balsamique puis verser sur la salade. Dresser les lamelles de pomme et les rondelles d'oignon sur le plat de manière harmonieuse.

Foies de poulet
aux haricots et tomates séchées

Faire mariner 400 g de foies de poulet selon les indications de la recette ci-contre. Laver 500 g de haricots verts, les ébouter et les couper en tronçons de 5 cm. Les faire cuire environ 12 minutes dans ½ tasse de bouillon de légumes. Les retirer ensuite du feu et les laisser refroidir. Éplucher 1 oignon rouge et le hacher finement. Égoutter 8 moitiés de tomates séchées, marinées dans l'huile, puis les hacher finement. Dans un saladier, mélanger les haricots, les tomates, l'oignon, 1 c. à s. d'origan frais finement haché et 1 c. à s. de persil haché. Dans une poêle non adhésive, faire chauffer 3 c. à s. d'huile d'olive puis saisir les foies de poulet comme dans la recette principale. Éplucher 1 gousse d'ail, l'écraser dans un presse-ail et la faire revenir brièvement avec les foies. Préparer une vinaigrette avec 2 c. à s. de vinaigre balsamique, 2 c. à s. d'huile d'olive, du sel et du poivre. La verser sur la salade. Dresser les foies chauds puis servir.

Marinade d'oie
sur un lit de pain

Trancher finement 300 g de filet d'oie fumé. Mélanger doucement les tranches avec 2 c. à s. de vinaigre de fleurs (si vous en avez), 1 c. à s. de vinaigre balsamique, 2 c. à s. d'huile de noix, du sel et du poivre noir concassé. Laisser reposer 30 minutes. Pendant ce temps, découper 200 g de pain italien rassis en très fines tranches et les faire griller dans un four préchauffé à 180 °C (350 °F). Les déposer sur un plat ou de grandes assiettes plates et les arroser avec 1 c. à s. d'huile de noix. Parer ½ cœur de batavia, le laver, l'essorer et le couper en petits morceaux. Le répartir de manière égale sur les tranches de pain. Couper 2 poires fermes en deux, les éplucher, les épépiner et les détailler en petits dés. Dresser tout d'abord les dés de poire puis les tranches d'oie fumée sur la salade. Parsemer le tout de poivre concassé et servir aussitôt.

La gourmande

Salade d'oie fumée
sur un lit
de chou rouge

1 Laver et parer le chou rouge. L'émincer finement à l'aide d'une mandoline. Éplucher l'oignon ; y piquer les clous de girofle et la feuille de laurier. Dans un faitout, faire chauffer l'huile puis cuire le chou rouge à l'étuvée. Ajouter l'oignon et le braiser rapidement. Verser le vin rouge, le vinaigre et le jus d'orange. Saler et poivrer les ingrédients et les faire cuire 30 à 40 minutes, à couvert et à feu moyen. Retirer le faitout du feu et laisser tiédir le chou rouge après avoir retiré l'oignon.

2 Pour confectionner les suprêmes d'orange, peler 1 orange à vif. Avec un couteau pointu, séparer les quartiers les uns des autres en recueillant le jus qui s'écoule. Couper les quartiers en deux et les mettre de côté.

3 Laver soigneusement la deuxième orange et la sécher. Prélever de fines lanières sur une moitié de peau. Presser ensuite son jus. Dans un bol, verser le jus de l'orange, la gelée d'orange et l'huile de noix puis battre énergiquement au fouet. Saler et poivrer généreusement.

4 Verser la vinaigrette sur le chou rouge et mélanger. Le dresser ensuite sur un grand plat. Disposer par-dessus les tranches d'oie fumée et les garnir avec les suprêmes d'orange. Parsemer la viande de zestes d'orange et servir aussitôt avec du pain de mie grillé.

225

Pour 4 personnes
500 g de chou rouge
1 oignon
2 clous de girofle
1 feuille de laurier
2 c. à s. d'huile de tournesol
100 ml de vin rouge
2 c. à s. de vinaigre de vin rouge
½ tasse de jus d'orange
Sel
Poivre noir du moulin
2 oranges non traitées
½ à 1 c. à t. de gelée d'orange
2 c. à s. d'huile de noix
300 g de filet d'oie fumé, finement tranché

Par personne
295 kcal, 20 g de protéines,
15 g de lipides, 15 g de glucides
Préparation : 1 heure

Astuce :
La gelée d'orange, très fruitée, parfume délicieusement la vinaigrette. À l'achat, veiller à ne pas la confondre avec la marmelade d'oranges amères, d'origine anglaise.

Salade de poulet et d'avocat

Pour 4 personnes

2 échalotes
½ tasse de vin blanc sec
4 grains de poivre noir
Sel
4 c. à s. de jus de citron
2 petites poitrines de poulet
  (300 g en tout)
2 avocats
2 branches de céleri jaune clair
1 petit concombre
1¼ tasse de crème sure
1 pointe de moutarde à l'ancienne
1 à 2 c. à t. de vinaigre de vin blanc
1 c. à s. d'huile de canola
1 pincée de sucre
Poivre noir du moulin
1 pincée de poivre de Cayenne
Environ 10 feuilles d'oseille

Par personne

480 kcal, 22 g de protéines,
39 g de lipides, 4 g de glucides
Préparation : 35 minutes

1 Éplucher les échalotes et les couper en quatre. Dans une casserole, porter à ébullition ½ tasse d'eau avec les échalotes, le vin blanc, les grains de poivre, du sel et 1 cuillerée à soupe de jus de citron. Ajouter les poitrines de poulet et ramener le tout à ébullition. Faire cuire 15 minutes, à couvert et à feu doux. Retirer ensuite la casserole du feu et laisser les poitrines refroidir dans leur bouillon de cuisson.

2 Couper les avocats en deux et les dénoyauter. Avec une cuillère à soupe, prélever une partie de la chair (en laisser une couche de quelques millimètres), couper celle-ci en dés et la mélanger à 1 cuillerée à soupe de jus de citron dans un saladier. Arroser les moitiés d'avocat avec une autre cuillerée à soupe de jus de citron.

3 Parer les branches de céleri, les laver et les couper en fine brunoise. Éplucher le concombre et le partager en deux dans le sens de la longueur. L'épépiner avec une petite cuillère et couper la chair en petits dés. Faire égoutter les poitrines de poulet et les couper en cubes de 1,5 cm environ. Incorporer les dés de poulet, de céleri et de concombre aux dés d'avocat puis mélanger le tout.

4 Pour la sauce, mélanger dans un petit bol la crème sure, la moutarde, le vinaigre, 1 cuillerée à soupe de jus de citron, l'huile, le sucre, le poivre du moulin et 1 pincée de sel jusqu'à obtenir une consistance lisse. Mélanger la sauce à la viande et aux légumes. Rectifier l'assaisonnement et farcir les moitiés d'avocat avec ce mélange.

5 Parsemer les avocats avec un soupçon de poivre de Cayenne. Laver les feuilles d'oseille, les sécher et les couper en fines lanières. Garnir les avocats avec l'oseille et servir aussitôt.

Astuce :
S'il reste de la salade de poulet, compléter la garniture des avocats ou la servir le lendemain en collation, ou encore en farcir des conchiglionis, grosses pâtes en forme de coquille.

Salade de poulet,
sauce aux anchois

Faire cuire 2 poitrines de poulet
(400 g en tout) selon les indications
de la recette ci-contre, les laisser
refroidir puis les couper en
tranches de 1 cm d'épaisseur. Parer
½ frisée, la laver, l'essorer, la
couper en morceaux et la dresser sur
des assiettes. Disposer par-dessus
les tranches de poulet. Pour
la sauce, hacher très finement
3 filets d'anchois marinés dans
l'huile de façon à les réduire
quasiment en purée. Mélanger les
anchois, ⅓ tasse de mayonnaise
et ¾ tasse de yogourt jusqu'à
l'obtention d'une consistance lisse.
Saler, poivrer, ajouter 1 pincée de
sucre et 3 à 4 c. à s. de jus de citron.
Arroser les tranches de poulet
avec la sauce. Garnir de persil
et de tomates cocktail. Selon vos
goûts, émincer finement quelques
olives vertes farcies aux poivrons
et éparpiller 1 c. à t. de câpres
sur la salade.

Salade de veau,
vinaigrette
à la tomate

Trancher finement 500 g de veau
cuit et disposer les tranches
en éventail sur des assiettes.
Plonger 4 tomates bien mûres et
parfumées dans de l'eau bouillante,
les passer sous l'eau froide puis
les éplucher. Les couper en deux,
ôter le pédoncule et les graines
et les détailler en fine brunoise.
Éplucher 1 gousse d'ail et l'écraser
dans un presse-ail. Laver 4 branches
de basilic, les sécher et couper
finement les feuilles. Mélanger les
dés de tomate, le basilic et l'ail.
Ajouter 4 c. à s. d'huile d'olive,
2 c. à s. de vinaigre balsamique,
du sel et du poivre puis mélanger
le tout. Arroser les tranches de
viande avec la vinaigrette et
servir la salade accompagnée
de pain italien grillé.

Salade de veau asiatique,
crème au sambal

1 Couper le veau cuit en fines tranches et les déposer dans un saladier. Parer le chou chinois, le laver et bien l'essorer. Le couper ensuite en minces lanières.

2 Égoutter les pousses de bambou et les détailler en petits bâtonnets. Laver les pois mange-tout, les ébouter et les trancher en biais. Mélanger les légumes à la viande.

3 Dans un bol, verser les 2 types d'huiles, 2 cuillerées à soupe de vinaigre, la sauce au soja et le sucre. Éplucher le gingembre et le hacher finement. Enlever les feuilles externes dures de la citronnelle et hacher finement son cœur tendre (voir ci-dessous).

4 Ajouter le gingembre et la citronnelle à la vinaigrette puis mélanger le tout. Resaler légèrement si nécessaire. Verser sur la salade et tourner longuement.

5 Dans une poêle, faire griller légèrement les graines de sésame sans matière grasse. Les verser dans une assiette et les laisser refroidir. Laver la ciboulette, l'essorer et la couper en petits rouleaux. Mélanger la crème à 35 % au sambal oelek puis saler.

6 Rectifier l'assaisonnement de la salade de veau et la dresser dans de petites coupelles. Déposer au milieu de chaque part une noix de crème au sambal ; parsemer de sésame et de ciboulette.

Pour 4 personnes

400 g de veau cuit
200 g de chou chinois
200 g de pousses de bambou en conserve (1 boîte)
100 g de pois mange-tout
2 c. à s. d'huile de tournesol
½ c. à t. d'huile de sésame
2 à 3 c. à s. de vinaigre de riz
2 c. à s. de sauce au soja
1 à 2 pincées de cassonade
1 morceau de gingembre frais (3 cm de long)
1 branche de citronnelle
Sel
2 c. à s. de graines de sésame
½ botte de ciboulette
2 c. à s. de crème à 35 %
1 c. à t. de sambal oelek (piment indonésien)

229

Par personne
270 kcal, 24 g de protéines,
17 g de lipides, 5 g de glucides
Préparation : 30 minutes

Préparer la citronnelle
1 Enlever les feuilles externes dures et la naissance des racines.

2 Éliminer également les extrémités fibreuses du jonc car elles ne sont pas comestibles. Laver ensuite la tige et l'essuyer avec du papier essuie-tout.

3 Émincer finement en biais le cœur tendre et juteux ou le hacher délicatement. Pour obtenir des morceaux encore plus fins, écraser la citronnelle dans un mortier.

Salade de bœuf,
marinade aux cornichons et fines herbes

Pour 4 personnes

600 g de viande de bœuf (faux-filet)
1 bouquet garni
1 feuille de laurier
Sel
1½ c. à t. de poivre noir en grains
1 clou de girofle
200 g de cornichons
2 oignons blancs
1 c. à t. de piment en grains
100 ml de jus de cornichon
2 c. à s. d'huile de tournesol
1 à 3 c. à s. de vinaigre de vin blanc
2 branches d'aneth et de persil

Par personne

280 kcal, 33 g de protéines,
13 g de lipides, 6 g de glucides
Préparation : 35 minutes
Cuisson : 2 heures
Marinage : 12 heures

Astuce :
Cette salade sera plus douce
si l'on y ajoute, avant de la servir,
1 concombre moyen (250 g), épépiné
et coupé en dés. Elle se conserve
2 à 3 jours au réfrigérateur.

1 Placer la viande de bœuf dans un faitout et la recouvrir d'eau. Parer le bouquet garni et le couper en morceaux. Verser dans le faitout le bouquet garni, la feuille de laurier, 2 cuillerées à thé de sel, ½ cuillerée à thé de poivre en grains et le clou de girofle puis porter le tout à ébullition. Avec une écumoire, recueillir la mousse qui se forme en surface. Faire cuire la viande à cœur 2 heures à feu doux puis la laisser refroidir dans son bouillon de cuisson.

2 Couper les cornichons en brunoise. Éplucher les oignons et les ciseler finement. Verser dans un grand saladier les oignons et les cornichons. Sortir la viande du bouillon et la laisser continuer à refroidir quelques instants, puis la couper en dés de 2 cm environ. Verser les dés de viande, le poivre restant et le piment en grains dans le saladier et mélanger le tout.

3 Pour la marinade, filtrer le jus de cornichon à travers une passoire à mailles fines au-dessus d'un petit bol. Ajouter 1 cuillerée à thé de sel et l'huile, puis mélanger. Verser la marinade dans le saladier en ajoutant éventuellement un peu de bouillon de façon à ce que la viande, les oignons et les cornichons soient entièrement recouverts. Utiliser le reste du bouillon pour une autre recette.

4 Couvrir la salade et la faire mariner au frais pendant au moins 12 heures. Peu avant de la servir, la relever généreusement de sel et de vinaigre. Laver les fines herbes, hacher finement leurs feuilles et les incorporer à la salade. Puis égoutter celle-ci et la dresser dans des coupelles. Elle sera succulente accompagnée de pommes de terre grillées.

Salade de bœuf mexicaine aux piments chilis

1 Couper la viande de bœuf en fines lanières et la déposer dans un saladier. Laver les feuilles de coriandre, les essorer et les hacher finement. Mettre de côté environ 1 cuillerée à soupe de feuilles hachées pour la garniture. Couper les piments chilis en deux dans le sens de la longueur, les épépiner, les laver et les hacher finement. Incorporer le chili et le reste des feuilles de coriandre à la viande.

2 Dans un bol, mélanger 2 cuillerées à soupe de vinaigre, le jus de lime et l'huile d'olive. Saler, poivrer et ajouter le paprika. Verser la vinaigrette dans le saladier et bien mélanger. Couvrir et laisser reposer environ 1 heure au réfrigérateur.

3 Couper les poivrons en deux, les épépiner, les laver et les débiter en dés de 1,5 cm. Égoutter les épis de maïs nains et les tronçonner. Couper les tomates en deux, éliminer les pédoncules et les graines puis les détailler en dés. Parer les oignons verts, les laver et les trancher en rondelles.

4 Mélanger les légumes à la salade et rectifier l'assaisonnement avec du sel, du poivre et du vinaigre. Garnir des nachos ou des tortillas avec cette préparation. La parsemer de feuilles de coriandre.

Astuce :
Cette salade est encore meilleure lorsqu'on réchauffe rapidement les nachos ou les tortillas au four avant de les dresser en garniture.

232

Pour 4 personnes

500 g de viande de bœuf maigre cuite
½ botte de feuilles de coriandre
2 piments chilis rouges
2 à 3 c. à s. de vinaigre de vin rouge
2 c. à s. de jus de lime
4 c. à s. d'huile d'olive
Sel
Poivre noir du moulin
¼ c. à t. de paprika doux
1 poivron rouge et 1 orange
8 épis de maïs nains marinés
2 grosses tomates
2 oignons verts
4 nachos ou tortillas

Par personne
410 kcal, 38 g de protéines,
22 g de lipides, 13 g de glucides
Préparation : 35 minutes
Marinage : 1 heure

Salade de bœuf et de pommes de terre, sauce au raifort

Faire cuire 500 g de bœuf maigre en suivant la recette de la page 230 (Salade de bœuf, marinade aux cornichons et aux fines herbes). Parer 4 carottes et 4 branches de céleri, en les laissant entières si possible. Les faire cuire avec la viande environ 30 minutes. Retirer les légumes du bouillon de cuisson, les laisser refroidir et les couper en morceaux. Faire également refroidir la viande et la débiter en dés. Éplucher 1 oignon rouge et le ciseler finement. Peler 4 ou 5 pommes de terre en robe des champs, cuites la veille, et les couper en morceaux assez gros. Dans un saladier, mélanger la viande, les légumes, les pommes de terre et l'oignon. Pour la sauce, verser 1²/₃ tasse de crème sure dans un bol. Ajouter 2 c. à s. d'huile de canola, 2 c. à s. de lait, 2 à 3 c. à s. de vinaigre de vin blanc, 1 à 2 c. à s. de raifort râpé, ½ pomme finement râpée, du sel et du poivre. Mélanger le tout jusqu'à l'obtention d'une consistance crémeuse. Verser la sauce sur la salade puis ajouter 2 c. à s. de persil grossièrement haché.

233

Carpaccio de bresaola sur un lit de salade, sauce à l'estragon

Pour 4 personnes
100 g (½ sac) d'épinards tendres
½ petite lollo rossa
150 g de bresaola finement tranché
4 c. à s. d'huile d'olive
2 c. à s. de vinaigre balsamique rouge
1 c. à s. de jus de citron
Sel
Poivre noir concassé
100 ml de crème à 35 %
1 pincée de curcuma en poudre
2 branches d'estragon frais
1 c. à t. de vinaigre balsamique blanc
1 pincée de sucre

Par personne
250 kcal, 12 g de protéines,
21 g de lipides, 3 g de glucides
Préparation : 20 minutes

1 Parer les épinards et la lollo rossa, les laver et les essorer. Couper la lollo rossa en morceaux. Disposer tout d'abord les feuilles de lollo rossa puis les épinards sur quatre assiettes.

2 Dresser le bresaola sur ce lit de feuilles. L'arroser d'huile d'olive, de vinaigre balsamique et de jus de citron puis parsemer le tout de sel et de poivre concassé.

3 Pour la sauce, mélanger dans un bol la crème à 35 %, le sel, le poivre et le curcuma jusqu'à obtenir une consistance lisse. Laver l'estragon et l'essorer. L'effeuiller et le hacher finement.

4 Incorporer l'estragon au mélange à base de crème à 35 %. Ajouter le vinaigre balsamique blanc et le sucre. Verser la sauce au centre de la salade puis servir immédiatement. De la baguette encore chaude accompagne merveilleusement bien cette salade de bresaola.

À savoir :
Dans le cas d'un régime minceur, remplacer la crème à 35 % par de la crème sure ou de la crème à 15 % champêtre.

234

Le bresaola
Cette viande
de bœuf, séchée
et salée, nous vient d'Italie
du Nord. Maigre et très tendre,
elle est coupée en très fines tranches
comme le carpaccio et représente
une succulente alternative pour tous ceux
qui n'apprécient pas la viande crue. On peut
en trouver dans les épiceries italiennes bien
approvisionnées ou dans les épiceries fines.
Enveloppée dans du papier ciré, elle se
conserve deux jours au réfrigérateur.

Bresaola
sur un carpaccio d'asperges

Éplucher 800 g de grosses asperges blanches (environ 2 bottes). À l'aide d'une mandoline ou d'un économe, les couper en fines lamelles dans le sens de la longueur. Les placer dans un faitout et les porter à ébullition dans 2 litres d'eau additionnée de 1 c. à t. de sel et de sucre et de 2 c. à s. de jus de citron. Les faire cuire 5 à 8 minutes, puis bien les égoutter et les laisser tiédir.

Les dresser sur des assiettes. Répartir harmonieusement sur ce lit d'asperges 150 g de bresaola. Arroser la viande d'une vinaigrette faite de 4 c. à s. d'huile d'olive et de 3 c. à s. de jus de citron, saler et poivrer. Déposer au milieu de chaque part 1 c. à s. d'aïoli ; garnir de persil.

Poulet en lanières,
pâtes aux courgettes et roquette

1 Faire cuire les pâtes al dente dans une grande quantité d'eau légèrement salée. Les égoutter et les laisser refroidir. Parer les courgettes, les laver et les couper en rondelles de 1 cm d'épaisseur. Éplucher la gousse d'ail et l'écraser dans un presse-ail au-dessus d'un saladier. Laver le romarin, l'essorer, l'effeuiller, le hacher grossièrement puis l'ajouter à l'ail. Incorporer 2 cuillerées à soupe d'huile d'olive et les courgettes, mélanger le tout et laisser reposer un moment.

2 Dans une poêle non adhésive, faire dorer les courgettes de tous côtés ; les saupoudrer de sel et de poivre et les reverser dans le saladier. Ajouter les pâtes et mélanger les ingrédients délicatement.

3 Laver la roquette et l'essorer. L'effeuiller et couper ses feuilles en morceaux. Laver les tomates et les partager en deux. Dans un bol, battre le vinaigre balsamique, le reste de l'huile d'olive, du sel et du poivre. Incorporer cette vinaigrette, la roquette et les tomates au mélange à base de pâtes. Rectifier l'assaisonnement et dresser la salade dans des coupelles individuelles.

4 Laver la marjolaine, le thym et le persil puis les essorer. Les effeuiller et les hacher finement. Faire chauffer le beurre dans une poêle. Couper les filets de poulet en lanières, les saisir et les faire dorer de tous côtés. Saler et poivrer la viande et la disposer sur la salade. Parsemer du mélange de fines herbes et arroser de jus de citron. Servir immédiatement.

Pour 4 personnes

200 g de farfalles (pâtes papillons)
Sel
3 courgettes moyennes (400 g)
1 gousse d'ail
1 branche de romarin frais
4 c. à s. d'huile d'olive
Poivre noir du moulin
150 g de roquette
150 g de tomates cerises (environ 10)
2 à 3 c. à s. de vinaigre balsamique
3 branches fraîches de marjolaine, de thym et de persil plat
1 c. à s. + 1 c. à t. de beurre
400 g de filet de poulet
1 c. à s. de jus de citron

237

Par personne

470 kcal, 33 g de protéines, 19 g de lipides, 42 g de glucides
Préparation : 40 minutes

Lanières de poulet
sur un lit de petits légumes

Éplucher 2 carottes et ⅓ ou ½ radis blanc ou daikon (200 g) puis les râper grossièrement. Laver 3 branches de céleri, les parer et les râper grossièrement. Parer 3 oignons verts, les laver et les détailler en fines rondelles. Parer 1 petite laitue iceberg, la laver et la couper en morceaux. Dresser la laitue et les légumes sur un grand plat. Dans un bol, mélanger 2 à 3 c. à s. de jus de lime, 1 c. à s. de vinaigre de riz, 4 c. à s. d'huile d'arachide, 1 c. à t. de sucre, du sel, du poivre et ½ c. à t. de gingembre en poudre. Arroser la salade avec cette sauce. Couper 400 g de filets de poulet en lanières et les faire dorer dans 2 c. à s. d'huile. Les assaisonner avec le sel, 1 c. à s. de jus de lime et un soupçon de sambal oelek. Répartir la viande encore chaude sur les légumes. Servir.

Délicats et nourrissants

poissons e
fruits de mer

Ce chapitre met à l'honneur poissons à chair ferme, moules,

pétoncles, crevettes, calmars et autres produits de la mer.

Aliments très sains, le poisson et les fruits de mer ne figurent

pourtant pas très souvent au menu ; cependant, chaque gourmet

trouvera à coup sûr son bonheur en les accompagnant d'une

mayonnaise douce classique, d'une vinaigrette fruitée ou d'un

nappage épicé.

Saumon

Le filet de saumon frais est délicieux à la vapeur ou grillé. Ce poisson à la chair tendre et parfumée s'accommode très bien avec l'ail, le citron, l'aneth et le persil. Fumé ou mariné (gravlax), il ne réclame aucune cuisson et peut être dressé harmonieusement sur des salades de laitues multicolores.

Crevettes

Décortiquées ou non, les crevettes sont souvent vendues congelées, et sont alors moins chères que les crevettes fraîches. Elles se présentent sous deux aspects : roses, elles sont cuites ; grises, elles sont crues. Attention, il est possible que les crustacés très bon marché aient reçu une alimentation additionnée d'antibiotiques et autres médicaments. Même en choisissant des crevettes de qualité, il faut les consommer avec modération, car leur teneur en cholestérol est élevée !

Morue

On trouve la morue fraîche, mais aussi séchée et salée. Ce poisson populaire, à la chair tendre, ferme et maigre, a toute sa place dans les salades composées. Découpé en filets, il peut être cuit à la vapeur ou grillé. Il est savoureux lorsqu'il est plongé dans une marinade à base d'huile d'olive, de jus de citron, de poivre et de coriandre. Détail important, veiller à bien retirer toutes les arêtes.

Hareng

Il n'est pas nécessaire de cuire les harengs marinés dans du vinaigre et des aromates (rollmops, Bismarck), ni les harengs salés. Ils sont succulents accompagnés d'une sauce épicée et raffinée ou d'une marinade aigre-douce.

Le monde des poissons et des fruits de mer

Les poissons et les fruits de mer apportent aux salades une saveur particulière. Leur diversité permet des créations culinaires infinies. Ce chapitre vous prodigue des conseils essentiels pour les préparer de la manière la plus savoureuse.

Achat

Il faut de préférence acheter les poissons et les fruits de mer chez le poissonnier ou au rayon poissonnerie des supermarchés bien approvisionnés. Certes, il n'existe aucune garantie de fraîcheur, mais on peut partir du principe que les magasins connaissant une grande affluence renouvellent rapidement leurs denrées. Par ailleurs, un bon poissonnier recouvre toujours ses poissons de glace sur son étal. Les poissons et fruits de mer frais doivent avoir un aspect appétissant, ne pas dégager d'effluves nauséabonds mais au contraire une odeur de mer et d'algue. Les critères de fraîcheur sont les suivants : sur les poissons non filetés, les écailles sont très adhérentes et luisantes ; les yeux du poisson doivent être clairs et brillants ; la chair est ferme et élastique au toucher et doit reprendre sa forme après une légère pression du doigt. Quant aux huîtres, moules et autres fruits de mer, ils sont vendus vivants. Les moules doivent impérativement être fermées ou se refermer quand on les effleure avec l'ongle.

Thon

En conserve, mariné dans l'huile ou dans la saumure (à l'eau), le thon est l'un des poissons rois des salades. La qualité de la saumure ou de la marinade peut varier fortement d'un produit à l'autre. Les conserves trop bon marché contiennent rarement une chair ferme ou une huile de qualité. En revanche, les gros morceaux de thon marinés dans l'huile d'olive ou dans la saumure sont un peu plus chers mais plus goûteux.

Esturgeon et anguille

Le fumage se fait à température élevée. Comparée aux autres poissons fumés, l'anguille est particulièrement grasse et très calorique. Coupés en lanières ou en morceaux, anguilles et estrugeons fumés sont particulièrement délicieux en accompagnement de laitues âpres et de salades de légumes verts.

Moules

Les moules communes utilisées pour les salades sont très charnues et savoureuses. Les laver et les brosser, les cuire rapidement à la vapeur ou dans un bouillon épicé et parfumé aux fines herbes jusqu'à ce que les coquilles s'ouvrent. Jeter les moules qui sont restées fermées. Autre solution savoureuse et pratique : utiliser des moules en conserve ou emballées sous vide.

Calmars

On peut se procurer chez le poissonnier des calmars frais et prêts à cuire. Les petits calmars à la chair tendre, grillés entiers dans l'huile ou frits, sont un véritable délice. Il vaut mieux couper les calmars plus gros en morceaux, les frire rapidement dans l'huile ou les cuire à l'étuvée puis les incorporer à la salade composée une fois refroidis. Les calmars vendus au rayon surgelé ne sont, le plus souvent, pas prêts à l'emploi.

Quelle quantité prévoir ?

Pour des salades nourrissantes, on compte 100 à 150 g de poisson ou de fruits de mer décortiqués par personne, selon la diversité des autres ingrédients de la salade et la richesse calorique de la sauce.

Conservation

Le poisson frais doit être placé au réfrigérateur immédiatement après l'achat et être accommodé le jour même. Garder également le poisson fumé au réfrigérateur où il se conservera au moins 2 jours, voire 2 à 3 semaines s'il est emballé sous vide. Si, contrairement à vos prévisions, vous ne pouvez préparer le poisson frais le jour même de l'achat, congelez-le. Important : faire dégeler les poissons et fruits de mer au réfrigérateur.

Qualités nutritives

Le poisson est riche en protéines, en iode, en acides gras oméga-3 polyinsaturés, en vitamines A et D liposolubles ainsi qu'en diverses vitamines du complexe B. Par ailleurs, les moules sont une source non négligeable de zinc.

Cuire le poisson

Que le poisson soit frit, étuvé, poché ou grillé, le plus important est de ne pas trop le faire cuire. On reconnaît une cuisson à point lorsque la chair est blanche et fondante et qu'elle se détache facilement des arêtes. Autre conseil, faire cuire les poissons gras, comme le hareng, le saumon et le maquereau, dans une très faible quantité de matières grasses.

241

Dans les régions côtières, on peut acheter du poisson fraîchement pêché.

Salade de harengs
aux suprêmes
d'oranges et de citrons

Pour 4 personnes

2 grosses oranges
2 gros citrons
3 oignons verts
6 à 8 filets de harengs salés
2 c. à s. de jus de citron
50 ml de jus d'orange fraîchement pressé
1 c. à s. de vinaigre de vin blanc
3 c. à s. d'huile de chardon
Sel, poivre concassé de toutes les couleurs
Quelques feuilles de mélisse citronnée

Par personne

430 kcal, 20 g de protéines,
32 g de lipides, 13 g de glucides
Préparation : 35 minutes
Marinage : 2 heures

1 Peler les oranges et les citrons à vif et recueillir leur jus. Découper les suprêmes d'agrumes à partir des quartiers et les déposer dans un saladier.

2 Parer les oignons verts et éliminer les parties vert foncé. Les laver, les essorer et les couper en fines rondelles. Mettre de côté quelques rondelles vert clair pour la garniture.

3 Laver les filets de harengs et les éponger. Les couper en morceaux de 4 cm et les dresser sur un plat ou sur des assiettes avec les suprêmes d'agrumes et les oignons verts.

4 Pour la vinaigrette, battre énergiquement au fouet dans un saladier le jus des oranges détaillées en suprêmes, le jus de citron et d'orange, le vinaigre, l'huile, 1 pincée de sel et 1 pincée de poivre. Verser la vinaigrette sur la salade. Couvrir puis laisser reposer au moins 2 heures au réfrigérateur.

5 Sortir la salade du réfrigérateur et la ramener à température ambiante. La garnir avec le reste des rondelles d'oignon vert et les feuilles de mélisse. La servir accompagnée de pain complet ou de pain noir.

Salade de harengs
aux betteraves rouges

Faire durcir 4 œufs, les passer sous l'eau froide et les laisser refroidir. Hacher le blanc de 2 œufs et trancher les 2 autres. Laver 6 à 8 filets de harengs sous l'eau froide, les éponger, les couper en morceaux et les dresser sur un plat avec 4 betteraves rouges (150 g) en conserve, détaillées en lamelles, et les œufs tranchés. Mélanger 3 c. à s. de vinaigre de xérès, 3 c. à s. de vin blanc, 4 c. à s. d'huile de tournesol, 1 pincée de sucre, 1 pincée de sel et 1 pincée de poivre noir. Verser cette sauce sur la salade. Parsemer celle-ci de 2 c. à s. de persil haché, de 1 c. à s. de petites câpres, de 1 c. à s. de raifort fraîchement râpé et du blanc d'œuf haché. Servir cette salade avec un pain blanc grillé.

Salade de harengs et de bœuf
à la rhénane

Pour 4 personnes

2 grosses pommes de terre à chair ferme
5 filets de harengs frais prêts à cuire
   ou de harengs marinés dans du vinaigre
1 tasse de babeurre
   (en cas d'utilisation de harengs frais)
1 betterave rouge cuite
250 g de viande de bœuf cuite
2 pommes acidulées
   (mcintosh par exemple)
3 cornichons
½ tasse de cerneaux de noix
1¼ tasse de crème sure
⅓ tasse de mayonnaise allégée
2 à 3 c. à s. de vinaigre à l'estragon
Sel
Poivre noir du moulin
¼ de botte de persil
2 œufs durs

Par personne

700 kcal, 43 g de protéines,
48 g de lipides, 24 g de glucides
Préparation : 40 minutes
Repos : 30 minutes
Marinage : 2 heures

1 Laver et brosser soigneusement les pommes de terre. Les déposer dans un faitout, les recouvrir d'eau et les faire cuire à cœur. Les égoutter, les rafraîchir puis les laisser refroidir. Laver les filets de harengs frais sous l'eau froide et les essuyer avec du papier essuie-tout. Les placer dans un saladier, les arroser avec le babeurre et les laisser reposer pendant 30 minutes. Si on utilise des harengs marinés, il suffit de les essuyer.

2 Éplucher la betterave rouge et la couper, ainsi que le bœuf, en dés de 1 cm. Partager les pommes en quatre, les éplucher et les épépiner. Couper les quartiers en fines lamelles et les cornichons en rondelles. Mettre de côté 8 cerneaux de noix pour la garniture et râper le reste.

3 Retirer les filets de harengs frais du babeurre et les éponger sur du papier essuie-tout. Couper les filets de poisson en dés de 2 cm. Peler les pommes de terre et les couper également en dés de 2 cm. Verser tous les ingrédients dans un saladier et mélanger délicatement.

4 Dans un bol, mélanger la crème sure, la mayonnaise allégée, le vinaigre, le sel et le poivre jusqu'à obtenir une consistance lisse. Verser la sauce sur la salade et mélanger le tout. Couvrir et laisser reposer au frais environ 2 heures.

5 Sortir la salade de harengs du réfrigérateur et la ramener à température ambiante. Rectifier son assaisonnement avec le sel, le poivre et le vinaigre. Laver le persil, l'essuyer et hacher ses feuilles. Écaler les œufs et les partager en quatre. Garnir la salade avec les quartiers d'œufs, le persil et les cerneaux de noix. Elle est succulente avec de la baguette fraîche.

Astuce :
La salade sera encore plus savoureuse après avoir reposé 1 à 2 jours. Rectifier l'assaisonnement avant de servir.

244

Salade de saumon
aux petits pois et à l'aneth

246

Pour 4 personnes

400 g de filet de saumon
1 citron non traité
200 ml de fumet de poisson
100 ml de vin blanc sec
Sel
Poivre noir du moulin
200 g de petits pois surgelés
150 ml de bouillon de légumes
1 petite laitue iceberg
⅓ tasse de mayonnaise allégée
¾ tasse de crème sure
1 c. à t. de moutarde mi-forte
1 pincée de sucre
1 botte d'aneth

Par personne

380 kcal, 25 g de protéines,
23 g de lipides, 11 g de glucides
Préparation : 35 minutes

1 Couper le saumon en dés de 3 cm. Laver le citron, le sécher et détailler 4 suprêmes dans sa chair. Dans un faitout, porter à ébullition le fumet, le vin, le sel, le poivre et les suprêmes de citron.

2 Verser les dés de saumon dans le bouillon et faire cuire 3 à 4 minutes, à couvert et à feu doux. Les retirer et les faire refroidir. Réserver le bouillon de cuisson.

3 Dans une petite casserole, porter à ébullition les petits pois et le bouillon de légumes. Faire cuire les petits pois 5 à 8 minutes selon leur calibre. Retirer la casserole du feu. Égoutter les petits pois et les laisser refroidir.

4 Parer l'iceberg et la laver. Couper les feuilles en morceaux d'environ 4 cm. Les disposer ensuite sur quatre assiettes. Dans un bol, battre la mayonnaise, la crème sure, 4 cuillerées à soupe de bouillon de cuisson du saumon, la moutarde, le sucre, le sel et le poivre jusqu'à obtenir un mélange crémeux.

5 Laver l'aneth et l'éponger. Détacher les pointes des tiges et mettre quelques brins de côté pour la garniture ; hacher finement le reste avant de l'incorporer à la sauce.

6 Dresser les dés de saumon et les petits pois sur le lit d'iceberg. Arroser le tout de sauce. Couper le reste du citron en fines rondelles. Garnir la salade avec les rondelles de citron et l'aneth puis servir aussitôt.

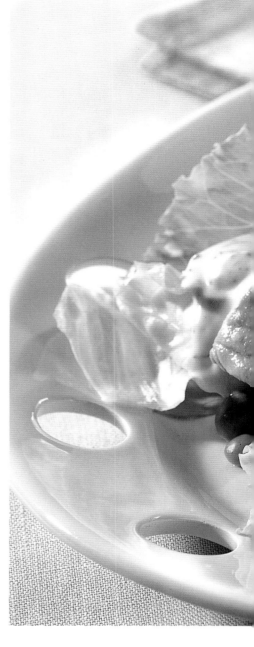

À savoir :
Veiller à acheter des filets sans arêtes, surtout si cette salade est destinée à des enfants.

Dés de saumon
sur un lit de frisée et de cresson

Faire cuire 400 g de dés de saumon selon les indications de la recette ci-contre et les laisser refroidir. Parer ½ frisée et 100 g de cresson de fontaine, les laver et les essorer. Détacher les petites feuilles et les dresser sur des assiettes. Disposer dessus les dés de poisson. Éplucher 1 oignon rouge, le ciseler finement, l'éparpiller sur le saumon. Mélanger 1¼ tasse de crème sure, 1 c. à s. de mayonnaise, 1 c. à t. de moutarde de Dijon, 1 c. à s. de picalilli (légumes marinés dans une sauce moutardée) finement haché, du sel et du poivre. Verser la sauce sur le saumon et la salade.

Décortiquer une queue de langouste
1 Glisser une lame de ciseaux entre la partie ventrale (plus mince) de la carapace et la chair ; découper la carapace de chaque côté.

2 Soulever la carapace comme un couvercle et dégager avec précaution la chair fragile du crustacé.

3 Entailler le dos de la queue de langouste avec un couteau et extraire doucement les intestins noirs, non comestibles.

Salade de langouste
au céleri
et aux tomates

1 Parer les branches du céleri, les laver et mettre quelques feuilles de côté. Couper 3 branches en gros morceaux et les déposer dans un faitout. Ajouter 2 litres d'eau, 3 cuillerées à soupe de vinaigre et 1 cuillerée à soupe de sel puis porter le tout à ébullition. Déposer les queues de langouste et les faire cuire 15 minutes, à couvert et à feu doux. Les laisser refroidir dans leur bouillon de cuisson.

2 Couper les autres branches du céleri en fines lamelles. Laver les tomates, les partager en deux, éliminer les pédoncules et les graines puis les couper en dés. Parer les oignons verts, les laver et les émincer. Éplucher l'ail et le hacher.

3 Laver le persil, l'essorer et le hacher finement avec les feuilles de céleri. Dans un saladier, mélanger céleri, tomates, oignons verts, ail et fines herbes.

4 Dans un bol, verser l'huile d'olive, 3 cuillerées à soupe de vinaigre, du sel et du poivre. Battre les ingrédients jusqu'à dissolution complète du sel. Décortiquer les queues de langouste et réserver le bouillon de cuisson ; enlever les intestins noirs (voir ci-contre).

5 Couper la chair des langoustes en tranches assez épaisses et les déposer dans un saladier. Les arroser de 4 à 5 cuillerées à soupe de bouillon de cuisson et les tourner. Dresser la salade sur des assiettes, l'arroser de vinaigrette et disposer par-dessus les tranches de langouste.

249

Pour 4 personnes
1 cœur de céleri
6 c. à s. de vinaigre de vin blanc
Sel
2 queues de langoustes prêtes à cuire
  (600 g au total)
2 tomates bien mûres
5 oignons verts
1 gousse d'ail
½ botte de persil plat
6 c. à s. d'huile d'olive
Poivre noir du moulin

Par personne
330 kcal, 32 g de protéines,
20 g de lipides, 5 g de glucides
Préparation : 50 minutes

À savoir :
Remplacer sans hésiter la langouste par du homard, plus facile à trouver chez nous, et très goûteux.

Salade de thon
aux petits pois
et aux oignons

Faire cuire 150 g de petits pois
surgelés dans ½ tasse de bouillon.
Les égoutter et les verser dans un
saladier. Éplucher 1 oignon blanc et
le ciseler finement. Égoutter 350 g
de thon au naturel puis le réduire

en petits morceaux. Dans le saladier,
ajouter aux petits pois le thon,
l'oignon et 2 c. à t. de petites câpres.
Pour la sauce, mélanger ⅓ tasse de
mayonnaise et ¼ tasse de yogourt.
Ajouter du sel, du poivre, 1 c. à t.
de fines herbes déshydratées
et 1 à 2 c. à s. de jus de citron.
Remuer puis dresser la salade dans
de petites coupelles ou sur des
tranches de pain.

Salade de thon, vinaigrette aux fines herbes

Pour 4 personnes

2 œufs
2 poivrons rouges
½ tasse d'olives vertes farcies
   aux poivrons
1 oignon espagnol
1 petite laitue pommée
2 boîtes de 170 g chacune de thon à l'eau

Vinaigrette

1 gousse d'ail
3 c. à s. de vinaigre de xérès
4 c. à s. d'huile d'olive
Sel
Poivre noir du moulin
3 branches fraîches de thym,
   d'origan et de persil plat

Par personne

400 kcal, 25 g de protéines,
31 g de lipides, 7 g de glucides
Préparation : 30 minutes

1 Faire durcir les œufs. Les égoutter et les rafraîchir, puis les écaler et les laisser refroidir. Couper les poivrons en deux, les épépiner et les laver. Couper les lobes en dés de 1,5 cm. Émincer les olives.

2 Éplucher l'oignon et l'émincer finement. Parer la laitue, la laver et l'essorer. Couper les feuilles en petits morceaux puis les disposer sur des assiettes.

3 Dresser les dés de poivron, les bracelets d'oignon et les rondelles d'olive sur la laitue pommée. Égoutter le thon et le réduire en morceaux à la fourchette. Intercaler les morceaux de thon entre les légumes.

4 Éplucher l'ail et l'écraser dans un presse-ail au-dessus d'un bol. Ajouter le vinaigre, l'huile, le sel et le poivre et mélanger le tout. Laver les fines herbes puis les essorer. Les effeuiller, les hacher finement et les incorporer à la vinaigrette.

5 Verser la vinaigrette sur la salade de thon. Couper les œufs en tranches et les disposer en garniture. Accompagner de pain blanc frais.

251

Salade de morue,
vinaigrette aux olives

Pour 4 personnes
500 g de filets de morue
1 c. à s. d'huile d'olive
½ c. à t. de poivre noir en grains
1 petit bouquet garni composé
  de 1 branche de romarin,
    2 branches d'origan, 2 branches de thym
    et 1 feuille de laurier
1 citron non traité
3 grosses tomates
6 cœurs d'artichaut
  (en saumure vinaigrée)
1 grosse botte de persil plat
Vinaigrette
2 gousses d'ail
15 olives vertes et 15 noires dénoyautées
1 c. à s. d'huile d'olive
2 c. à s. de jus de citron
2 c. à s. de vinaigre balsamique
½ c. à t. de thym et d'origan déshydratés
Sel
Poivre noir du moulin

Par personne
290 kcal, 24 g de protéines,
17 g de lipides, 8 g de glucides
Préparation : 35 minutes

Astuce :
Faire mariner les dés de poisson dans la vinaigrette 1 à 2 heures avant de les mélanger aux autres ingrédients. Cela prend certes un peu de temps, mais la salade déploie alors des trésors de saveurs !

1 Couper les filets de morue en morceaux de 4 cm. Badigeonner un panier vapeur avec 1 cuillerée à soupe d'huile d'olive et y déposer les dés de poisson. Placer les grains de poivre et le petit bouquet garni dans un faitout. Laver et essuyer le citron, en découper 3 rondelles et les placer également dans le faitout.

2 Verser environ 3 cm d'eau dans le faitout, l'eau ne devant pas entrer en contact avec le panier vapeur. Poser celui-ci sur son support et porter l'eau à ébullition. Faire cuire la morue 5 à 8 minutes selon l'épaisseur des filets, à la vapeur et à couvert. Retirer le panier et laisser le poisson refroidir dedans.

3 Laver les tomates, les partager en deux, éliminer les pédoncules et les graines puis les couper en morceaux. Égoutter les artichauts et les détailler en huit. Laver le persil, l'essorer puis le hacher. Dresser sur un grand plat les tomates, les artichauts et les dés de morue ; saupoudrer de persil.

4 Pour la vinaigrette, éplucher l'ail et le hacher finement ainsi que les olives ; verser dans un saladier. Ajouter l'huile d'olive, le jus de citron, le vinaigre balsamique, les fines herbes, le sel et le poivre puis mélanger le tout. Verser la vinaigrette sur la salade.

Salade
de morue
au fenouil et
tomates séchées

Couper 500 g de filets de morue
en morceaux selon les indications
de la recette ci-contre puis les faire
cuire. Parer 2 bulbes de fenouil et

les laver. Les émincer avec une
mandoline puis les disposer sur un
plat. Dresser par-dessus les dés de
morue et les parsemer de 1 c. à t.
de graines de fenouil. Égoutter
8 moitiés de tomates séchées
marinées dans l'huile, les hacher et
les éparpiller sur la salade. Arroser
de 2 à 3 c. à s. de jus de citron et de
4 c. à s. d'huile d'olive. Saupoudrer
de poivre concassé et de sel.

254

Salade de harengs
aux pommes de terre, sauce aux fines herbes

Pour 4 personnes

6 à 8 filets de harengs
2 oignons blancs
2 gros cornichons
4 pommes de terre en robe des champs, cuites la veille

Sauce aux fines herbes

²⁄₃ tasse de yogourt
¾ tasse de crème sure
1 c. à t. de raifort râpé
Sel
Poivre blanc du moulin
1 à 2 c. à t. de jus de citron
1 poignée de cerfeuil
½ botte d'aneth
¼ botte de persil plat
2 feuilles de mélisse citronnée

Par personne

460 kcal, 23 g de protéines,
32 g de lipides, 19 g de glucides
Préparation : 25 minutes
Marinage : 2 heures

1 Essuyer les filets de harengs et les couper en morceaux de 3 cm. Éplucher les oignons et les émincer finement. Égoutter les cornichons, peler les pommes de terre ; couper ces deux ingrédients en fines lamelles.

2 Disposer les pommes de terre sur un plat. Dresser par-dessus les morceaux de poisson. Rajouter ²⁄₃ des rondelles d'oignons et des lamelles de cornichons.

3 Pour la sauce aux fines herbes, mélanger le yogourt et la crème jusqu'à obtenir une consistance onctueuse. Ajouter le raifort, le sel, le poivre et le jus de citron. Laver les fines herbes, les essorer, les hacher finement et les incorporer à la sauce.

4 Verser la sauce sur la salade. La couvrir et la laisser reposer au frais pendant 2 heures.

5 Sortir la salade du réfrigérateur pour la ramener à température ambiante. Garnir avec le reste des rondelles d'oignon et des lamelles de cornichon. Servir aussitôt.

Astuce :
Les filets de harengs salés seront plus doux s'ils ont mariné une nuit entière dans du babeurre.

Salade de harengs, radis blanc et roquette

Éplucher 1 radis blanc (daikon) et le couper en bâtonnets. Laver 250 g de tomates cerises (environ 16) et les couper en deux. Éplucher 1 oignon rouge et l'émincer. Laver 1 botte de roquette, l'essorer et l'effeuiller. La disposer sur un plat puis dresser par-dessus les tomates, le radis et les rondelles d'oignon. Couper 250 g de filets de harengs en morceaux de 3 cm et les dresser sur la salade. Préparer une vinaigrette avec 3 c. à s. d'huile de maïs, 2 c. à s. de jus de citron, du sel et du poivre. La verser sur la salade.

Pétoncles
aux agrumes, vinaigrette à la moutarde

Pour 4 personnes

1 oignon rouge
½ frisée
100 g de roquette
2 pamplemousses roses
2 c. à s. de vinaigre de cassis
3 c. à s. d'huile d'olive
1 c. à t. de moutarde à l'ancienne
1 c. à t. de miel
Sel, poivre noir du moulin
12 gros pétoncles (si possible,
   avec leur corail)
2 c. à s. de jus de citron
1 c. à s. + 1 c. à t. de beurre
2 c. à s. de vermouth sec

Par personne

230 kcal, 7 g de protéines,
14 g de lipides, 16 g de glucides
Préparation : 20 minutes

1 Éplucher l'oignon et le ciseler très finement. Laver la frisée et la roquette puis les essorer. Couper les feuilles de frisée en petits morceaux et effeuiller la roquette.

2 Peler les pamplemousses à vif et détailler les quartiers en suprêmes.

3 Pour la vinaigrette, verser dans un saladier le vinaigre, l'huile, la moutarde, le miel, le sel et le poivre, puis battre le tout énergiquement jusqu'à ce que la sauce épaississe légèrement. Plonger les feuilles de salade dans la vinaigrette avant de les disposer sur des assiettes. Les parsemer d'oignon ciselé et dresser par-dessus les suprêmes de pamplemousses.

4 Arroser les pétoncles de jus de citron puis les saupoudrer de sel et de poivre. Dans une poêle non adhésive, faire chauffer le beurre et poêler les pétoncles sur chaque face pendant environ 2 minutes. Déglacer avec le vermouth puis dresser les pétoncles sur la salade avant de servir.

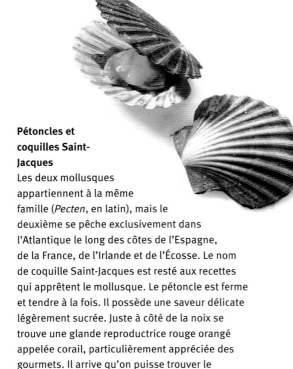

Pétoncles et coquilles Saint-Jacques

Les deux mollusques appartiennent à la même famille (*Pecten*, en latin), mais le deuxième se pêche exclusivement dans l'Atlantique le long des côtes de l'Espagne, de la France, de l'Irlande et de l'Écosse. Le nom de coquille Saint-Jacques est resté aux recettes qui apprêtent le mollusque. Le pétoncle est ferme et tendre à la fois. Il possède une saveur délicate légèrement sucrée. Juste à côté de la noix se trouve une glande reproductrice rouge orangé appelée corail, particulièrement appréciée des gourmets. Il arrive qu'on puisse trouver le pétoncle avec son corail sur nos marchés.

Pétoncles sur un lit de chou

Laver 1 petit chou chinois et éliminer ses feuilles extérieures. Recouvrir un panier vapeur de feuilles de chou. Disposer dessus 12 pétoncles avec ou sans leur corail. Dans un faitout, verser 200 ml de vin blanc, 1 échalote hachée et 1 botte de persil puis porter à ébullition. Poser le panier vapeur sur son support au-dessus du bouillon en veillant à ce que les pétoncles ne touchent pas le liquide. Faire cuire 5 minutes à la vapeur et à couvert. Parer 200 g de chou chinois, le laver, l'essorer puis le couper en fines lanières. Éplucher 2 cm de gingembre frais et le râper finement. Battre 50 ml de jus d'orange, le gingembre, le sel, le poivre, 2 c. à s. de jus de citron et 4 c. à s. d'huile d'olive. Répartir les lanières de chou sur 12 coquilles et disposer par-dessus les pétoncles cuits à la vapeur. Arroser de vinaigrette, garnir de tomates cerises coupées en quatre et servir.

Saumon fumé et caviar de saumon sur un lit de mesclun

Pour 4 personnes
1 petite laitue de Trévise
1 cœur de frisée
100 g de cresson de fontaine
¼ botte de persil plat
400 g de saumon fumé en tranches
50 g de caviar de saumon
4 c. à s. d'huile d'olive
4 c. à s. de jus de citron
2 c. à s. de jus de limette
Sel
Poivre blanc du moulin

Par personne
280 kcal, 23 g de protéines,
20 g de lipides, 2 g de glucides
Préparation : 20 minutes

1 Parer la trévise et la frisée, les laver et les essorer. Couper ensuite leurs feuilles en morceaux. Laver le cresson, l'égoutter puis l'effeuiller.

2 Dresser les laitues et le cresson sur des assiettes. Laver le persil et l'essorer. Hacher finement ses feuilles et les éparpiller sur la salade.

3 Décoller délicatement les tranches de saumon les unes des autres et les couper en lanières de 2 cm de large. Dresser les lanières et le caviar sur la salade.

4 Pour la vinaigrette, verser dans un bol l'huile d'olive, les jus de citron et de limette, le sel et le poivre puis battre le tout énergiquement jusqu'à dissolution complète du sel. Verser la vinaigrette sur la salade puis servir immédiatement.
De la baguette encore chaude accompagne savoureusement cette salade de saumon.

À savoir :
Utiliser de préférence du saumon fraîchement fumé et non du poisson emballé sous vide. On peut trouver du saumon fumé de qualité supérieure dans les poissonneries ou les épiceries fines.

Tartare de saumon
sur un méli-mélo de légumes

Éplucher 1 betterave rouge cuite et 2 pommes de terre cuites en robe des champs. Les couper en tranches fines, ainsi que 2 grosses carottes cuites entières et 2 grosses tomates. Disposer les légumes sur des assiettes ; saler et poivrer puis arroser de 2 c. à s. d'huile de canola et de 2 c. à s. de vinaigre de xérès. Couper en tout petits dés 400 g de saumon fumé et les verser dans un saladier. Ajouter 2 ou 3 c. à s. de jus de citron, du sel, un tour de moulin de poivre blanc et ½ botte d'aneth haché. Mélanger tous les ingrédients. Dresser le tartare de saumon sur le méli-mélo de légumes et accompagner de toasts beurrés.

Pour 4 personnes

250 g de crevettes surgelées prêtes à cuire

Sel, 2 c. à s. de jus de citron

100 g d'épis de maïs nains

4 clémentines

2 endives

2 oignons verts

1¼ tasse de crème sure

3 c. à s. d'huile de canola

2 c. à s. de vinaigre de vin blanc

50 ml de jus de clémentine

Poivre noir du moulin

1 pincée de poivre de Cayenne

Cresson alénois pour la garniture

Par personne

190 kcal, 15 g de protéines,

9 g de lipides, 12 g de glucides

Préparation : 30 minutes

261

Idéale à emporter

Salade de crevettes
aux clémentines

1 Faire décongeler les crevettes. Porter à ébullition 100 ml d'eau additionnée du jus de citron et de ½ cuillerée à thé de sel. Faire cuire les crevettes 1 à 2 minutes. Les retirer ensuite du bouillon, les égoutter et les laisser refroidir.

2 Parer les épis de maïs et les laver. Les faire cuire 4 minutes dans de l'eau bouillante légèrement salée. Les égoutter, les passer sous de l'eau glacée, les égoutter à nouveau puis les laisser refroidir. Éplucher les clémentines et couper les quartiers en deux ou en trois.

3 Parer les endives, enlever leur talon amer en incisant en cône, les laver puis les essuyer. Les découper en lanières et les dresser sur un plat. Parer les oignons verts, les laver et les débiter en fine brunoise. Couper les épis de maïs en deux.

4 Dans un saladier, mélanger les crevettes, les épis de maïs, les clémentines et les oignons verts. Pour la sauce, battre la crème sure, l'huile de canola, le vinaigre, le jus de clémentine, le sel, le poivre et le poivre de Cayenne jusqu'à obtenir une consistance onctueuse. Verser la sauce dans le saladier et mélanger délicatement. Dresser la salade sur les lanières d'endive, garnir de cresson et servir aussitôt.

Astuce :
On peut remplacer les clémentines par des mandarines ou des oranges. Fileter les oranges et les couper en morceaux. Épépiner les mandarines.

Salade de crevettes
aux pamplemousses et à l'avocat

Préparer les crevettes selon les indications de la recette ci-dessus. Fileter 2 pamplemousses roses puis couper les filets en morceaux. Éplucher 2 avocats, extraire leurs noyaux, trancher la chair et l'arroser de 2 c. à s. de jus de citron. Dans un bol, mélanger 100 ml de crème à 35 %, 2 c. à s. de jus de citron, du sel, du poivre, 1 pincée de sucre et 1 c. à s. de ciboulette coupée en petits rouleaux. Mélanger les crevettes, le pamplemousse et l'avocat. Servir avec du pain brioché beurré.

Salade de fruits de mer alla Nonna

Pour 4 personnes

300 g de petits calmars prêts à cuire
6 à 7 c. à s. de jus de citron
½ tasse de vinaigre de vin blanc
5 grains de poivre noir
½ c. à t. de graines de fenouil
Sel
1 kg de moules
1½ tasse de vin blanc sec
1 feuille de laurier
300 g de crevettes prêtes à cuire
2 cœurs de romaine
2 branches de céleri
2 tomates allongées
1 oignon rouge
2 gousses d'ail
¼ botte de persil plat
5 c. à s. d'huile d'olive
Poivre noir du moulin
1 pincée de poivre de Cayenne

Par personne

370 kcal, 36 g de protéines,
18 g de lipides, 12 g de glucides
Préparation : 1 heure

1 Laver soigneusement les calmars et les égoutter. Porter à ébullition 2 tasses d'eau après y avoir ajouté 4 cuillerées à soupe de jus de citron, le vinaigre, les grains de poivre, les graines de fenouil et ½ cuillerée à thé de sel. Verser les calmars dans ce bouillon et les faire cuire 20 minutes à feu doux. Les laisser ensuite refroidir dans le bouillon.

2 Mettre les moules dans un saladier et les recouvrir d'eau froide. Les laisser tremper 15 minutes puis les égoutter. Jeter les moules ouvertes car elles ne sont pas comestibles. Laver soigneusement le reste des moules dans l'eau froide jusqu'à élimination complète du sable.

3 Dans un faitout, verser le vin blanc et la feuille de laurier puis porter à ébullition. Ajouter les moules et les cuire à l'étuvée et à couvert 5 à 10 minutes, jusqu'à ce que leur coquille s'ouvre. Les verser ensuite dans une passoire et enlever les moules restées fermées. Écarter la coquille des autres moules et extraire délicatement leur chair. Les laisser complètement refroidir.

4 Laver les crevettes sous l'eau froide et les égoutter. Retirer les calmars de leur bouillon de cuisson puis les couper en petits morceaux ou en minces lanières. Verser tous les fruits de mer dans un saladier et les mélanger doucement. Parer les cœurs de romaine, les laver et les essorer. Disposer ensuite les feuilles de romaine dans quatre grandes coupelles ou quatre assiettes creuses.

5 Parer les branches de céleri, les laver puis les couper en fines lamelles. Laver les tomates, les couper en deux puis éliminer les pédoncules et les graines. Détailler les fruits en brunoise. Éplucher l'oignon puis le ciseler très finement. Éplucher l'ail et le hacher. Laver le persil, l'essorer, l'effeuiller et le hacher finement. Ajouter le tout aux fruits de mer et mélanger les ingrédients.

6 Dans un bol, battre l'huile d'olive, 2 à 3 cuillerées à soupe de jus de citron, le sel, le poivre et le poivre de Cayenne jusqu'à dissolution complète du sel. Verser la vinaigrette sur les fruits de mer et mélanger. Rectifier l'assaisonnement de la salade avec du sel et du jus de citron. Garnir les coupelles ou les assiettes décorées avec les feuilles de romaine puis servir avec de la baguette encore chaude.

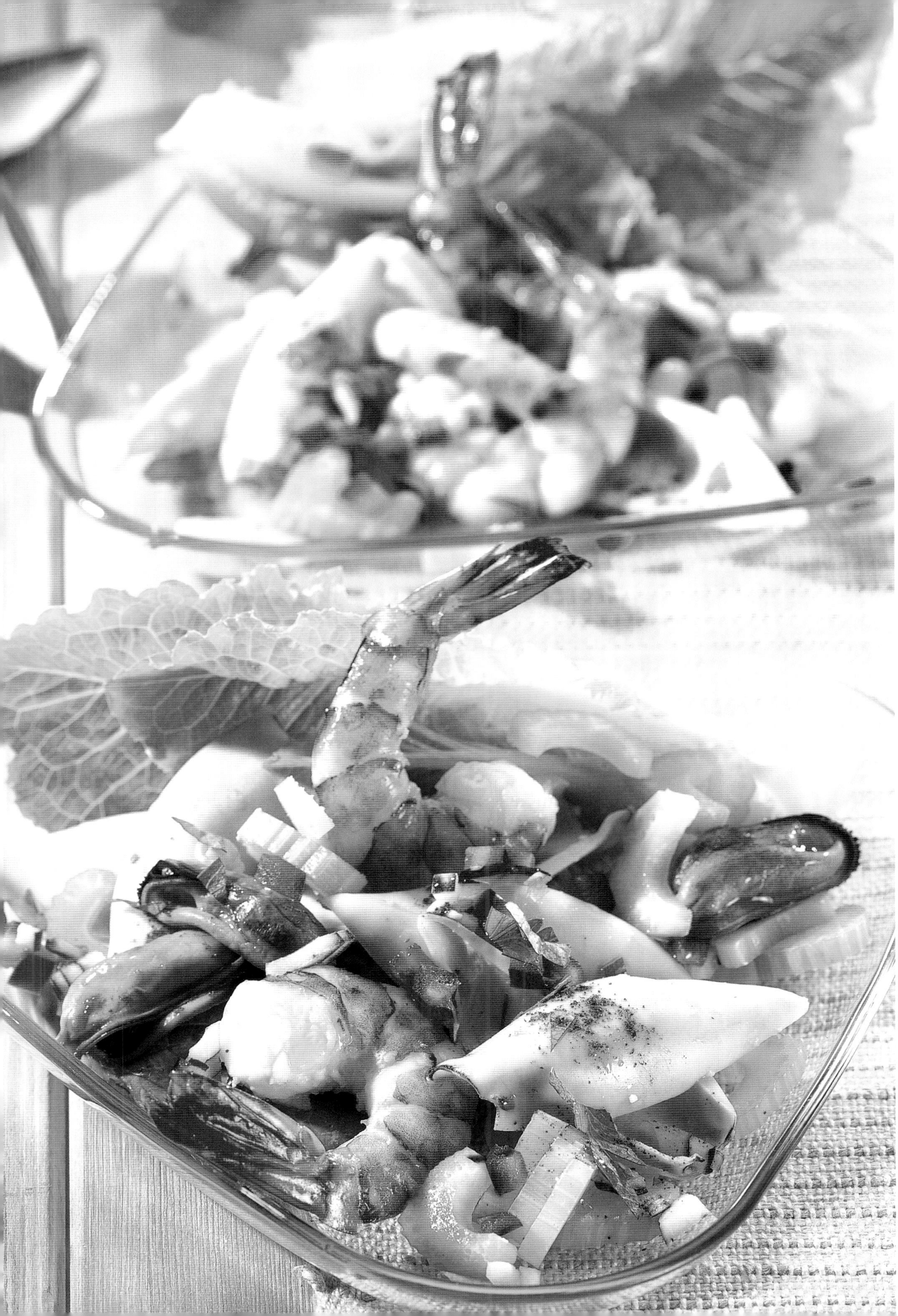

Salade de crabe
à la papaye

Pour 4 personnes

4 crabes cuits (400 g chacun)
2 oignons verts
150 g de cœurs de palmier (1 boîte)
2 branches de céleri
1 papaye bien mûre
2 à 3 c. à s. de jus de lime
3 c. à s. de fumet de poisson
3 c. à s. d'huile végétale fine
2 c. à t. de moutarde de Dijon
Sel
Poivre noir du moulin
1 pincée de cassonade
1 pincée de poivre de Cayenne
¼ botte de persil plat
2 branches de menthe fraîche
Quelques rondelles de lime
  pour la garniture

Par personne

210 kcal, 20 g de protéines,
11 g de lipides, 8 g de glucides
Préparation : 40 minutes

264

À savoir :
La chair de crabe congelée ou en boîte est excellente. Il s'agit alors de crabe des neiges.

1 Préparer les crabes : extraire la chair des pinces et des pattes ; retirer des carapaces la chair et les viscères, dont on conservera uniquement les foies.

2 Couper la chair et les foies en morceaux. Découper les parties internes des carapaces en suivant une ligne incurvée et les détacher. Rincer les coques à l'eau chaude et les laisser sécher.

3 Parer les oignons verts, les laver et les couper en minces bracelets. Égoutter les cœurs de palmier et les détailler en fine brunoise.

Parer les branches de céleri, les laver et les couper également en petits dés.

4 Couper la papaye en deux. Enlever les graines, éplucher le fruit puis le couper en petits dés. Déposer tous les ingrédients dans un saladier et mélanger. Dans un bol, verser 2 cuillerées à soupe de jus de lime, le fumet, l'huile, la moutarde, le sel, le poivre, la cassonade et le poivre de Cayenne puis battre le tout énergiquement. Laver les fines herbes, les essorer et hacher finement leurs feuilles.

5 Incorporer les fines herbes et la vinaigrette à la salade et mélanger doucement. Rectifier l'assaisonnement avec du sel, du poivre de Cayenne et du jus de lime. Garnir les carapaces des crabes. Décorer avec les rondelles de lime. Du pain de mie légèrement grillé est succulent avec cette salade.

Salade de crabe,
sauce
aux fines herbes

Extraire la chair de 4 crabes cuits selon les indications de la recette ci-dessus. La couper en dés. Éplucher 1 concombre, le couper en deux dans le sens de la longueur, l'épépiner et le couper en petits dés. Parer 3 oignons verts, les laver et les hacher. Éplucher 2 carottes, les laver et les râper grossièrement. Dans un saladier, verser la chair de crabe, le concombre, les oignons verts et les carottes puis mélanger le tout. Laver ½ botte de persil, ½ botte d'aneth, ½ botte de ciboulette et 1 poignée de cerfeuil, les essorer, les effeuiller et les hacher finement. Dans un bol, mélanger ½ tasse de mayonnaise allégée, ⅓ tasse de crème sure, les fines herbes, du sel et du poivre. Affiner la sauce avec 1 à 2 c. à s. de jus de citron et un peu de sauce Worcester. Verser sur la salade et mélanger. Farcir les carapaces des crabes avec la salade et servir.

Ouvrir et décortiquer les crabes
1 Détacher tout d'abord délicatement les pinces et les pattes en les faisant tourner sur elles-mêmes.

2 Décortiquer les pinces et les pattes avec une pince à crustacé et extraire la chair. Cette opération s'effectue très facilement avec une fourchette à homard.

3 Soulever le dessous des crabes et l'enlever en effectuant un mouvement rotatif. Extraire avec précaution la chair et les viscères de la carapace.

Salade de crevettes et d'espadon,
vinaigrette au safran

Pour 4 personnes
1 poivron rouge et 1 jaune
2 cœurs de laitue
3 gousses d'ail
250 g d'espadon
2 c. à s. de jus de citron
Sel
Poivre noir du moulin
5 c. à s. d'huile d'olive
12 crevettes prêtes à cuire
1 sachet de safran en pistil (0,1 g)
½ tasse de vin blanc sec
2 c. à s. de vinaigre de xérès
½ botte de persil frisé

Par personne
320 kcal, 10 g de protéines,
21 g de lipides, 6 g de glucides
Préparation : 30 minutes

1 Couper les poivrons en deux, les épépiner et les laver. Détailler les lobes en lanières. Parer les cœurs de laitue, les laver et les essorer avant de couper également les feuilles en lanières. Dresser tout d'abord les lanières de laitue puis celles de poivron sur un grand plat ou des assiettes.

2 Éplucher les gousses d'ail et les couper en bâtonnets. Détailler l'espadon en dés de 3 cm environ. Les arroser de jus de citron puis les saler et les poivrer.

3 Dans une poêle non adhésive, faire chauffer 3 cuillerées à soupe d'huile d'olive. Faire revenir les dés de poisson et les crevettes ; ajouter l'ail et le safran puis les faire revenir rapidement avec les autres ingrédients. Verser le vin et laisser réduire de moitié à découvert.

4 Ôter le poisson et les crevettes du jus de cuisson et les répartir sur la salade. Retirer la poêle du feu et assaisonner le jus avec du sel, du poivre et le vinaigre de xérès. Le verser sur la salade, le poisson et les crevettes.

5 Laver le persil, le diviser en petits bouquets et l'essorer. Dans une petite poêle en fonte, faire chauffer 2 cuillerées à soupe d'huile d'olive. Faire légèrement dorer les brins de persil. Retirer ceux-ci de la poêle, les éponger brièvement sur du papier essuie-tout pour absorber l'excès de graisse et les répartir sur la salade. Servir avec du pain frais.

Astuce :
Veiller à ne pas faire trop cuire les crevettes et l'espadon. La chair de ce dernier a tendance à se dessécher très vite s'il cuit trop longtemps.

Espadon sur un lit de salade multicolore

Détailler 250 g d'espadon en dés et les faire cuire selon les indications de la recette ci-contre, mais sans ajouter de safran. Retirer les dés de poisson du bouillon de cuisson et les réserver au chaud. Parer 250 g de mesclun et 50 g de capucine ; les laver puis les essorer. Laver 2 grosses tomates, les couper en deux, enlever le pédoncule et les trancher. Dresser les feuilles de laitue, la capucine et les tomates sur des assiettes. Mélanger 2 à 3 c. à s. de jus de citron, 2 c. à s. d'huile d'olive, du sel, du poivre noir, 1 c. à s. de pointes d'aneth hachées et 2 c. à s. de crème à 35 %. Dresser le poisson sur la salade. Arroser de sauce et garnir de fleurs de capucine.

Salade de calmars
et crème au poivron

Faire mariner 500 g d'anneaux
de calmar selon les indications
de la recette ci-contre et les faire
griller. Parer ½ lollo rossa,
la laver, l'essorer puis la couper en
petits morceaux. Éplucher 1 oignon
rouge et l'émincer finement.
Dresser les feuilles de lollo rossa
et les bracelets d'oignon sur un
grand plat. Couper 3 poivrons rouges
en deux, les épépiner, les laver et les
débiter en petits morceaux. Éplucher
2 gousses d'ail et les hacher. Réduire
les poivrons et l'ail en fine purée
à l'aide d'un mixeur plongeant.
Incorporer du sel, du poivre, du
poivre de Cayenne, 3 c. à s. d'huile
d'olive et 2 c. à s. de jus de citron.
Verser la sauce sur la salade. Dresser
les anneaux de calmar et servir.

Anneaux de calmar frits, vinaigrette à la tomate

1 Déposer les anneaux de calmar dans un saladier. Éplucher les gousses d'ail, les écraser dans un presse-ail, les ajouter aux calmars. Laver le persil, l'essorer, l'effeuiller et le hacher finement.

2 Ajouter aux calmars le persil, 2 cuillerées à soupe d'huile d'olive, le vin, le sel et le poivre. Mélanger ; couvrir le saladier et laisser mariner environ 2 heures au réfrigérateur.

3 Parer la romaine, la laver puis l'essorer. Couper ses feuilles en morceaux et les disposer sur des assiettes. Laver les tomates, les partager en deux, éliminer les pédoncules et les graines puis les couper en tout petits dés. Laver le thym, l'essorer, l'effeuiller puis le hacher finement.

4 Pour la vinaigrette à la tomate, verser dans un bol 2 cuillerées à soupe d'huile d'olive, le jus de citron, le vinaigre de vin blanc, le sel, le poivre et le thym. Ajouter les dés de tomate, mélanger les ingrédients. Verser la vinaigrette sur les feuilles de laitue.

5 Préchauffer un gril électrique ou allumer un barbecue au charbon de bois ou à gaz. Faire cuire les anneaux de calmar 3 à 5 minutes sous le gril ou sur le barbecue, en les retournant de temps en temps. Les dresser chauds sur la salade et servir.

269

Pour 4 personnes
500 g d'anneaux de calmars
2 gousses d'ail
½ botte de persil plat
4 c. à s. d'huile d'olive
4 c. à s. de vin blanc
Sel
Poivre noir du moulin
1 petite romaine
2 grosses tomates parfumées
4 branches de thym frais
2 c. à s. de jus de citron
1 c. à s. de vinaigre de vin blanc

Par personne
240 kcal, 21 g de protéines,
13 g de lipides, 6 g de glucides
Préparation : 30 minutes
Réfrigération : 2 heures

Filets de truite aux asperges et tomates cerises

270

1 Laver les asperges. Éplucher les asperges blanches en commençant juste sous la pointe et les vertes uniquement sur le tiers inférieur de la tige. Couper leurs extrémités filandreuses. Porter à ébullition une grande quantité d'eau légèrement salée et sucrée. Faire cuire les asperges blanches 15 à 20 minutes. Après 10 minutes de cuisson, ajouter les asperges vertes et les faire cuire avec les blanches. Retirer les légumes de l'eau de cuisson, les égoutter et les laisser refroidir.

2 Faire durcir les œufs de caille 4 à 5 minutes dans de l'eau portée à ébullition. Les rafraîchir et les laisser refroidir. Ensuite, les écaler et les partager en quatre. Laver les tomates cocktail et les couper en deux. Couper les filets de truite en gros morceaux. Sur des assiettes, dresser les asperges, les tomates et les morceaux de truite.

3 Dans un bol, battre énergiquement le vinaigre aux fines herbes, le jus de citron, l'huile de tournesol, le raifort, le sel et le poivre. Verser la vinaigrette sur la salade et le poisson.

4 Battre la crème sure jusqu'à obtention d'une consistance onctueuse, la saler et la poivrer ; en déposer sur chaque part de salade. Garnir la crème de caviar, d'œufs de caille et de persil. Servir immédiatement avec du pain brioché beurré.

Tartare de truite sur lit de roquette

Parer 2 oignons verts, les laver et les hacher finement. Parer 200 g de radis blanc (daikon) et le râper grossièrement. Laver 150 g de roquette, l'essorer puis éliminer les tiges fibreuses. Dresser la roquette sur des assiettes ou un grand plat. Répartir par-dessus les oignons verts et le radis. Mélanger 2 c. à s. de jus de citron, 2 c. à s. d'huile de canola, du sel et du poivre. Verser la sauce sur la salade. Désarêter 300 g de filets de truite frais et les hacher finement. Mélanger 1 pointe de wasabi (raifort japonais), 1 c. à t. de vinaigre de riz, 1 c. à s. de saké (alcool de riz japonais), 1 pincée de gingembre en poudre, du sel et du poivre. Ajouter le mélange au tartare de truite et remuer le tout. Dresser le tartare sur des assiettes, garnir de 4 c. à t. de caviar de truite et servir.

Colorés et raffinés :

fruits

Les fruits et les baies sont sans nul doute une agréable façon,

à la fois simple et savoureuse, d'assimiler de précieux nutriments.

Ils sont encore plus succulents coupés en morceaux, mélangés

et nappés d'une sauce crémeuse. Dans ce chapitre, vous trouverez

de nouvelles idées de salades, composées de fruits locaux et

exotiques, dont les arômes sont exaltés par des sauces raffinées.

Servez ces salades en dessert ou au goûter.

Fruits rouges

Les fruits cultivés localement sont les plus parfumés. Les petites baies sont souvent plus aromatiques que les grosses. Passer rapidement les fruits sous l'eau froide et les parer si nécessaire. Utiliser les variétés délicates, comme les fraises, les framboises et les mûres, le jour même de leur cueillette. En revanche, les variétés plus robustes peuvent se conserver 1 à 2 jours au réfrigérateur. Pour réaliser la salade de fruits rouges la plus simple du monde, sucrer les baies et les servir nappées d'un sabayon.

Prunes et pêches

Bien mûrs, ces fruits sont juteux et sucrés ; leurs noyaux s'enlèvent facilement. Verts et durs au toucher, ils sont aigrelets, voire âpres.
Ils ont toute leur place dans les salades, mais ils sont aussi délicieux dégustés nature. Les pêches mûres bien juteuses peuvent être écrasées en compote ou incorporées au nappage d'une salade de fruits.

Melons et pastèques

Les pastèques (melons d'eau) mûres ont une chair rouge vif et des pépins noirs. Choisir une pastèque ferme et lourde ; si, en la tapotant, elle sonne creux, cela signifie qu'elle n'est pas parvenue à maturité.

Les melons miel, cantaloup ou brodés sont très parfumés. Lorsqu'ils sont à point, la peau autour du pédoncule est souple sous la pression du doigt. Ils apportent une note de fraîcheur aux salades d'été.

274

Le monde des fruits

Non seulement les fruits sont le dessert par excellence, mais ils apportent aussi un plaisir visuel et gustatif aux salades épicées. Grâce aux moyens de transport modernes, on peut aujourd'hui trouver sur nos marchés les fruits du monde entier. Manger au moins un fruit frais par jour est la clef de la santé et du bien-être.

Achat

En règle générale, plus un fruit est lourd, plus il est juteux et goûteux. Mais l'odeur qu'il dégage renseigne aussi sur sa qualité et sur la consistance de sa chair : plus il dégage des arômes intenses, plus il est mûr et savoureux. La chair des fruits mûrs et non talés cède légèrement sous la pression du doigt. Des empreintes de doigts déjà marquées ou la présence de moisissures sont le signe de denrées abîmées. Le mieux est d'acheter uniquement la quantité de fruits

nécessaire pour 2 jours. N'oubliez pas que les fruits mûrs se conservent très peu de temps. C'est pourquoi, si l'on n'achète pas de fruits tous les jours, il faut choisir les variétés à maturation rapide – comme les poires ou les bananes – à différents degrés de mûrissement. Si toutefois vous achetez plus de fruits que vous ne pouvez en manger, faites-en une salade. Certains fruits supportent également très bien d'être préparés en sauce ou en compote.

Quelle quantité prévoir ?

Pour les salades de fruits, on compte 150 à 250 g de fruits épluchés et parés par personne. Pour une sauce au yogourt légère ou une marinade, prévoir un peu plus de 250 g de fruits, alors que 150 g suffisent avec une sauce crémeuse plus calorique. Pour une pause déjeuner en été, la moitié d'un petit melon d'eau ou des moitiés d'ananas garnis d'une salade de fruits suffisent.

Grenades

À l'achat, veiller à ce que le fruit présente une peau brillante, sans tavelure. À l'intérieur, des compartiments séparés par des membranes ténues cachent une multitude de graines. Elles sont entourées d'une pulpe rose ou rouge, sucrée, acidulée et juteuse. Pour éplucher la grenade, enlever la base du calice en l'entaillant en cône et ouvrir le fruit. Extraire les graines et éliminer les membranes blanches, qui ont un goût amer.

Ananas et bananes

Contrairement aux bananes, les ananas ne mûrissent plus après la cueillette. Plus les fruits sont orange et leur écorce épineuse, plus leur chair est parfumée. Lorsqu'ils sont à maturité, ils dégagent un agréable parfum caractéristique, et les feuilles de la touffe centrale se détachent facilement. Les ananas renferment une enzyme, détruite par la chaleur, qui attendrit la viande, empêche la gélatine de prendre et fait tourner le lait : crus, ils ont donc un goût amer avec les produits laitiers. Les bananes dégagent les arômes les plus prononcés lorsque leur peau jaune est piquetée de petits points bruns. Après épluchage, toujours les arroser de jus de citron afin qu'elles ne noircissent pas.

Cerises de terre et caramboles

La cerise de terre (appelée aussi physalis ou alkékenge) est une baie ronde, orangée et un peu collante, emprisonnée dans un calice parcheminé formant une lanterne chinoise. Elle a un goût acidulé, âpre et rafraîchissant. Pour l'utiliser en décoration, ouvrir délicatement les pétales du calice. Les caramboles sont souvent utilisées tranchées car elles forment de jolies étoiles. Elles servent de garniture dans les salades sucrées et épicées.

275

Conservation

Toujours laver les fruits avant de les consommer. Les variétés délicates comme les melons, les fruits rouges, les abricots, les pêches, etc., peuvent se conserver au réfrigérateur dans le bac à légumes.
Les pommes, les poires à chair ferme, les agrumes, les pêches fermes et les nectarines se gardent en revanche plus longtemps à température ambiante. Tous ces fruits sont récoltés lorsqu'ils sont encore verts et mûrissent pendant leur entreposage.
En revanche, les petits fruits et les raisins doivent être dégustés rapidement car ils sont cueillis à maturité et se gâtent en très peu de temps. Ils se conservent cependant quelques jours au réfrigérateur. Veiller à ne pas taler les fruits rouges, très fragiles, car cela les fait pourrir rapidement. Essayez aussi de ne pas conserver différentes sortes de fruits ensemble car ils s'abîment plus vite à proximité les uns des autres. On peut accélérer le processus de maturation des fruits verts en les plaçant près de fruits déjà mûrs ou en les conservant à température ambiante enveloppés dans du papier journal.

Qualités nutritives

La plupart des fruits ne contiennent aucun lipide et sont peu caloriques. Très riches en eau, ils sont non seulement rafraîchissants mais contribuent également à couvrir nos besoins quotidiens en liquides. Selon les variétés, les fruits frais renferment de nombreuses vitamines – dont la vitamine C et l'acide folique – mais aussi beaucoup de minéraux et d'oligo-éléments. Leur valeur nutritionnelle est en outre déterminée par leur teneur en colorants, comme les caroténoïdes, en bioflavonoïdes, en autres substances végétales secondaires et en fibres.
Pour pouvoir bénéficier de ces remarquables qualités nutritives, il faut éviter d'éplucher les fruits à pépins comme la pomme et la poire, ou bien les éplucher le plus finement possible, car les vitamines et les autres précieux nutriments se trouvent à l'intérieur même de la peau ou juste en dessous. Pour être sûr de leur qualité, acheter les fruits de saison dans les magasins de produits biologiques. En effet, il est prouvé qu'ils contiennent moins de produits toxiques que les fruits cultivés de manière conventionnelle.

Salade de figues et d'oranges,
crème au xérès

276

1 Laver soigneusement l'orange non traitée puis l'essuyer. Prélever de fines lanières d'écorce à l'aide d'un zesteur ou d'un couteau pointu et les mettre de côté. Peler à vif les 4 oranges. Couper les fruits en rondelles de 1 cm d'épaisseur et les dresser sur des assiettes.

2 Laver rapidement les figues, les essuyer et, au besoin, les éplucher finement. Éliminer l'extrémité de leur queue. Les partager ensuite en quatre et dresser harmonieusement les quartiers sur les assiettes.

3 Pour la crème au xérès, fouetter énergiquement dans un bol la crème à 35 %, le xérès, les jus d'agave et de citron. Relever la sauce avec les clous de girofle moulus.

4 Incorporer doucement la crème fouettée à la crème au xérès. Garnir la salade avec des noix de crème, les parsemer de pistaches et de zestes d'orange puis servir.

Astuce :

Les figues mûres sont très moelleuses. Pour les éplucher, enlever l'extrémité des queues et tirer délicatement sur la peau en veillant à ce qu'il ne reste pas trop de chair accrochée.

Figues au porto
sur un lit d'oranges

Éplucher finement 6 figues puis les couper en deux. Dans une casserole peu profonde, verser 100 ml de porto rouge, 4 c. à t. de liqueur d'orange, 1 c. à t. de zeste d'orange finement râpé, 2 c. à s. de cassonade, 2 clous de girofle et ½ bâtonnet de cannelle. Ajouter les figues, porter à ébullition et faire cuire 2 minutes, à couvert et à feu très doux. Retirer la casserole du feu et laisser refroidir. Peler 2 oranges à vif et les détailler en suprêmes. Les dresser avec les figues sur des assiettes à dessert et les arroser du bouillon au porto. Garnir d'une noix de crème fouettée et servir aussitôt.

Salade de fraises
et crème à la pistache

Pour 4 personnes
800 g de fraises (5-6 tasses)
4 c. à s. de jus de groseille ou de cerise
2 c. à s. de liqueur de cassis
2 c. à s. de sucre glace
1 c. à s. de jus de citron
Crème à la pistache
½ tasse de pistaches
40 g de chocolat blanc
1 c. à s. de jus de citron
½ c. à s. de sucre glace
2 c. à s. de crème à 35 %
**Quelques feuilles de menthe
   pour la garniture**

Par personne
320 kcal, 5 g de protéines,
15 g de lipides, 36 g de glucides
Préparation : 20 minutes
Marinage : 30 minutes

1 Laver les fraises, les équeuter, les couper en deux ou en quatre et les placer dans un grand saladier.

2 Verser sur les fraises le jus de groseille ou de cerise, la liqueur de cassis, 2 cuillerées à soupe de sucre glace et le jus de citron puis mélanger le tout délicatement. Laisser les fraises reposer dans ce jus environ 30 minutes à couvert.

3 Pour la crème à la pistache, hacher finement les pistaches et le chocolat blanc avec un grand couteau. Autre solution : placer les pistaches et les morceaux de chocolat dans un hachoir à piston et hacher le tout. Verser le mélange ainsi obtenu dans un saladier.

4 Ajouter au mélange pistaches-chocolat le jus de citron, ½ cuillerée à soupe de sucre glace, la crème à 35 % et remuer les ingrédients. Répartir les fraises dans des coupelles puis déposer par-dessus la préparation à la pistache. Garnir de menthe et servir immédiatement.

Astuce :
Dresser la salade de fraises sur un biscuit rectangulaire ou sur des restes de gâteau sec. Les arroser de jus puis déposer la crème à la pistache par-dessus.

Salade de fraises
sur coulis de kiwis

Laver 800 g de fraises, les équeuter et les couper en quatre. Dans un saladier, mélanger 4 c. à s. de jus d'orange et 2 c. à s. de sucre glace. Hacher 30 g de chocolat noir amer et 30 g de chocolat blanc et les ajouter aux fraises. Éplucher 4 kiwis, les couper en morceaux et les réduire en fine purée au mélangeur plongeant. Sucrer la purée de kiwis avec 1 à 2 c. à s. de jus d'agave. Verser le coulis de kiwis sur des assiettes à dessert. Dresser la salade de fraises, garnir de feuilles de menthe.

Faire du caramel

1 Dans un poêlon à fond épais, verser les morceaux de sucre, le jus de citron et l'eau. Porter à ébullition à feu vif et mélanger jusqu'à dissolution du sucre.

2 Laisser bouillir à découvert. Cesser de remuer pour éviter de faire cristalliser le sucre. Faire cuire à gros bouillons jusqu'à environ 140 °C (275 °F). Attention à ne pas se brûler à cette étape !

3 Faire éclater les bulles avec une cuillère en bois et observer attentivement la coloration du sucre : dès qu'il prend une couleur ambrée, retirer le poêlon du feu et utiliser le caramel selon les indications de la recette.

Salade d'ananas tiède
à la nougatine

1 Pour faire la nougatine, huiler légèrement un morceau de papier parchemin. Dans un poêlon, déposer les morceaux de sucre, le jus de citron et 3 cuillerées à soupe d'eau. Faire chauffer le tout et laisser le sucre caraméliser jusqu'à ce qu'il prenne une belle couleur ambrée (voir page ci-contre).

2 Retirer le poêlon du feu et incorporer aussitôt la cannelle et les amandes. Étendre la pâte sur le papier préalablement huilé. Si possible, répartir uniformément les amandes. Laisser la nougatine refroidir.

3 Préchauffer le four à 220 °C (425 °F). Éplucher l'ananas puis le couper en tranches de 3 à 4 mm d'épaisseur à l'aide d'une trancheuse ou d'un couteau très aiguisé. Dresser les tranches d'ananas sur des assiettes à dessert résistant à la chaleur et les parsemer de cassonade. Faire caraméliser les tranches 8 à 10 minutes, les sortir du four puis les laisser tiédir.

4 Pour la crème, mélanger dans un bol le yogourt, le jus d'orange, le zeste râpé, la liqueur d'orange et le sucre glace jusqu'à obtenir une consistance crémeuse lisse. Incorporer la crème fouettée à la crème au yogourt.

5 Hacher la nougatine refroidie ou la réduire en gros morceaux à l'aide d'un rouleau à pâtisserie. Disposer la crème au centre de chaque assiette et la parsemer de nougatine. Garnir les tranches d'ananas des zestes d'orange et servir la salade tiède.

281

Pour 4 personnes
Huile de tournesol pour badigeonner
50 g de sucre en morceaux
1 c. à t. de jus de citron
1 à 2 pointes de cannelle en poudre
1 tasse d'amandes effilées
1 ananas
2 c. à s. de cassonade
Crème
½ tasse de yogourt
50 ml de jus d'orange fraîchement pressé
½ c. à t. de zeste d'orange finement râpé
1 c. à s. de liqueur d'orange
1 c. à t. de sucre glace
½ tasse de crème fouettée
Quelques zestes d'orange pour la garniture

Par personne
420 kcal, 5 g de protéines,
16 g de lipides, 61 g de glucides
Préparation : 40 minutes

Ananas garnis
de fruits variés

Pour 4 personnes

¼ tasse d'amandes effilées
2 petits ananas (500 g chacun)
2 oranges
1 banane
1 c. à s. de jus de citron
⅓ tasse de jus d'orange
2 c. à s. de sirop d'érable
2 c. à s. de rhum brun
6 c. à s. de sauce au chocolat
12 cerises de terre et 12 fraises
4 piques en bois pour les brochettes

Par personne

370 kcal, 5 g de protéines,
6 g de lipides, 66 g de glucides
Préparation : 35 minutes

1 Dans une poêle, faire griller les amandes sans matière grasse jusqu'à ce qu'elles prennent une belle couleur dorée. Les verser ensuite sur une assiette et les laisser refroidir. Couper les ananas en deux dans le sens de la longueur, sans enlever la touffe de feuilles centrale. Extraire la chair des fruits à l'aide d'un couteau bien aiguisé, en laissant une bordure de 2 cm tout autour. Après avoir enlevé le cœur fibreux, couper la chair en morceaux.

2 Éplucher les oranges et les détailler également en morceaux. Éplucher la banane et la couper en rondelles. L'arroser aussitôt de jus de citron afin qu'elle ne noircisse pas. Mélanger les fruits dans un saladier.

3 Mélanger le jus d'orange, le sirop d'érable et le rhum puis ajouter le tout aux fruits. Disposer les moitiés d'ananas évidées sur des assiettes à dessert et les garnir de salade de fruits. Arroser la salade avec la sauce au chocolat et la parsemer d'amandes effilées.

4 Ouvrir le calice des cerises de terre. Laver les fraises et les équeuter. Piquer sur une brochette 3 cerises de terre et 3 fraises en les alternant. Déposer une brochette sur chaque ananas.

Astuce :
Plonger à moitié les fruits des brochettes dans du chocolat fondu, les saupoudrer de noix de coco râpée puis laisser le chocolat refroidir.

Salade de fruits exotiques, crème à la noix de coco

Pour 4 personnes

1 mangue bien mûre, 8 kumquats
8 dattes fraîches, 2 figues
100 g de cerises de terre
1 carambole
2 fruits de la passion bien mûrs
3 c. à s. de jus d'agave
2 c. à s. de jus de lime
2 c. à s. de copeaux de noix de coco
150 ml de crème à 15 %
1 sachet de sucre vanillé
50 ml de lait de coco en conserve
Quelques feuilles de menthe

Par personne

420 kcal, 5 g de protéines,
16 g de lipides, 61 g de glucides
Préparation : 30 minutes

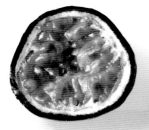

Le fruit de la passion
Ce fruit rond ou ovale, également surnommé maracuja, a une épaisse peau brun violacé, à l'aspect de cuir. Plus la peau est fripée, plus le fruit est mûr et aromatique. L'intérieur du fruit est rempli de graines comestibles, enrobées d'une pulpe gélatineuse presque liquide. Si l'on ne souhaite pas manger ses innombrables petites graines noires, il faut couper le fruit en deux, extraire la pulpe avec une cuillère et la filtrer à travers une passoire. Les fruits de la passion mûrissent assez rapidement à température ambiante.

1 Éplucher la mangue et couper sa chair en lanières jusqu'au noyau. Laver les kumquats, les détailler en rondelles puis ôter les pépins. Dénoyauter les dattes et les couper en lanières.

2 Laver les figues et éliminer l'extrémité des queues. Les couper ensuite en huit. Dégager les cerises de terre de leur calice, les laver et les éponger. Laver la carambole, la sécher et la couper en tranches étoilées. Dresser les fruits sur un plat.

3 Couper les fruits de la passion en deux, extraire leur pulpe avec une cuillère et la placer dans un bol mélangeur. Ajouter les jus d'agave et de lime et réduire le tout en purée à l'aide d'un mélangeur plongeant. Filtrer la sauce dans une passoire puis la verser sur les fruits.

4 Dans une poêle, faire griller les copeaux de noix de coco sans matière grasse jusqu'à ce qu'ils aient une belle couleur dorée. Les verser dans une assiette et les laisser refroidir. Fouetter énergiquement la crème additionnée du sucre vanillé. Secouer la boîte de lait de coco et ajouter son contenu à la crème. Disposer la crème à la noix de coco en petites touches sur les fruits et garnir la salade de noix de coco grillée et de feuilles de menthe.

Astuce :
Si elle n'est pas destinée à des enfants, cette salade peut être arrosée d'un peu de liqueur de coco juste avant d'être servie. On peut confectionner soi-même les copeaux de noix de coco à partir d'une noix entière. Toutefois, ne pas faire griller une noix fraîchement râpée.

284

Salade de fruits caramélisés,
crème glacée à la noix de coco

Préparer les fruits selon les indications de la recette ci-contre et les dresser sur un plat résistant à la chaleur. Les saupoudrer de 3 c. à s. de sucre glace et les faire caraméliser sous le gril 5 minutes. Battre 150 ml de crème à 15 % puis incorporer à celle-ci 3 à 4 boules de crème glacée à la noix de coco. Dresser les fruits chauds sur des assiettes à dessert. Déposer sur chaque part de la crème à moitié fondue. Garnir de copeaux de chocolat.

Melons garnis de fruits et de menthe

1 Laver les cerises, les égoutter, les équeuter et les dénoyauter. Éplucher la banane puis la couper en fines rondelles. Laver les abricots et les prunes, les couper en deux, les dénoyauter puis les débiter en lamelles. Mélanger délicatement ces fruits dans un saladier.

2 Mélanger le jus de citron et le miel puis les verser sur les fruits. Laver la menthe, l'essorer puis couper ses feuilles en fines lanières. La déposer sur la salade et mélanger le tout avec précaution.

3 Couper les melons en deux et ôter les graines. Prélever la chair avec une cuillère en laissant une bordure de 2 cm autour. Couper la chair en morceaux et l'incorporer aux fruits.

4 Garnir les moitiés de melon avec la salade de fruits. Décorer avec des rosettes de crème et quelques feuilles de menthe.

À savoir :
Les salades de fruits sont excellentes sur le plan nutritionnel : plus elles sont colorées, plus le mélange de nutriments est riche.

Pour 4 personnes
200 g de cerises
1 banane
4 abricots
200 g de prunes rouges ou bleues
3 c. à s. de jus de citron
4 c. à s. de miel liquide
3 brins de menthe
2 petits melons miel
½ tasse de crème fouettée et quelques feuilles de menthe pour la garniture

Par personne
290 kcal, 4 g de protéines,
8 g de lipides, 48 g de glucides
Préparation : 30 minutes

287

Salade aux trois melons

Couper en deux ½ melon miel, ½ melon brodé et 1 petite pastèque. Les épépiner et les éplucher. Prélever de grosses boules de chair à l'aide d'une cuillère à pomme parisienne puis les disposer sur des assiettes à dessert. Préparer une marinade avec 2 c. à s. de liqueur d'orange, 3 c. à s. de jus de citron, 1 pointe de zeste de citron finement râpé et 1 c. à s. de sucre glace. Mélanger ⅔ tasse de fromage blanc crémeux avec la pulpe de 1 gousse de vanille et 2 c. à s. de sucre jusqu'à obtention d'une consistance onctueuse. Déposer la crème sur le bord des assiettes.

Salade de fruits rouges
au mascarpone

Pour 4 personnes
200 g de bleuets, 200 g de mûres
  et 200 g de fraises des bois
  (environ 2 tasses chacun)
250 g (2 tasses) de groseilles à grappes
2 c. à s. de jus de citron
4 c. à s. de sucre glace
10 biscuits à la cuiller
¾ tasse de mascarpone
2 c. à s. de lait
3 c. à s. de liqueur d'orange
  ou de jus d'orange
1 c. à s. de sucre
Un soupçon de sucre glace
Quelques feuilles de mélisse citronnée
  pour la garniture

Par personne
450 kcal, 8 g de protéines,
21 g de lipides, 50 g de glucides
Préparation : 20 minutes

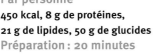

Les fraises des bois
Toutes les variétés de fraises sont issues des minuscules fraises des bois très parfumées, que l'on peut cultiver aujourd'hui mais qui sont difficiles à trouver sur le marché. Outre les variétés rouges, il en existe des blanches et des jaunes qui se distinguent par leur subtil arôme vanillé. Pour tous ceux qui apprécient d'avoir à disposition des fruits frais, les fraises des bois se cultivent très facilement dans un grand pot sur un balcon et portent des fruits jusqu'en automne.

1 Trier les bleuets, les mûres et les fraises des bois. Les placer dans un égouttoir pour les laver puis les égoutter. Laver également les groseilles et les égrener avec une fourchette.

2 Mettre tous les fruits rouges dans un saladier. Dans une tasse, mélanger le jus de citron au sucre glace. Verser le mélange sur les fruits et les tourner délicatement.

3 Placer les biscuits à la cuiller dans un sac de congélation. Fermer celui-ci, le poser à plat sur un plan de travail et, à l'aide d'un rouleau à pâtisserie, écraser grossièrement les biscuits. Éparpiller les morceaux sur des assiettes à dessert et répartir les fruits rouges par-dessus.

4 Pour préparer la crème, verser dans un bol le mascarpone, le lait, la liqueur ou le jus d'orange et le sucre. Battre énergiquement les ingrédients à l'aide d'un batteur.

5 Dresser la crème au mascarpone en petites touches sur les parts de fruits rouges. Saupoudrer de sucre glace et garnir de feuilles de mélisse citronnée. Servir immédiatement.

Astuce :
En dehors de la saison des fruits rouges, on peut confectionner cette salade avec des griottes en bocal faiblement sucrées ou bien avec des melons brodés coupés en petits dés ainsi que des suprêmes d'orange. Dans cette variante, préférer la liqueur de cassis ou de cerise à la liqueur d'orange.

Fruits rouges
à la crème verte

Laver et égoutter 200 g de bleuets et 200 g de framboises, 250 g de groseilles à grappes et 300 g de fraises (environ 2 tasses chacun). Égrener les groseilles, équeuter et couper les fraises en morceaux. Mélanger 4 c. à s. de liqueur de cassis, 1 c. à s. de jus de citron et 3 c. à s. de sucre glace, tourner les fruits rouges dans le mélange et verser dans des coupes. Pour la crème verte, battre 150 ml de crème à 35 % et 1 sachet de sucre vanillé. Réduire en poudre 3 c. à s. de pistaches et les incorporer à la crème. Disposer la crème en rosettes au milieu de chaque part.

Salade de coings,
sauce glacée
aux canneberges

Préparer la sauce aux canneberges selon les indications de la recette ci-contre et la laisser refroidir. La réserver au congélateur environ 1 heure pour la refroidir sans la faire geler. Éplucher 4 coings, les partager en quatre, les épépiner et les couper en lamelles. Dans une casserole, porter à ébullition ½ tasse de vin blanc sec, 2 c. à s. de miel et 2 c. à s. de jus de citron. Ajouter les lamelles de coing dans ce jus et les laisser cuire à l'étuvée 7 à 10 minutes, à couvert et à feu moyen. Retirer la casserole du feu et laisser les coings refroidir dans leur jus de cuisson. Les répartir ensuite sur des assiettes à dessert. Verser la marinade, 1 c. à s. de crème à 35 % bien lisse et la sauce aux canneberges glacée. Servir la salade immédiatement.

Salade de mangues et de papaye,
sauce aux canneberges

1 Éplucher les mangues et couper leur chair en lanières jusqu'au noyau. Couper la papaye en deux et éliminer les graines noires avec une cuillère. L'éplucher et la couper également en fines lamelles. Intercaler des lamelles de mangue et de papaye sur des assiettes à dessert ou sur un grand plat, puis les arroser de jus de lime.

2 Pour élaborer la sauce aux canneberges, éplucher la pomme et la couper en brunoise. Laver soigneusement l'orange puis l'essuyer. La couper en deux, prélever sur une moitié de fines lanières de zeste puis presser le jus des deux moitiés.

3 Faire chauffer le beurre dans une casserole et faire cuire à l'étuvée les dés de pomme jusqu'à ce que le beurre commence à brunir. Ajouter les canneberges, le zeste d'orange, le porto, le cognac, le jus d'orange, le miel et les épices puis porter le tout à ébullition. Laisser réduire 5 minutes, à découvert et à feu moyen. Retirer ensuite la casserole du feu.

4 Retirer le zeste et les épices de la casserole. Arroser les lamelles de mangue et de papaye avec la sauce chaude et servir immédiatement.

291

Pour 4 personnes

2 mangues bien mûres
1 papaye bien mûre
2 c. à s. de jus de lime
1 pomme acidulée
1 orange non traitée
1 c. à s. + 1 c. à t. de beurre
½ paquet de canneberges surgelées
½ tasse de porto rouge
4 c. à t. de cognac
1 c. à s. de miel
2 clous de girofle
½ bâtonnet de cannelle

Par personne

260 kcal, 2 g de protéines,
5 g de lipides, 37 g de glucides
Préparation : 30 minutes

À savoir :
Cette salade est un dessert idéal pour les sombres journées d'hiver ! Les chercheurs ont en effet découvert que des substances présentes dans les épices aux arômes particulièrement prononcés, comme la cannelle et les clous de girofle, stimuleraient dans le cerveau la production de sérotonine, ce messager chimique du bien-être qui nous fait retrouver le sourire.

Salade de kiwis et de bleuets,
crème à la framboise

Pour 4 personnes

½ tasse d'amandes effilées
250 g (2½ tasses) de bleuets
8 kiwis
⅓ tasse de porto blanc
1 morceau d'écorce de citron (5 cm)
150 g de framboises fraîches ou ½ paquet
  de framboises surgelées, dégelées
Sucre glace
1 sachet de sucre vanillé
2 c. à s. d'eau-de-vie de framboise
½ tasse de crème à 35 %
Quelques feuilles de menthe
  pour la garniture

Par personne

430 kcal, 5 g de protéines,
20 g de lipides, 44 g de glucides
Préparation : 30 minutes

1 Dans une poêle, faire dorer les amandes sans matière grasse. Les verser sur une assiette et les laisser refroidir. Laver les bleuets et les égoutter. Éplucher les kiwis et les couper en tranches de 1 cm d'épaisseur.

2 Dans une petite casserole non adhésive, mettre le porto et le zeste de citron. Porter à ébullition puis ajouter les tranches de kiwi. Faire cuire les fruits 1 minute à l'étuvée dans le porto. Enlever la casserole du feu et retirer les kiwis à l'aide d'une écumoire. Les égoutter puis les laisser refroidir.

3 Pour la crème à la framboise, mettre les framboises dans une passoire à mailles fines au-dessus d'un bol et les écraser en fine purée avec le dos d'une cuillère à soupe pour recueillir la pulpe. Ajouter 4 cuillerées à soupe de sucre glace, le sucre vanillé et l'eau-de-vie de framboise puis mélanger le tout. Incorporer la crème à 35 %.

4 Dresser les kiwis et les bleuets sur des assiettes à dessert ou un grand plat. Saupoudrer le tout de sucre glace puis napper de crème à la framboise. Garnir de feuilles de menthe et d'amandes grillées.

Salade de kiwis et de fraises, sauce à l'abricot

Éplucher 6 kiwis et les couper en tranches de 2 cm d'épaisseur. Laver 250 g (environ 2 tasses) de fraises, les égoutter, les équeuter puis les couper en quatre. Mélanger kiwis et fraises puis les répartir dans des coupes à dessert. Laver 6 abricots bien mûrs, les couper en deux puis en morceaux. À l'aide d'un batteur ou d'un mélangeur plongeant, réduire en fine purée les abricots additionnés de 2 c. à s. de liqueur d'abricot et de 2 ou 3 c. à s. de sucre glace. Arroser la salade de fruits de la sauce à l'abricot et garnir de copeaux de chocolat.

293

Salade d'oranges et de mangue,
crème au chocolat

Faire fondre 80 g de chocolat noir amer au bain-marie. Fileter 4 belles oranges selon les indications de la recette ci-contre et réserver le jus. Éplucher 1 mangue bien mûre et couper la chair en lanières. Dresser les suprêmes d'orange et les lamelles de mangue sur des assiettes à dessert. Mélanger le jus des oranges avec 3 c. à s. de liqueur d'orange puis en arroser les fruits. Dans un bol mélangeur, verser ½ tasse de crème fouettée et le chocolat refroidi puis confectionner une mousse au batteur. Répartir la mousse au chocolat sur les fruits, garnir de copeaux de chocolat et de feuilles de menthe.

Salade d'oranges et de grenade,
crème à la vanille

Pour 4 personnes

6 grosses oranges juteuses
4 c. à s. de sirop de grenadine
2 c. à s. de jus de lime
1 grenade
¼ c. à t. de zeste de lime râpé
¾ tasse de crème fouettée
¾ tasse de crème glacée à la vanille
2 c. à t. d'eau de rose
   (épiceries de produits exotiques)
Un soupçon de sucre glace
Quelques feuilles de menthe
   pour la garniture

Par personne

380 kcal, 5 g de protéines,
16 g de lipides, 50 g de glucides
Préparation : 30 minutes

1 Peler les oranges à vif à l'aide d'un couteau aiguisé et enlever la peau blanche. Recueillir le jus dans une assiette creuse. Découper les suprêmes à partir des quartiers et les déposer sur des assiettes à dessert.

2 Mélanger le jus des oranges, le sirop de grenadine et le jus de lime. Verser le tout sur les suprêmes d'orange.

3 Couper la base du calice de la grenade en incisant en cône puis ouvrir le fruit en deux. Extraire soigneusement les graines en éliminant les membranes blanches qui les séparent. Éparpiller les graines de grenade et le zeste de lime râpé sur les suprêmes d'orange.

4 Dans un bol mélangeur, battre énergiquement la crème. Ajouter la crème glacée à la vanille et travailler les ingrédients au mélangeur plongeant jusqu'à obtention d'une sauce onctueuse. Déposer un peu de crème vanillée sur chaque assiette.

5 Arroser de ½ cuillerée à thé d'eau de rose ; saupoudrer de sucre glace et garnir de feuilles de menthe au moment de servir.

Salade de litchis et de mûres au yogourt

Pour 4 personnes

2 c. à s. de feuilles d'amandier
250 g de litchis en conserve (1 boîte)
200 g (environ 2 tasses) de mûres
2 pêches parfumées, bien mûres
1 c. à s. de jus de citron
6 c. à s. de jus d'orange
3 c. à s. de marsala sec
1 pointe de macis (fleur de muscade) moulu
2 c. à t. de sucre glace
50 g d'amaretti croquants
   (petits macarons italiens)
⅔ tasse de yogourt
1 sachet de sucre vanillé
Quelques feuilles de mélisse citronnée
   pour la garniture

Par personne

300 kcal, 7 g de protéines,
11 g de lipides, 38 g de glucides
Préparation : 30 minutes

1 Dans une poêle, faire griller les feuilles d'amandier sans matière grasse. Les verser dans une assiette et les laisser refroidir. Égoutter les litchis. Laver les mûres et les égoutter également.

2 Laver les pêches, les couper en deux et les dénoyauter. Détailler les moitiés de fruits en lamelles. Les arroser de jus de citron afin qu'elles ne noircissent pas. Déposer pêches, mûres et litchis dans une coupe en verre.

3 Dans un bol, mélanger le jus d'orange, le marsala, le macis moulu et le sucre glace puis en arroser les fruits.

4 Placer les amaretti dans un sac de congélation, le fermer. Émietter les amaretti en les écrasant au rouleau à pâtisserie.

5 Mélanger intimement le yogourt et le sucre vanillé puis incorporer les miettes d'amaretti. Napper les fruits de sauce au yogourt. Parsemer des feuilles d'amandier grillées et garnir de feuilles de mélisse citronnée. Servir immédiatement.

296

Pêches tièdes à la crème aux spéculoos

Plonger 6 grosses pêches bien mûres dans de l'eau bouillante. Les laisser tremper brièvement puis les rafraîchir. Les peler, les couper en deux et les dénoyauter. Détailler les moitiés de fruits en lamelles. Beurrer un plat à four puis y disposer par couches les lamelles de pêche. Mélanger 3 c. à s. de jus de citron, 100 ml de porto rouge et 1 pointe de clous de girofle en poudre. Verser le mélange sur les pêches. Répartir 80 g (1 tasse) de canneberges fraîches sur le dessus et saupoudrer de 2 c. à s. de sucre roux. Faire griller les pêches 10 minutes à 200 °C (375 °F). Retirer les fruits du four et les laisser tiédir. Émietter 50 g de spéculoos en suivant les indications données pour les amaretti de la recette ci-dessus. Incorporer les miettes de biscuits à ¾ tasse de crème fouettée. Servir les pêches tièdes avec la crème.

Flamber un alcool

1 Chauffer légèrement l'alcool dans une petite casserole, puis en recueillir dans une louche résistante au feu.

2 Flamber l'alcool dans la louche avec une allumette longue. Faites attention de ne pas vous brûler.

3 Verser l'alcool sur la salade de fruits et laisser les flammes s'éteindre d'elles-mêmes.

Salade de pommes flambées
aux cerneaux de noix

1 Partager les pommes en quatre, les éplucher et les épépiner. Couper les quartiers en gros morceaux et les mettre dans une casserole. Ajouter le jus de citron, le vin blanc, la cassonade et les raisins secs.

2 Ouvrir la gousse de vanille et en racler la pulpe. Ajouter la pulpe et la gousse aux pommes et porter le tout à ébullition. Faire cuire à l'étuvée 4 à 5 minutes, à couvert et à feu doux. Les pommes doivent être moelleuses, sans toutefois s'écraser.

3 Retirer la casserole du feu. Enlever la gousse de vanille et égoutter les pommes en recueillant le jus de cuisson. Concasser les cerneaux de noix. Mélanger la crème à 35 % au jus de cuisson des pommes et en napper les assiettes à dessert.

4 Mélanger noix et pommes et dresser le tout sur les assiettes. Chauffer légèrement le calvados puis le flamber dans une louche et le verser sur les pommes. Servir immédiatement.

Pour 4 personnes

6 pommes acidulées et tendres
  (mcintosh ou cortland)
2 c. à s. de jus de citron
100 ml de vin blanc sec
1 c. à s. de cassonade
2 c. à s. de raisins secs
1 gousse de vanille
½ tasse de cerneaux de noix
2 c. à s. de crème à 35 %
50 ml de calvados

Par personne

310 kcal, 3 g de protéines,
12 g de lipides, 33 g de glucides
Préparation : 30 minutes

299

Astuce :
On peut faire cuire les pommes à l'étuvée la veille et les servir froides ou les réchauffer au four peu avant de servir.

Pommes cuites en tranches,
crème glacée

Laver 4 pommes mcintosh, les éplucher et les épépiner à l'aide d'un vide-pomme. Garnir l'intérieur avec un mélange composé de 2 c. à t. d'amandes effilées, 2 c. à t. de raisins secs, ¼ tasse de chapelure, ¼ c. à t. de cannelle en poudre et 2 c. à s. de compote de canneberges. Déposer les pommes dans un moule et les faire cuire 30 à 40 minutes à 180 °C (350 °F). Retirer les pommes du four, les laisser refroidir et les trancher délicatement en biais à l'aide d'un couteau bien affûté. Dresser les tranches dans des assiettes à dessert préalablement chauffées. Travailler énergiquement au mélangeur plongeant ½ tasse de crème fouettée additionnée de 1 sachet de sucre vanillé et de 3 ou 4 boules de crème glacée à la vanille. Verser la sauce encore à moitié gelée sur les tranches de pomme chaudes et servir immédiatement.

Salade d'agrumes
au chocolat

Pour 4 personnes
40 g de chocolat noir amer
40 g de chocolat blanc
3 gros pamplemousses roses
2 belles oranges
4 grosses clémentines
2 c. à s. de jus de citron
1 c. à s. de jus de lime
2 c. à s. de jus d'agave
2 c. à s. de liqueur d'orange
Un soupçon de sucre glace
1 c. à t. de zeste de lime
1 c. à t. de zeste d'orange

Par personne
290 kcal, 3 g de protéines,
7 g de lipides, 45 g de glucides
Préparation : 35 minutes
Réfrigération : 30 minutes

1 Faire fondre séparément les 2 chocolats au bain-marie. Verser chacun d'eux dans un sac de congélation et percer un minuscule trou au bout de chaque sac. Dessiner de jolies spirales blanches et noires sur les assiettes à dessert puis réserver celles-ci au réfrigérateur.

2 Peler à vif les pamplemousses, les oranges et les clémentines à l'aide d'un couteau bien aiguisé. Découper des suprêmes à partir des quartiers et les déposer sur un plat.

3 Dans un bol, mélanger les jus de citron, de lime et d'agave avec la liqueur d'orange. Arroser les fruits avec cette marinade et laisser reposer à couvert 30 minutes au réfrigérateur.

4 Dresser les fruits sur les assiettes décorées et les saupoudrer de sucre glace. Répartir harmonieusement les zestes de lime et d'orange. Servir bien frais.

Salade d'oranges et de bananes, crème pralinée

Éplucher 2 belles oranges et 2 bananes bien mûres puis les couper en morceaux. Laver 200 g (2 tasses) de raisin blanc, l'égrener puis partager les plus gros grains en deux. Mélanger tous les fruits dans un grand saladier. Ajouter 3 c. à s. de jus de citron, 2 c. à s.de jus d'agave et 1 pointe de cannelle en poudre. Mélanger. Battre ½ tasse de crème fouettée puis y incorporer 2 c. à s. de crème pralinée. Disposer la salade de fruits dans des coupes ou sur une grande assiette, la garnir de crème et servir aussitôt.

Salade d'abricots et de framboises, crème meringuée

Laver 400 g d'abricots, les couper en deux, les dénoyauter et les recouper en petits morceaux. Laver 250 g (2 tasses environ) de framboises fraîches et les égoutter. Mélanger les fruits puis ajouter 4 c. à s. de sirop de grenadine. Avec 4 c. à s. de sauce au chocolat toute prête, dessiner des étoiles sur les assiettes et déposer la salade de fruits au centre. Battre ½ tasse de crème fouettée additionnée de 2 c. à s. d'amaretto (liqueur italienne à base d'amandes et de noyaux d'abricot). Émietter 25 g de meringue et l'incorporer à la crème. Dresser la crème meringuée sur la salade de fruits.

Gratin d'abricots,
crème
au citron glacé

1 Écraser entièrement la pâte d'amandes à la fourchette puis incorporer le mascarpone, le lait et le sucre glace. Travailler les ingrédients, d'abord à la fourchette, puis au batteur jusqu'à obtention d'une crème lisse.

2 Laver les abricots, les ouvrir, les dénoyauter et les couper en quartiers. Étendre la crème à la pâte d'amandes sur le fond de quatre petits moules puis disposer les quartiers d'abricot sur la crème. Préchauffer le gril du four.

3 Mélanger le jus de citron et la liqueur d'abricot puis les verser sur les abricots. Les saupoudrer de cassonade. Faire griller les fruits 4 à 5 minutes sous le gril, jusqu'à ce que le sucre soit caramélisé.

4 Pour faire la crème au citron, battre énergiquement la crème fouettée. Ajouter la crème glacée au citron et battre rapidement le tout au mélangeur plongeant jusqu'à obtention d'une crème à moitié fondue. Verser cette crème en filet sur les abricots et les parsemer de zeste de citron. Servir aussitôt.

Astuce :
Si la pâte d'amandes est un peu trop vieille, elle se mélangera difficilement au mascarpone et au lait. Par conséquent, travailler d'abord le mascarpone en une crème lisse avant d'incorporer les autres ingrédients.

303

Pour 4 personnes
40 g de pâte d'amandes
50 ml de mascarpone
2 c. à s. de lait
1 c. à s. de sucre glace
800 g d'abricots parfumés bien mûrs
2 c. à s. de jus de citron
2 c. à s. de liqueur d'abricot
2 c. à s. de cassonade
½ tasse de crème fouettée
2 ou 3 boules de crème glacée au citron
½ c. à t. de zestes de citron finement râpés

Par personne
390 kcal, 5 g de protéines,
16 g de lipides, 50 g de glucides
Préparation : 30 minutes

Duo de banane et de pomme, sauce au chocolat

Pour 4 personnes
60 g de chocolat noir amer
½ tasse de crème fouettée
2 pommes vertes
2 c. à s. de jus de citron
2 bananes bien mûres
Un soupçon de sucre glace
1 pointe de cannelle en poudre
8 dattes séchées
2 c. à t. d'éclats ou de copeaux de chocolat

Par personne
340 kcal, 4 g de protéines,
14 g de lipides, 48 g de glucides
Préparation : 30 minutes
Réfrigération : 2 heures

1 Casser le chocolat en morceaux et le mettre avec la crème fouettée dans un récipient en métal. Faire fondre le chocolat sur feu doux au bain-marie sans cesser de remuer. Retirer le récipient du bain-marie et laisser refroidir le chocolat puis le mettre au réfrigérateur environ 2 heures.

2 Éplucher les pommes, les couper en quatre, les épépiner puis les recouper en fines lamelles et les mettre dans un saladier. Les arroser de jus de citron. Éplucher les bananes, les trancher et les mélanger avec les pommes.

3 Répartir les fruits sur des assiettes ou dans des coupelles à dessert et les saupoudrer de sucre glace et de cannelle en poudre. Dénoyauter les dattes et les couper en fines tranches.

4 Verser la crème au chocolat dans un bol mélangeur et la fouetter au batteur jusqu'à ce qu'elle prenne une consistance mi-ferme. Napper les fruits de cette crème et garnir de dattes et d'éclats ou de copeaux de chocolat.

Astuce :
Pendant la période de Noël, parfumer encore plus la crème en ajoutant 1 pointe de coriandre, 1 pincée de clous de girofle en poudre et 2 ou 3 spéculoos finement émiettés.

Salade
de bananes
et de pommes
au fromage blanc

Préparer les pommes et les bananes selon les indications de la recette ci-contre et les arroser de jus de citron.

Laver 200 g de raisin noir, égrener et ajouter les grains aux autres fruits. Présenter la salade de fruits dans des coupes. Mélanger $^2/_3$ de tasse de fromage blanc crémeux, 4 c. à s. de lait, 4 c. à s. de miel liquide, $^1/_4$ de c. à t. de cannelle en poudre et 1 pointe de coriandre en poudre. Répartir cette crème sur la salade et parsemer de noisettes hachées.

Salade de poires et de pommes
au romarin

Pour la marinade au romarin, porter à ébullition ½ tasse de vin rouge, 1 c. à s. de miel, 1 c. à t. de jus de citron, 3 zestes de citron très fins et 1 petite branche de romarin. Faire bouillir le tout à feu doux 5 minutes puis laisser refroidir. Filtrer la marinade à travers une passoire puis la laisser reposer 2 heures. Laver 2 poires bien fermes et 2 pommes acidulées, les couper en quatre et les épépiner, les peler et les couper en morceaux. Éplucher 1 orange et la couper en morceaux. Mettre les fruits dans la marinade, bien mélanger et garnir cette salade de branches de romarin. Servir accompagné de crème fouettée ou de fromage blanc crémeux.

Salade de poires et de prunes rouges, crème au miel

1 Huiler légèrement un morceau de papier parchemin. Dans une casserole, faire chauffer le sucre, 1 cuillerée à soupe de jus de citron et 3 cuillerées à soupe d'eau puis laisser caraméliser le sucre jusqu'à ce qu'il prenne une belle couleur ambrée.

2 Retirer le caramel du feu et incorporer les pignons. Verser immédiatement cette pâte sur le papier parchemin huilé. Bien disperser les pignons sur le papier. Laisser refroidir puis concasser la nougatine.

3 Couper les poires en quatre, les éplucher et les épépiner. Émincer les quartiers dans le sens de la longueur. Laver les prunes, les ouvrir puis les dénoyauter. Dresser les fruits sur des assiettes et les arroser avec le reste de jus de citron.

4 Dans un bol, mettre le fromage blanc, le miel, la cannelle et les clous de girofle en poudre puis mélanger le tout. Battre la crème fouettée et l'incorporer au mélange. Dresser la crème au miel au centre de la salade et parsemer le tout de nougatine aux pignons. Garnir de feuilles de mélisse citronnée et servir immédiatement.

Astuce :
Pour la nougatine, remplacer les pignons par des noix concassées ou des amandes mondées. Ajouter ½ cuillerée à thé supplémentaire de cannelle en poudre.

307

Pour 4 personnes

Huile de tournesol
10 morceaux de sucre
3 c. à s. de jus de citron
50 g de pignons
2 poires bartlett bien fermes
250 g de prunes rouges acidulées et fermes
½ tasse de fromage blanc léger
4 c. à s. de miel de sapin
¼ c. à t. de cannelle en poudre
1 pointe de clou de girofle en poudre
½ tasse de crème fouettée
Quelques feuilles de mélisse citronnée pour la garniture

Par personne

390 kcal, 8 g de protéines, 14 g de lipides, 57 g de glucides
Préparation : 40 minutes

Figues de Barbarie et caramboles nappées d'un coulis au caramel

Pour 4 personnes
100 g de chocolat noir amer
100 g de cerises de terre
16 morceaux de sucre
1 c. à s. de jus de citron
¾ tasse de crème fouettée
4 figues de Barbarie
4 caramboles
2 c. à s. de jus de lime
Sucre glace

Par personne
370 kcal, 4 g de protéines,
20 g de lipides, 42 g de glucides
Préparation : 40 minutes

Les figues de Barbarie

Ces fruits sont présents sur nos étals à la fin de l'été. Lorsqu'ils sont mûrs, leur peau prend une teinte jaune orangé. Cependant, il vaut mieux acheter des figues encore vertes et non tavelées puis les laisser mûrir chez soi. Pour les peler, les envelopper dans une double épaisseur de papier essuie-tout ou mettre des gants car les figues de Barbarie peuvent avoir de fins aiguillons. Avant de les éplucher, couper une rondelle à l'extrémité, pratiquer des incisions peu profondes dans la peau sur toute la longueur et tirer dessus en tournant.

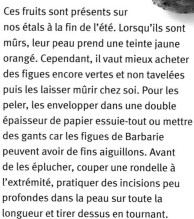

1 Casser le chocolat en morceaux et le faire fondre au bain-marie. Ouvrir délicatement le calice des cerises de terre. Les plonger à moitié dans le chocolat liquéfié, les déposer sur du papier parchemin et laisser le chocolat refroidir.

2 Pour le coulis au caramel, faire chauffer le sucre en morceaux avec 3 cuillerées à soupe d'eau et le jus de citron dans une casserole à fond épais. Laisser bouillonner jusqu'à ce que le sucre prenne une couleur ambrée.

3 Retirer la casserole du feu puis incorporer la crème. (Attention aux éclaboussures, qui peuvent brûler !) Verser immédiatement le coulis dans un bol et le laisser refroidir.

4 Éplucher avec précaution les figues de Barbarie en prenant garde de ne pas vous piquer avec les fines épines encore fichées dans la peau. Trancher finement la chair des fruits. Laver les caramboles, les éponger puis les trancher également. Dresser les fruits sur un plat.

5 Mélanger le jus de lime et 1 cuillerée à thé de sucre glace puis verser le mélange sur les fruits. Saupoudrer la salade de sucre glace et la napper de coulis au caramel puis la garnir de cerises de terre chocolatées.

Astuce :
Si vous manquez de temps, dresser les cerises de terre nature et garnir le dessert de copeaux de chocolat.

Fruits

309

Figues de Barbarie et caramboles à la mousse d'orange

Préparer les fruits comme dans la recette ci-contre, les disposer sur des assiettes à dessert puis les arroser avec 2 c. à s. de jus de lime et 3 c. à s. de sucre glace. Dans une casserole, mélanger 200 ml de jus d'orange, 2 c. à s. de liqueur d'orange et 3 blancs d'œufs. Chauffer lentement jusqu'à ébullition puis fouetter le mélange afin d'obtenir une consistance mousseuse. Écumer les blancs et les dresser sur les fruits.

Pour 4 personnes

125 g de groseilles à grappes et
   125 g de cassis (1 tasse chacun)
250 g (1½ tasse) de fraises
200 g de framboises et 200 g de mûres
   (2 tasses chacun)
2 c. à s. de gelée de groseille
50 ml de jus d'orange
4 jaunes d'œufs extrafrais
¾ tasse de sucre glace
100 ml de marsala sec
1 pointe de zeste de citron râpé
12 amaretti (petits macarons italiens)

Par personne

360 kcal, 7 g de protéines,
10 g de lipides, 50 g de glucides
Préparation : 30 minutes

Un grand classique

Sabayon de fruits rouges

1 Laver les fruits rouges et les égoutter. Égrener les groseilles et les cassis. Équeuter les fraises et les couper en deux ou en quatre selon leur grosseur. Trier les framboises et les mûres. Mélanger toutes les baies dans un saladier.

2 Dans une petite casserole, faire chauffer la gelée de groseille jusqu'à sa liquéfaction. Retirer la casserole du feu et ajouter le jus d'orange. Laisser refroidir entièrement puis incorporer délicatement les fruits rouges. Répartir cette salade de fruits dans de grandes coupes à dessert.

3 Pour le sabayon, verser les jaunes d'œufs et le sucre glace dans un cul-de-poule ; plonger celui-ci dans un bain-marie et battre les ingrédients jusqu'à obtenir une consistance crémeuse. Ajouter le marsala et le zeste de citron et mélanger le tout.

4 Fouetter les ingrédients ou les battre au batteur pour obtenir une mousse ferme, qui doit à peu près doubler de volume. Retirer le sabayon du bain-marie et le verser encore chaud sur les fruits rouges. Garnir avec les amaretti et servir aussitôt.

Astuce :

Le sabayon peut être transformé en mousse crémeuse au vin ou au champagne, accompagnée d'un porto blanc ou d'un vin de vendanges tardives demi-sec.

Rhubarbe et
marinade à l'orange

Parer 700 g de tiges de rhubarbe selon les indications de la recette ci-contre puis les tronçonner. Les faire cuire 5 minutes dans 150 ml de jus d'orange, ¼ de c. à t. de zeste d'orange râpé, 2 c. à s. d'eau de fleur d'oranger et 3 à 4 c. à s. de sucre. Laisser refroidir. Battre ½ tasse de crème à fouetter avec la pulpe de 1 gousse de vanille et 1 c. à s. de sucre glace jusqu'à obtenir une consistance mi-ferme. Mettre les tronçons de rhubarbe dans un petit saladier avec la marinade à l'orange puis répartir la crème par-dessus. Décorer de rondelles d'orange.

Rhubarbe vanillée
à la mousse de fraises

1 Laver la rhubarbe, l'effeuiller et couper l'extrémité des tiges. Éplucher celles-ci en les effilant bien puis les couper en tronçons d'environ 3 cm de long.

2 Entailler la gousse de vanille sur toute sa longueur et en racler la pulpe. Couper la gousse en deux. Dans une casserole, porter à ébullition la rhubarbe, la gousse et la pulpe de vanille, le vin et le sucre.

3 Laisser cuire la rhubarbe 4 à 5 minutes, à couvert et à feu doux, en veillant à ne pas la laisser ramollir. Retirer la casserole du feu et laisser refroidir. Réserver au réfrigérateur pendant 1 heure.

4 Laver les fraises, les équeuter et les couper en morceaux. Mettre les fraises, la liqueur d'orange et le sucre glace dans un bol mélangeur. Laver les fraises des bois puis les éponger sur plusieurs épaisseurs de papier essuie-tout. Disposer la rhubarbe dans de petites coupelles en ayant préalablement retiré la gousse de vanille.

5 Réduire les fraises en purée au mélangeur plongeant jusqu'à observer la formation d'une mousse à la surface du bol. Verser la mousse de fraises sur la rhubarbe ; garnir de fraises des bois et servir aussitôt.

Astuce :
Une crème glacée à la vanille accompagne délicieusement la rhubarbe vanillée. Mais on peut aussi servir cette rhubarbe à la mousse de fraises bien fraîche avec une crème à la vanille chaude.

313

Pour 4 personnes
700 g de rhubarbe
1 gousse de vanille
1/2 tasse de gewurztraminer
  ou autre vin blanc
3 à 4 c. à s. de sucre
300 g (1½ tasse) de fraises
2 c. à s. de liqueur d'orange
1 c. à s. de sucre glace
100 g (½ tasse) de fraises des bois
  pour la garniture

Par personne
220 kcal, 2 g de protéines,
1 g de lipides, 42 g de glucides
Préparation : 30 minutes
Réfrigération : 1 heure

Petit lexique culinaire

Bain-marie

Technique de cuisson destinée aux préparations délicates ne supportant pas le contact direct avec la chaleur. Pour cela, on place le récipient contenant la préparation dans une casserole ou un faitout, plus grand et contenant de l'eau bouillante. On utilise le bain-marie pour battre des crèmes ou des sauces fragiles ou faire fondre du chocolat.

Blanchir

Plonger rapidement des aliments dans l'eau bouillante et les rafraîchir immédiatement après sous l'eau froide. Cela permet de fixer les couleurs tout en préservant la fermeté des aliments. Cette opération sert également à préparer les fruits et les légumes avant de les congeler.

Brunoise

Légumes ou autres détaillés en tout petits dés.

Cardon

Proche parent de l'artichaut, dont il a le goût, il ressemble plutôt au céleri ou à la bette à carde par son aspect. Prendre soin de l'effiler comme la rhubarbe et de le plonger dans de l'eau citronnée pour éviter qu'il noircisse.

Carpaccio

Célèbre entrée froide, inventée dans les années 1950 par le chef du Harry's Bar à Venise, composée de lamelles de bœuf cru assaisonnées d'huile d'olive, de jus de citron, de parmesan et de poivre. Aujourd'hui, le terme carpaccio désigne tous les plats dont l'ingrédient principal cru est finement tranché et servi avec une marinade sucrée ou épicée – légumes, viandes, poissons, fruits, etc.

Chorizo

Saucisse espagnole relevée de piment. Chaque province d'Espagne possède sa propre variante.

Coulis

Préparation en purée fluide de fruits ou de légumes, crus ou cuits quelques minutes, dont la consistance peut varier d'un liquide lisse à un jus concentré, voire épais.

Croûtons

Petits morceaux de pain blanc de formes variées, le plus souvent taillés en dés, rendus croquants par une cuisson dans du beurre ou toute autre matière grasse. Ils agrémentent potages, veloutés ou salades, par exemple. Lors de la cuisson, on peut les aromatiser aux fines herbes, à l'ail ou au fromage. Consommés froids, ils peuvent être servis en amuse-gueules épicés et se conservent 1 à 2 semaines dans une boîte hermétique.

Cuire à l'étuvée

Cuire un aliment à feu très doux dans son eau de végétation avec un minimum de liquide ou de matière grasse. La quasi-totalité des fruits et légumes peuvent être préparés ainsi.

Déglacer

Dissoudre les sucs caramélisés de légumes ou de viandes avec un liquide (vin, bouillon, eau, crème, etc.) pour préparer une sauce ou un jus d'accompagnement.

Écumer

Retirer, à l'aide d'une écumoire ou d'une petite louche à sauce, l'écume qui se forme à la surface d'un bouillon, d'une sauce ou d'un fond pendant la cuisson.

Émulsionner

Action de mélanger deux liquides qui, en principe, ne devraient pas se mêler et se lient uniquement en les battant énergiquement, par exemple l'huile et le vinaigre dans une vinaigrette. Astuce pratique : verser les liquides dans un bocal avec couvercle à vis, fermer celui-ci hermétiquement et secouer vigoureusement. On peut trouver dans le commerce des shakers spécialement conçus pour confectionner des vinaigrettes.

Étuvage

Méthode de traitement du riz et du blé, par jets de vapeur sous haute pression, permettant de récupérer les vitamines et les minéraux à l'intérieur du grain. Ils restent ainsi enfermés dans le grain après l'étape de décorticage.

Fileter

Pour les viandes ou les poissons, lever des filets de la carcasse ou de part et d'autre des arêtes. Pour les agrumes, détacher les quartiers de fruits en longeant les membranes blanches qui les séparent.

Filtrer

Écraser avec le dos d'une cuillère des légumes ou des fruits cuits, à travers une passoire ou un chinois, pour les réduire en purée ou en jus. On peut ainsi obtenir un coulis de framboises, par exemple.

Flamber

Arroser une préparation d'alcool (eau-de-vie, cognac ou kirsch) et l'enflammer. Cela donne au plat une saveur particulière.

Julienne

Manière de tailler les légumes ou la viande en longs et fins bâtonnets.

Lier

Donner de la consistance et de l'onctuosité à un liquide – un potage ou une sauce – en y ajoutant un autre élément comme de la farine, de la fécule, un jaune d'œuf ou de la crème.

Mariner

Ici, laisser une salade dans une sauce pendant un temps déterminé. Les viandes et les poissons sont souvent trempés dans une marinade pour les aromatiser et les attendrir avant de les apprêter.

Mélanger, mixer

Réduire en purée ou en mousse des aliments crus ou cuits à l'aide d'un mélangeur, plongeant ou non.

Pocher

Plonger un aliment dans un liquide frémissant, sans toutefois atteindre l'ébullition. Cette méthode de cuisson très douce convient tout particulièrement aux aliments délicats comme le poisson, les œufs ou les fruits.

Rafraîchir

Passer immédiatement des aliments cuits (pâtes, pommes de terre, œufs durs…) sous l'eau froide afin de les refroidir rapidement et de stopper net la cuisson. Ainsi, les œufs et les pommes de terre s'épluchent plus facilement. Pour peler des tomates, des abricots et des pêches, par exemple, les plonger dans de l'eau bouillante puis immédiatement après les passer sous l'eau froide. Par « rafraîchir », on entend habituellement « passer sous l'eau froide », mais si, dans une recette, il est mentionné « passer sous l'eau chaude », respecter cette indication car certains aliments ne supportent pas le changement brutal de température.

Réduire

Diminuer longuement à feu vif le volume d'une sauce ou d'un liquide par ébullition ou évaporation, dans un récipient non couvert, afin de l'épaissir et d'en augmenter la saveur.

Saisir

Commencer la cuisson d'aliments (viande ou oignons, par exemple) en les soumettant à une chaleur vive (eau ou huile portées à très haute température) pendant quelques minutes.

Sambal

Condiment à base d'épices d'origine indonésienne, proposé en deux variantes dans le commerce : le sambal oelek, très piquant, et le sambal manis, plus sucré. En règle générale, utiliser cette pâte d'épices avec modération.

Sauce Worcester

Sauce piquante d'origine anglaise à base d'épices. Elle est préparée notamment avec des vinaigres de malt et de riz, de la sauce au soja, de la pulpe de tamarin, des piments chilis, des oignons et diverses épices ; mais sa composition exacte est gardée secrète par les fabricants. Elle acquiert son goût en vieillissant dans des fûts en bois au cours d'un lent processus de maturation. Toujours utiliser cette sauce avec parcimonie.

Suprêmes

Quartiers d'agrumes débarrassés de leur peau : à l'aide d'un petit couteau, peler les agrumes à vif puis passer la lame entre chaque membrane afin d'extraire minutieusement les suprêmes.

Taboulé

Salade faite de boulgour, d'épices spécifiques et assaisonnée généreusement de persil. Cette entrée froide est une spécialité du Liban et d'Afrique du Nord.

Zester

Prélever de petits rubans de l'écorce colorée et parfumée des agrumes. L'opération est plus facile si on utilise un couteau spécial appelé zesteur. Les zestes d'agrumes sont surtout employés pour aromatiser les sauces et garnir les salades.

Index

Les pages des recettes sans photographie sont indiquées en *italique*. Celles comportant des informations sur les denrées alimentaires et sur les techniques culinaires sont en **gras**.

317

319

T

V–Z

Crédits photographiques

Quatrième de couverture : Christiane Krüger.
Christiane Krüger : tous, excepté ceux figurant ci-dessous.
PhotoAlto : 1, 14, 16 en bas à gauche, 21 bas, 49 à droite, 55, 57 en haut à droite, 71, 85, 99, 106, 108, 111, 155 bas, 161, 169, 176, 178, 186, 192, 197, 200, 210, 222, 232, 234, 246, 249, 261, 264, 269, 276, 278, 281, 284, 288, 291, 292, 296, 303, 307, 313.
PhotoDisc : 22 haut, 57, en haut à gauche, 75, 102, 164, 219, 226, 254.
Reader's Digest : 32 bas, 182 centre, 191 bas, 241 bas.
Thomas Reichle : 32-33 haut, 43 bas, 44/45 haut, 58, 183 bas.